The Responsibility to Protect:
Chinese Perspectives on
International Norm Building

世界政治研究丛书
SERIES OF WORLD POLITICS

保护的责任
国际规范建构中的中国视角

刘铁娃 主编

图书在版编目(CIP)数据

保护的责任:国际规范建构中的中国视角/刘铁娃主编. —北京:北京大学出版社,2015.8
(世界政治研究丛书)
ISBN 978-7-301-25926-9

Ⅰ.①保… Ⅱ.①刘… Ⅲ.①国际政治—研究 Ⅳ.①D5

中国版本图书馆 CIP 数据核字(2015)第 121455 号

书　　　名	保护的责任：国际规范建构中的中国视角
著作责任者	刘铁娃　主编
责 任 编 辑	张盈盈
标 准 书 号	ISBN 978-7-301-25926-9
出 版 发 行	北京大学出版社
地　　　址	北京市海淀区成府路 205 号　100871
网　　　址	http://www.pup.cn
电 子 信 箱	ss@pup.pku.edu.cn
新 浪 微 博	@北京大学出版社　@未名社科—北大图书
电　　　话	邮购部 62752015　发行部 62750672　编辑部 62753121
印 刷 者	三河市北燕印装有限公司
经 销 者	新华书店
	965 毫米×1300 毫米　16 开本　15 印张　227 千字
	2015 年 8 月第 1 版　2015 年 8 月第 1 次印刷
定　　　价	37.00 元

未经许可，不得以任何方式复制或抄袭本书之部分或全部内容。
版权所有，侵权必究
举报电话：010-62752024　电子信箱：fd@pup.pku.edu.cn
图书如有印装质量问题，请与出版部联系，电话：010-62756370

序　言

刘铁娃

一、从人道主义干涉到保护的责任

国际社会是否有权干涉人权问题已经引发了许多的讨论。然而在20世纪90年代,西方社会未能构建一个关于人道主义干涉的"全球规范",西方的人道主义干涉和"新道德使命"也没有得到国际社会的广泛认同。国际社会围绕着人道主义干涉的讨论往往集中于干涉的权利,而后者与传统的国家主权原则相违背,因此往往无果而终。在许多西方政治家看来,关注人道主义干涉的权利,只会使得倾向于限制国家主权的西方民主国家陷入一个困境。在这种情况下,2001年加拿大政府和学界所发起的"干涉与国家主权国际委员会"试图引导关于主权与不干涉原则的辩论向新的方向发展。2001年12月,干涉与国家主权国际委员会(ICISS)发布了一份名为《保护的责任》的报告,随即在世界范围内引起了强烈反响与广泛的讨论。简单地说,保护的责任的概念包括两层含义,首先国家必须担负起保护自己国民的责任;其次,当事国无法履行职责时,他国(更广泛的国际社会)有责任进行干涉。相比传统的关于人道主义干涉问题的讨论,这一概念的视角强调弱者得到保护的权利和国家负有保护公民的责任,并把这界定为国家主权的基本属性(主权的责任);其次,在措辞方面,这一概念抛弃了强国的"干涉的权利"的提法,引入"保护的责任"(Responsibility to Protection, R2P 或者 RtoP)概念,从而强调国际社会在国家(本质上是政府)未能履行其责任时具有保护受害者的道德义务——这是基于人性的美德而建立的道德共识和共同的人性。①

---

① 研究成果《"保护的责任"作为一种国际规范的发展:中国国内的争论》发表在张贵洪主编:《联合国研究》(2014\1 总第3期),社会科学文献出版社2014年版。

"保护的责任"概念的提出,在某种程度上被视为是对主权与干涉争论僵局的一种突破,因此,这一概念被许多人看作是国际人权保护的新"指导原则"。国际社会很多重要的文件和报告都分别引用了这一概念,并且对其给予了不同程度的认可。更重要的是,2005年9月,在联合国的首脑峰会上,150多个国家的领导人再次重申了这一概念,并进行了对"保护的责任"具体内涵的界定。在2005年的《世界首脑会议成果》中,保护的责任被定义为"每个国家都有保护人民(populations)免受大屠杀、战争罪、种族清洗和反人类罪的国际责任"。从某种意义上来说,"保护的责任"正在逐步发展成为一种新的国际规范,而这一规范明显挑战了传统意义上以主权平等原则为基础的国际规范体系。虽然在《联合国宪章》中,对人权的维护构成了该政府间国际组织的一个重要目标,但实质上维护国际安全而非防止大规模人权侵犯才一直是具有超国家行为能力的联合国安理会的首要目标。"保护的责任"概念将制止大规模侵犯人权的理念上升为"国际责任",即国际社会有责任对出现这类严重人权问题的国家进行干涉,必然对现存的主权国际法框架构成挑战。近年来,联合国安理会在苏丹、科特迪瓦等地区以保护平民为目的采取了强制性的军事行动;2011年,联合国安理会在有关利比亚的决议中正式援引"保护的责任"概念并展开了一系列的军事干预行动。这些行动都被视为国际社会已经开始就人权保护而不仅仅是原来的安全问题采取保护的责任的行动。

二、保护的责任:正在进行的国际争论

作为一种正在出现的、影响力越来越大的理念,保护的责任这一概念是否有可能像主权平等原则那样,发展成为一种新的、被大多数国家普遍接受的国际规范,并内化为各国的自觉行动?规范具有人们普遍接受的定义,也就是"规范是对某个给定认同所应该采取的适当行为的集体期望"。必须看到,"保护的责任"概念自提出以来,已经得到了西方主要国家的广泛支持,英、法、美和加拿大等国的许多政要都是其铁杆支持者,而且非西方世界的很多国家对此也持肯定态度。西非经济共同体甚至呼吁

其成员国宣传并应用这个指导原则,布隆迪、哥伦比亚、菲律宾和斯里兰卡已经在其国内法中采纳了这个原则。2005 年《联合国世界峰会结果文件》有 150 多个国家签署;2009 年对联合国关于《保护的责任执行报告》讨论中,94 位发言者中有 2/3 之多积极肯定了这个报告。不仅如此,执行"保护的责任"的《国际刑事法院规约》(简称《罗马规约》),在 2002 年 7 月 1 日正式生效,至 2010 年 6 月,已经有 114 个国家正式批准加入了《罗马规约》。这一切或许都在表明,基于制止大规模人权侵犯而进行国际社会保护的新规范正在出现。

如上所述,大多数联合国成员都认为保护的责任作为一种新近发展的原则,能够更好地弥补传统人权保护政策方面存在的不足。在一些具体的问题上,包括安理会与大会孰轻孰重、武力干涉还是和平谈判等问题上始终不能达成一致,联合国的成员国们普遍认识到了该原则的重要性,越来越多地认为保护的责任原则已经发展为一种正式的国际规范。但是,对于如何践行该原则的关切一刻也没有停止。全球范围内有关该问题的讨论早已跳出了"保护的责任是什么,是否坚持该原则"的阶段,进入了"保护的责任怎么样,如何操作该原则"的阶段,这其实也是在新的规范形成过程中最为重要也最具挑战性的阶段。任何国际规范在实践过程中都会因为不同的国家利益与不同的情势而出现各种矛盾。然而,正像在利比亚与叙利亚案例中所表现出来的一样,这些矛盾可能会有助于形成更审慎、更全面的规范。即便是对于已经形成几十年的全球政治经济秩序,随着各国实力的消长以及地区性或全球性金融危机的产生,相关规范都会随之发生变化。社会建构主义者也认为,规范的形成包含建构的过程,通过不同行为体对最终目标达成共识的过程,同时强调国际组织、技术专家以及公民社会的作用。2009 年联合国大会有关保护的责任的首次辩论之后,每一年都会有更具体的问题与主题,关注点也从强调预防转为强调反应,2014 年更具体为提供国际支持的可能性与必要性。越来越多的国际行为体参与到制度建设的过程中来,虽然分歧与争议仍然存在,这些纷争与建议再次证明了,制度实施的细化、沟通与妥协对于规范的成功构建来说意义重大。与中国外交原则中"求同存异"的提法类似,在制度发展的辩论与实践中,并不存在赢家与输家,而是期望出现平衡、全面的规范。

如果保护的责任发展成为一种国际规范是有可能的话,那么更重要的问题是,在建构这一国际规范的过程中,我们应该遵循哪些基本的原则,大国和中小国家应该各自发挥怎么样的作用,以期所建构而成的国际规范,最终能够具有最大程度上的合理性和合法性?自2009年初次接触保护的责任概念,笔者有幸参与了国际范围内有关该研究的三次大辩论。

第一次讨论于2009年由新加坡南洋理工大学的非传统安全研究中心发起,最初该研究主要集中于东盟国家对该理念的理解以及保护的责任在此范围内的发展变化,特别是在2005年《成果文件》发表以后,东盟国家于2009年特别成立了东盟政府间人权委员会(AICHR)[①],以及东盟促进与保护妇幼权益委员会(ACWC)[②]。尽管东盟国家在人权保护领域方面一直非常努力,但该地区对于保护的责任理念本身及具体操作在开始时讨论得并不充分。因此,该项目着重于推动在决策者、公民社会、学者以及媒体范围内对概念本身的理解,结合东盟地区的历史,进一步思考如何推动该理念在该地区的发展与实践。该项目发起之初重点在于东盟国家本身,随着研究的不断推进,中国、日本、韩国、美国、加拿大、澳大利亚的学者逐渐参与其中,更好地体现了该理念在东亚地区以至一些主要大国对此问题的理解与判断。因为刚刚进入该问题领域,加之当时国内对该问题研究不足,笔者对于该问题的理解尚浅,但仍有几点印象颇为深刻:首先,当时的会议上,代表们对于保护的责任的基本原则、三大支柱的辩论异常激烈,对于保护的责任与人道主义干涉、人权保护与主权保护等传统研究领域的问题交锋不断,但基本不涉及该理念的实际操作领域。这一方面反映了当时的研究重点与研究水平,另一方面也与当时的国际局势相关,本书中提到的利比亚、叙利亚案例则突出表明了研究与现实的

---

① AICHR成立于2009年10月23日,该组织的成立充分体现了东盟建立一个更加以人为本的共同体的决心。该委员会委员是根据东盟宪章的有关条款成立的,旨在促进和保护本地区人民的权益,提高民众公共意识和促进教育、向政府机构和东盟团体提供咨询服务,进一步推进东盟地区在人权保护方面的合作与发展。成员国包括文莱、柬埔寨、印度尼西亚、老挝、马来西亚、缅甸、菲律宾、新加坡、泰国、越南全部东盟十国。

② ACWC成立于2010年,该组织的主要目标是促进并保护东盟国家妇女儿童的人权与基本自由。该委员会由20名代表组成,东盟十国每国有两名代表。

有机联系。其次,相较于东盟国家在前期研究与沟通方面的相对默契,东北亚三国中日韩的学者略显自说自话,让笔者不禁感叹东北亚一体化的实现尚需时日。最后,对于在当时刚刚成立的非传统安全研究中心的统筹能力与研究水平,笔者深表敬意,如果按照目前国家所倡导的建立高水平智库的标准看来,该中心可作为合格的样本。

第二次讨论于2011年由纽约城市大学的拉夫·邦奇国际问题研究所(Ralph Bunche Institute for International Studies)发起,当时利比亚危机正处在风口浪尖,该项目由牛津大学国际关系研究中心资深研究员、墨西哥大学教授莫妮卡·赛拉诺(Monica Serrano)与美国联合国研究领域顶尖学者托马斯·威思(Thomas Weiss)教授牵头,重点考察了在利比亚危机的背景下,如何突显保护的责任理念的重要性,以及如何理解不同国家之间在该问题领域存在的巨大分歧,并解决全球范围内军事行动合法性、对该理念的怀疑与犹豫等根本性问题。该研究的成果《共同支持保护的责任?人权领域的国际政治》重点关注保护的责任理念实践过程中的两大问题,即预防与反应的能力,在预防领域细致讨论了包括斡旋、制裁、联合国人权机制、国际刑事法院等具体问题,在反应领域重点关注了巴西、印度、中国、尼日利亚与南非、土耳其、美国的政策与动向。既深入地研究了实践领域的技术性问题,将保护的责任问题延伸至联合国框架下人权保护机制更丰富的平台,又全面总结了新兴国家及西方大国在该领域的关注,在当时的背景下很好地反映了该问题领域的不同声音,部分恢复了研究者与实践者对该理念健康发展的信心,为保护的责任能够继续得到主要行为体的广泛支持提供了一定的保障。

第三次讨论于2012年由德国全球公共政策研究所(GPPi)[①]发起,这轮讨论的主题为"保护的责任与全球规范的演变"。研究团队试图解释规范的冲突如何影响保护的责任理念的发展,并回答两个基本问题:(1)主要大国对于保护的责任概念的阐释、态度及实践是如何发生改变的?(2)主要大国间的互动(尤其是"构建规范的冲突")如何决定了全

---

① Philipp. Rotmann, Thorsten Benner, and Wolfgang Reinicke, "Major Powers and the Contested Evolution of a Responsibility to Protect", *Special Issue* (14:4) *of Conflict, Security and Development*, London: Taylor & Francis, 2014.

球规范的演变？为了能够更全面深入地回答这些问题，项目组将研究分为两部分：国家案例的研究，包括巴西、中国、印度、南非、欧盟及美国；以及"关键节点"的研究，包括自2005年至2012年有关保护的责任几乎所有重要事件，2005年首脑峰会、2009年安理会关于保护的责任的首次辩论、达尔富尔、肯尼亚、格鲁吉亚、缅甸、科特迪瓦、利比亚与叙利亚。[①]在每一个关键的节点，围绕规范建立而展开的关键决策的制定，例如联合国的投票记录、外交动议、军事行动等都成为案例研究的基础。

三、保护的责任：中国国内的争论

1. 国内讨论的总体情况

在国内，作为一个偏冷门的研究问题，专门讨论该问题的研讨会并不多见，但其中有三次会议需要重点提及。这三次会议勾勒出了中国在该问题领域认识不断深入的发展轨迹，更重要的是，它们逐步确立了中国更积极地参与国际制度建设的外交政策。

2011年12月1日，"纪念联合国前秘书长哈马舍尔德国际学术研讨会"在北京外国语大学举行。本次会议由联合国协会联合会秘书长Bonian Golmohammadi先生主持，与会者包括来自世界35个国家、8个国际组织以及国内多所大学的百余名专家、学者和外交官。此次大会由联合国协会世界联合会、瑞典驻华大使馆、中国联合国协会和北京外国语大学联合国与国际组织研究中心共同举办。会上，瑞典驻华大使Lars Freden回顾了瑞典杰出政治活动家和外交家达格·哈马舍尔德的生平并高度赞扬其对联合国维和机制的形成所作出的重要贡献。研讨会以主旨发言和讨论两种形式进行，围绕"维和三原则""冲突预防与国家能力建设""保护的责任"三个板块进行了探讨。在研讨会中，瑞典外交部高级法律顾问Erik Wennerstrom博士、中国维和警察培训中心主任高心满教授、澳大利亚昆士兰大学"保护的责任"亚太研究中心外联主任Sarah Teitt、中国联

---

① 更多相关信息，请参考 http://www.globalnorms.net/home/。

合国协会会长兼北外联合国与国际组织研究中心主任陈健大使及中国人民大学国际关系学院时殷弘教授等做了主旨发言。① 此次会议规模高、范围大、议题新,对于联合国维和运动与保护的责任的概念与实践进行了深入的讨论,推动了国内对于保护的责任问题的关注与研究水平,所讨论议题既把握中国外交的基本原则,将中国和平共处五项基本原则与哈马舍尔德维和三原则作为根本立足点,也适度关注国内外在该研究领域的最新成果与不同声音,对于有争议的问题也进行了坦诚的交流。

2013年10月7日,中国国际问题研究所主办了"负责任的保护:建立安全世界"国际研讨会。议题包括保护的责任、保护中的责任和负责任的保护等。来自澳大利亚、丹麦、巴西、印度及国内相关机构的20余名专家与会。与会专家认为,自2005年至今,保护的责任经历了不断发展的过程,目前正经历"中年危机",尤其是2011年北约对利比亚的军事行动引发了对这一概念的诸多质疑。北约等西方国家在联合国授权下对利比亚的军事行动不仅涉及平民,甚至直接参与到交战中,并公开宣称推翻现政府。未来国际社会应加强对话,完善保护的责任的理论与实践,在保护行为的适度性、行为的后果等方面建立更加完善的监督机制,明确军事手段应是最后的选择。中国、印度、巴西等国专家认为,主权独立和不干涉内政原则是现代国际关系的基石,应予以尊重和遵守。保护的责任在理论和实践中都存在广泛争议,巴西于2011年提出了保护中的责任,中国于2012年提出了负责任的保护②,都丰富和发展了保护的责任概念。国际社会特别是北约应对利比亚问题进行反思,应明确主权和不干涉内政原则与保护的责任的概念,严格按照安理会授权行动,对因何事、何时、何地及何种方式采取行动做出明确界定,防止实践中的越权行为。③ 此次

---

① http://www.china.com.cn/news/txt/2011-12/01/content_24051784.htm.

② "负责任的保护"由中国国际问题研究所副所长阮宗泽教授提出,旨在厘清中国在利比亚与叙利亚危机后对"保护的责任理念的看法,更忠实地体现《联合国宪章》的宗旨与原则以及国际关系的基本准则,更符合当今世界和平与发展的潮流,更有利于建立21世纪公正合理的国际新秩序"。http://www.rmlt.com.cn/2013/0821/106478.shtml. 这一概念的提出引起了国际社会的广泛关注,最新研究成果请参考:Andrew Garwood-Gowers, "China's 'Responsible Protection' concept: re-interpreting the Responsibility to Protect (R2P) and military intervention for humanitarian purposes", *Asian Journal of International Law*, 2015, in press.

③ http://www.unachina.org/zxhd/269626.shtml.

研讨会的重要意义在于,保护的责任理念在利比亚与叙利亚危机的实践中,不同国家关于该问题的分歧进一步增加,在此背景下,该研讨会以金砖国家参与国际制度建设为重要切入点,并积极讨论标志中国负责任大国形象的"负责任的保护"的理念,再一次明确表达了中国对该问题的原则立场,并在新形式下与时俱进地表达了中国在国际制度建设过程中的合理诉求,平衡了西方国家着重武力解决、将政权更迭作为目标的做法。自此,"负责任的保护"与"保护的责任""保护中的责任"一道,成为该问题领域的新焦点。

2013年11月19日,由北京大学国际关系学院和察哈尔学会联合主办,主题为"全球治理:保护的责任和发展援助"的博士生论坛在北京大学举行。① 关于本届论坛主题的选定,北京大学国际关系学院院长贾庆国教授表示,之所以要讨论"全球治理问题",首先是因为中国国家利益要求我们关注全球治理。经过30多年的改革开放,中国与外部世界的关系越来越密切,世界上的事情如何处理对中国的利益影响越来越大。要想更好地维护中国的利益,就必须积极参与全球治理。其次,是国际社会的需要。随着中国综合国力的增强和在世界上影响力的上升,国际上许多事情没有中国建设性的参与就无法得到有效解决,我们有必要回应这方面的需求。再次,在全球治理问题上我们还没有准备好。中国发展之快、中国与外部世界的关系发展之快,相比之下,我们对全球治理的思考上还处于初级阶段。但是既然我们无法回避这个问题,我们就需要深入探讨它。察哈尔学会主席韩方明认为,全球治理中"保护的责任"这一新的规范,在保护人权、维护国际社会以及当事国内部的稳定与秩序等方面的意义不言而喻,但是另一方面也对国家主权观念造成了较大的冲击,而且目前国际社会对该共识的理解与实践尚处于探索阶段,西方主导的价值规范依然规约着这一共识的发展与传播,所以其普适性还有待进一步验证。② 主办方关于该论坛的举办传递了非常清晰的信息:首先,无论是

---

① 该论坛的成果,察哈尔外交与国际关系丛书之一《全球治理:保护的责任》于2014年6月由新华出版社出版。该书由北京大学国际关系学院院长贾庆国主编,收录了第六届全国国际关系、国际政治专业博士生学术论坛上的优秀论文。
② http://roll.sohu.com/20131119/n390367033.shtml.

对中国还是世界,我们都需要在相关问题上参与全球治理,加大研究力度。其次,该问题领域的制度建立不应该是西方主导的,需要倾听各方声音最终实现它的普世性。

事实上,自2011年利比亚危机以来,中国对该问题的关注在2012年达到峰值,此后逐年下降。通过在给出的相关搜索引擎、报纸、政府网站及学术资源搜索引擎的搜索,目前得出的结果如下:

表1　2012年以来有关保护的责任文章数量统计　　　　　(篇)

出版的文章数量	媒体	政府	学术界
2012年	15	6	58
2013年	14	1	48
2014年	9	0	37

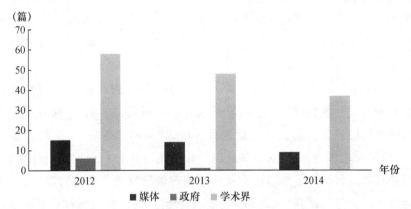

以上的搜索是通过分别在媒体、政府及学术界的三个平台上,搜索"保护的责任""国家主权+保护的责任"(为了得到更加准确的结果,因此没有只用"国家的主权"进行搜索)、"战争罪""族裔清洗""种族灭绝""反人类罪""人道主义干涉"等得出结果,并在各个关键词搜索的结果交叉对比中,减去重叠的部分,从而得到最终的数字。因此,上表所显示的数据是指关于"保护的责任及针对大规模暴行、人道主义干预等的相关探讨"的文章数目。搜索结果呈现以下特点:

---

① 数据由北京大学国际关系学院博士生俞风整理并分析。

（1）在对媒体资源的搜索中发现，基本上通过搜索"战争罪""族裔清洗""反人类罪""人道主义干涉"等得到的新闻都已经涵括在通过搜索"保护的责任"所得到的新闻。并且，在很大程度上，此类新闻大多未对保护的责任进行深入阐述（少部分除外），并且多数对保护的责任并不持乐观态度，指责西方国家以此为借口进行人道主义干预或干涉他国内政。此外，在2012年的15篇中，有2篇是与政府人员相关的新闻，2篇与学者的思想相关，其余有5篇只对保护的责任稍微提及，如果把这些都除去的话，2012年的新闻数目只有6条。

（2）在对政府平台的搜索中，结果相当之少。其中，如果在外交部网站上搜索"战争罪"等字眼，也搜不到结果。因此，建议直接搜索保护的责任，并且可以在百度搜索引擎上用"保护的责任"+"外交官员""政府官员""中国常驻联合国代表"等共同搜索，可以得到比较准确的结果。中国的官方人员对于保护的责任的态度较为谨慎，指出将保护的责任限定于《成果文件》所规定的四大罪行范围内，并且不能够滥用保护的责任。

（3）对于学术界的搜索可知，相较于媒体和政府而言，学术界对于这个问题的关注要多得多。学术界对这方面的研究文章中，一部分是针对具体危机中的保护的责任问题进行评析，例如利比亚危机、达尔富尔问题、叙利亚危机等，也有部分是从国际法的角度来分析保护的责任问题，另外也有对保护的责任的评析及中国的对策研究等。从时间来看，学者对保护的责任的研究，在2012年，多是以理论分析、在案例背景下进行研究为主，而到了2014年，更多地从保护的责任的运用、落实方面着手，对保护的责任存在的风险与问题进行说明，并有部分文章提出中国的对策问题。应该说，研究正在逐步深入。

（4）总体而言，从2012年至2014年的数据量来看，似乎2012年人们对保护的责任问题的关注程度最高，随后逐年下降。其中的原因或许值得探究。

2. 国内学术界的研究情况

在中国国内学术界，一些学者对于保护的责任理念的发展持十分乐观的态度。他们认为,这一理念已经得到了国际社会的普遍承认,属于习惯性的国际法,已经发展成为一种具有约束力的、可操作的国际规范。例如,一位中国学者在研究了国际法院涉及保护的责任内涵的相关司法实践案例之后认为,"国际法院通过一系列的司法实践,实际上就把联合国在政治范围内所强调和呼吁的'保护的责任',特别是其中的'预防的责任',演变为一种法律上的规范"。① 另外一位中国学者则认为,"保护的责任理念的性质已经由民间研究报告发展成为国际习惯法,内涵日益丰富,它对国际法的影响不断深入。以联合国为主体的国际社会不断推进其具体化和法律化,促使各国履行保护的责任。这些新发展对中国无疑具有重要而独特的意义:妥善应对这些新发展,不仅是中国更好地适应国际社会人本化发展趋势的需要,而且是推进国际法治的重要契机"。② 因此,按照这样一种观点,一方面保护的责任的理念已经是一种具体的法律性规范,另一方面也有利于中国自身的发展和国际社会的法治化。

表2 持正面态度的学术期刊论文

	论文标题	年份	领域
1	《"保护的责任"法理基础析论》	2007	国际法
2	《保护的责任对现代国际法规则的影响》	2007	国际法
3	《试论中国在非洲内部冲突处理中的作用——从"保护的责任"理论谈起》	2008	国际政治
4	《"保护的责任":国际法院相关司法实践研究》	2009	国际法
5	《国际人权保障机制中的"保护的责任"研究》	2011	国际政治
6	《论保护的责任对国家主权的影响》	2011	国际法
7	《新型安全观视角下的"保护的责任"》	2011	国际政治

但是,在国内学术界,我们看到,大多数中国学者(包括官方的学者)对于保护的责任理念持一种十分审慎的态度——在接受一些基本理念的前提下提出了很多的质疑。这些学者在笔者看来,基本上可以归入"中

---

① 宋杰:《保护的责任:国际法院相关司法实践研究》,《法律科学》2009年第5期,第63页。

② 郭冉:《保护的责任的新发展及中国的对策》,《太原理工大学学报(社会科学报)》2012年第5期,第29页。

立"的方面。例如,北京师范大学的张胜军教授认为,"在责任主权的框架之下,发展中国家尤其是新兴国家可能会更多地介入国际制度和规则的制定,可能有利于它们在国际社会中发挥更大作用。另一方面,责任主权也不见得是专门为西方国家进行国际干预所精心设计的概念"。"西方的责任主权是一种单向度的责任,而非一种相互性的责任,西方按照自己的偏好比如人权去强调责任,发展中国家的偏好则被省略,其实很明显,发达国家对发展中国家的援助责任在责任主权的理论中就很少被提及,甚至被回避。"中国外交部部长助理乐玉成在出席一个会议时也指出:"保护的责任"是2005年写入联合国成立60周年首脑会议成果文件的,它强调各国保护本国公民的责任,而且强调只有在和平手段穷尽的极端情况下才能诉诸武力,但联合国是唯一的实施主体。现在对"保护的责任"有争议,主要是有些国家滥用这一概念,随意地干涉别国的内政。所以,我们在讲"保护的责任"的同时,更要讲"负责任的保护"。因此,这部分持中立态度的官员和学者并不否定国家具有保护的责任的基本理念,但更多关注的是如何更好地实施保护的责任。

表3 持中立态度的学术期刊论文

	论文标题	年份	领域
1	《"保护的责任"与现代国际法律秩序》	2006	国际法
2	《评析保护的责任》	2006	国际法
3	《"保护的责任"对"不干涉内政原则"的影响》	2007	国际法
4	《国家保护的责任理论论析》	2007	国际政治
5	《国家保护的责任三题》	2007	国际政治
6	《论国际社会提供保护的责任的协助与补充属性》	2008	国际政治
7	《论"保护的责任"与和谐世界的构建》	2009	国际法
8	《保护的责任解析》	2010	国际政治
9	《安理会项下"保护的责任"小组委员会构想初探》	2011	国际政治
10	《履行保护的责任:规范实施与观念塑造》	2011	国际政治

在中国国内,尤其是在学术界,对保护的责任理念持总体否定态度的学者并不少。这些学者与持中立态度的群体不同,从理念上就否认了人道主义干涉的合法性,认为保护的责任理念也只是西方大国实现自己私

利的工具,因此也无法成为一种新的国际规范。例如,两位中国学者认为,"保护的责任"理念是在"人道主义干涉"的基础上发展而来,无法避免西方固有的权力政治模式,因而在执行"保护的责任"中曾发出试图突破安理会授权和当事国同意的冲动的声音,由此引发发展中国家的担心和质疑。因此,"保护的责任"虽然在观念上得到了国际社会的广泛接受,但目前尚未成为一种新的国际规范。① 另外一位中国学者虽然认为保护的责任理念已经发展成为一种新的国际规范,但认为这一规范本身具有诸多的缺陷:第一,它进一步削弱了绝对主权和不干涉内政原则,以"责任"的界定提升了人道主义干预的合法性;第二,它使强权干预更易获得安理会授权;第三,它使强权国家更易扶植和利用目标国国内反对派,内外联动制造混乱和冲突。西方主导的对利比亚危机的干预,为国际社会开了一个恶劣的先例,其本质是打着"保护的责任"旗号进行"政权更迭"。②

表4　持否定态度的学术期刊论文

	论文标题	年份	领域
1	《保护的责任:利比亚问题的国际法实践研究》	2011	国际法
2	《保护的责任功能的绩效评估机制的生成与构造》	2009	国际政治
3	《国际保护的责任机制的建构与实施——苏丹达尔富尔问题的实证分析》	2008	国际法
4	《利己主义——保护的责任机制启动困难的根源》	2011	国际政治

四、关于本书

国际范围内的三轮辩论与国内的三次研讨会为本书的最终出版打下了坚实的基础,自2009年笔者首次接触保护的责任这项研究,到2015年

---

① 邱美荣、周清:《"保护的责任":冷战后西方人道主义介入的理论研究》,《欧洲研究》2012年第2期,第122页。

② 汪舒明:《"保护的责任"与美国对外干预的新变化——以利比亚危机为个案》,《国际展望》2012年第6期,第72、77页。

初与同事合作完成第三轮讨论的最后一个课题,这段研究经历为本书提供了一个近乎全景式的研究背景和平台。从对保护的责任理念产生和发展的追溯,到对保护的责任实践过程中重要案例的检验与检讨,直至基于不同框架(东盟、"金砖"、东西方)关注主要行为体对保护的责任规范建设的贡献,如果这些研究成果能最终回归中国,进一步厘清中国在该问题领域的发展变化,对未来中国在多边领域继续发挥负责任大国的作用、更好地参与国际制度建设都将作出一定的贡献。同时,也要特别感谢德国全球公共政策研究所为本书提供的支持与帮助。本书的框架也是深受GPPi研究项目的启发,并结合中国在该问题领域的具体参与和政策的发展变化所最终确立的。

本书分为上下两编,上编集中讨论中国在参与保护的责任问题过程中的历史发展、与联合国主要相关机构的互动、保护的责任与国际法等基本问题。

本书开篇由北京大学的罗艳华教授执笔,题目为《保护的责任的发展历程与中国的立场》,将保护的责任的发展历程分为四个阶段:萌芽和酝酿时期、逐步进入政治议程并被确认的阶段、就如何实施进行大辩论的时期、进行实施并产生重大分歧的阶段。文中所提到的"大辩论"与"大分歧"阶段很好地总结了保护的责任理念发展的高峰与低谷,也提纲挈领地将该领域的重大问题一一囊括,包括联合国大会中的辩论以及利比亚危机为叙利亚危机带来的困境等问题。此外,作者还对中国对待该问题的态度作出了回顾,客观地展现了中国由谨慎定义到温和参与再转为强硬反对的过程。文中涉及很多有趣的事例,包括最初研讨该问题时中国表现出来的低调与兴趣不足。2005年联合国大会召开期间,不论是国家主席胡锦涛在联大和安理会上的发言,还是外交部长李肇星和大使张义山的公开发言,都未直接提及"保护的责任",这些细节都衬托出当时中方的背景与立场。罗教授在人权研究领域的多年积累,让仅有十年历史的中国与保护的责任发展过程显得层次分明、重点突出,对于叙利亚危机的剖析也很好地回应了对于中国外交政策的怀疑。

第二篇的作者为北京语言大学的贾烈英教授,题目为《保护的责任:在联合国框架内的发展》,文章依次回顾了联合国大会、联合国秘书长、国际刑事法院、联合国安理会、联合国人权理事会在处理保护的责任问题上不同角度的责任与贡献。文中回顾了自 2009 年以来联合国大会有关保护的责任议题的公开辩论,归纳总结了参与的行为体以及议题的变化,从议题广泛的"实施保护的责任",到"早期预警""区域和次区域的重要性""及时反应""国家的责任与预防"到"国际援助",为读者了解这一阶段保护的责任的核心理念在全球范围内的发展提供了参考依据。联合国秘书长在保护的责任理念的发展过程中扮演着极为重要的作用,从力推该理念的前秘书长安南多角度地争取成员国的支持,到现任秘书长潘基文自 2009 年以秘书长报告的形式在全球范围内发力,到联合国秘书长特别顾问岗位及相关机构的设定,为保护的责任理念成为全球范围内被更广泛地接受的规范作出了巨大的贡献。此外,争议较大的国际刑事法院与联合国人权理事会在保护的责任领域内也有各自不同的声音。作者在文中特别指出,"作为联合国安全理事会常任理事国的中国、俄罗斯和美国和以色列等均未加入《罗马国际刑事法院规约》,这必然影响到该法院的效力",与此同时,中国在联合国人权理事会中的发言权日益增大,这些都为理解中国在该问题上所持的立场及进一步的政策提供了参考及不断深入研究的空间。

  第三篇的作者为上海国际问题研究院的薛磊博士,题目为《国际法视角下之保护的责任:从概念阐释到规范构建》。作者开篇即明确指出:"从国际法角度来看,这一概念在很大程度上还只是一个国际道义或国际政治领域的理念,并没有成为具备法律拘束力和执行力的规则。"但是,作者同时指出:"尽管这一概念本身并未为国际法创立新的法律制度和规则,但它在一定程度上与现代国际法在个人及特殊群体权利保护、强调人类共同利益以及强化对严重侵犯人权罪行的追诉等方面的变革与发展趋势相呼应,从而为深化理解和发展国际法提供了新的思路。"文章层次分明,从个人、国家以及国际社会三个层次讨论了保护的责任与国际法相关原则的发展过程,在个人层面着重细致分析了国际刑事法院的制度演变,对于国际刑事法院补充管辖权的讨论清楚地解释了国际刑事法院与国内刑事法院的关系,同时,对于争议较大的国家元首及政府高级官员是否享有外交豁免权的问题,文章通过详细的案例分析,揭示了国际法制度本身并未完全消除外交豁免与国际刑事责任之间的法律冲突。此外,战后各国宪法对人权的普遍承认,社会经济权利得到广泛承认,司法审查制度广泛建立,出现了一些新的人权概念这些现象也都体现了国际人权制度与国家宪法权利的相互融合,这对于保护的责任规范的构建同样具有重要的价值。

第四篇的作者为营口市委党校的刘旖旎,题目为《中国与保护的责任:历史发展的逻辑》,该论文视角独特,从历史的角度回顾了中国对外政策中与保护的责任理念相关的发展,试图建立中国对外武力干涉与保护的责任理念之间的逻辑关系。作者将朝贡体系作为研究的开端,强调即使作为具有超强的政治、经济、军事、文化优势的古代中央王朝,中国建立的仍然是非压迫性的、互惠性很强的、保护与被保护关系的国际关系体系。进入19世纪,屈辱的半殖民地半封建的历史对中国在武力干涉问题上的影响一直延续至今。事实上,很多国际国内学者在分析保护的责任规范在中国的建构过程中,都不约而同地将这段历史视为影响中国外交决策的关键性因素,因此作者对于该问题的讨论,尤其是对当时西方国家对中国所进行的军事干预及战争的分析,准确地呼应了新时期中国与西方国家在该问题领域难以融合的现状。此外,对于大多数坚持"主权原则"与"不干涉内政"的发展中国家来说,如何克服这两项根本原则与践行保护的责任之间的巨大张力,始终是该问题讨论的焦点。作者在文中还点明了"中国作为负责任的大国,不仅在政治领域对弱势国家起到保护作用,在经济领域也起了一定的引领性作用。这不仅充分展示了中国负责任大国的形象,同时也表明了中国在相关问题上的基本立场,对于广大发展中国家来讲,保障其基本的生存权与发展权是解决冲突与对抗问题的首要条件,负责任的多边政治磋商、和平谈判与斡旋方能保证问题的最终解决"。这些研究一方面客观地回顾了中国在对外干涉行动中的历史,同时也衔接了现阶段中国继续坚持和平共处五项基本原则的外交基石,并指出了经济发展与冲突问题的内在联系,为未来该问题领域的研究提供了新的切入点。

本书的下编主要集中于案例研究,包括达尔富尔、利比亚、叙利亚与联合国大会有关保护的责任的公开辩论。

第五篇的作者为北京大学国际关系学院的博士生张旗,论文题目为《关系治理、中国路径与保护的责任:以苏丹达尔富尔问题为例》。作为国际上最有争议的问题之一,达尔富尔问题也让中国在国际社会承受了很大的舆论压力。为了能将中国在该问题中的角色以及国际国内对中国的评价展现出来,作者分别选取中国的《人民日报》、美国的《纽约时报》、英国的《泰晤士报》和澳大利亚的《时代报》为考察对象,分析结果清晰地体现了主要西方国家与中国在该问题上关注点的巨大差异,也为作者着力分析"中国路径"与"美国路径"做下了铺垫。张旗博士认为,中国与西方国家在对问题实质的认识、冲突各方的角色认识、对中国在危机中扮演的角色认识等问题上存在分歧。作者更进一步通过分析中美两国在联合国安理会中的投票行为和辩护声明,客观地指出两国在达尔富尔问题上的不同政策,使用武力或以武力相威胁的对抗逻辑与以外交谈判、和平手段为基础的共建和谐成为了两国在对外干涉政策方面最突出的不同。在此基础上,作者提出了颇具操作性的"美国路径"与"中国路径"的竞合与互补,此类分析很好地回应了国际社会在此问题上的疑虑,并且不失为未来处理问题的合理性建议。事实上,对于"中国模式"与"美国模式"亦或是"西方模式"的辩论一直很激烈,笔者曾经多次在研讨会上听到专家学者的模式之争,这种争论在涉及一些特定国家地区,比如中国参与日益增多的非洲地区时尤为激烈。在一次中美非三边讨论建设和平问题的会议上①,非洲代表面对中国学者与美国学者,真诚地表示了他们的困惑,究竟哪种模式才能更好地、真正地解决非洲地区长时期存在的战乱与贫穷,反映出来的不仅有对互利的关注,更有在达成互信方面的障碍与关切。

第六篇的作者为北京大学国际关系学院的博士生俞凤,论文题目为《中国与保护的责任:利比亚案例分析》。该案例研究对于了解保护的责任理念的发展有着十分深刻的意义。作者详细回顾了利比亚危机的始

---

① 2013年5月13—14日,《协调应对冲突:对联合国缔造和平、维持和平、建设和平的回顾与展望》专题研讨会研讨会由北京外国语大学主办,美国公谊服务委员会(AFSC)、中国联合国研究联席会议(CANUNS)、奎克联合国办公室(QUNO)、美国社会科学研究理事会(SSRC)协办,由北京外国语大学国际关系学院承办。会议内容请参考:https://s3.amazonaws.com/ssrc-cdn1/crmuploads/new_publication_3/%7BFF44258C-1A3C-E311-A360-001CC477EC84%7D.pdf。

末,以及中国在该问题上采取的政策,包括安理会投票的经过、积极提供人道主义援助,以及西方国家展开过激的军事行动后中国继续呼吁各方谈判与对话等过程。文章的亮点在于,作者敏锐地捕捉到保护的责任在利比亚危机的实践中出现的问题,包括启动"保护的责任"的合法性、北约执行1973号决议的动机与适度问题,这些也是在利比亚危机之后一直被重点关注的问题。更为重要的是,对中国而言,利比亚危机之后,中国在该问题的政策制定方面更加审慎,从被西方国家夸赞为走出坚定一步的转折点上大步后退。在对相关问题进行访谈时,曾有资深外交官认为,中国在利比亚问题的投票上"犯了错误",因此需要及时纠偏。应该说,中国后来在叙利亚问题上的坚决表态很大程度上影响了西方学者对该问题的认识,西方学者的观点以及政府的做法也愈发冷静。然而,这一轮危机极大地推动了国内对保护的责任问题的研究①,也让中国在应对叙利亚危机的过程中更加从容。

　　第七篇的作者为北京外国语大学国际关系学院的博士生杨宏,论文题目为《中国与保护的责任:以中国四次否决安理会涉叙决议草案为例》,作者首先回顾了叙利亚危机的发展情况,并涉及了新近出现的"伊斯兰国"对叙利亚危机的影响,同时,对于联合国人权理事会的叙利亚问题独立国际调查委员会作用的讨论也具有很大的现实意义,联合国人权理事会在危机中的深入参与某种程度上呼应了保护的责任在联合国体系内影响力不断扩散并增强的判断。作者还介绍了中国的四次涉叙决议投票过程及结果,除了一贯的对武力干涉与政权更迭的坚决反对外,第四次否决后中国常驻联合国代表王民在表决后的解释颇有深意,重点指出了将某严重违法行为人送上国际刑事法院需要安理会授权。在分析中国对叙政策的原因方面,除了坚持中国政府在联合国框架内进行干涉行为的一贯的原则立场,并且防止利用"保护的责任"推动政权更迭发展成为国际惯例,作者也客观地指出了中国在该问题中所存在的现实利益考量,包括中俄关系、新疆问题等因素,都会影响中国在该问题上的决策。

---

① Liu T. and Zhang H. ,"Debates in China about the responsibility to protect as a developing international norm: a general assessment", *Conflict, Security and Development*, 14 4: 403—427.

第八篇的作者为新加坡南洋理工大学的博士生龚丽娜,论文题目为《中国与保护的责任:由联大辩论分析中国的立场与未来角色》。文章对主要国家对于保护的责任理念所存在的分歧与共识进行了较为详尽的阐释,并将其分为积极支持、原则上支持与持保留态度的国家。文章认为国际社会已经就第一和第二支柱达成共识,在执行第三支柱时需要将联合国安理会作为唯一合法的授权机构。分歧方面,第三支柱的具体实施、政权更迭及问责机制、良政与发展都是斗争较为激烈的问题。回顾中国对该问题的态度,作者认为,中国经历了由质疑到谨慎支持的过程,"中国一直强调保护的责任是个复杂的概念,国际社会对此仍存在争议未达成共识,需要继续讨论,不应着急将其上升为国际关系规范"。与此同时,作者还重点论述了中国较为传统的主权原则,强调通过发展解决冲突的根源。有关中国的未来角色,文章指出维和运动、预防性外交及斡旋的领域,中国的影响力将继续增加,同时中国也会加大对区域组织的支持力度。

在本书即将付梓之际,笔者有幸参与了一次国际范围内讨论保护的责任问题的盛会。[①] 该次会议由澳大利亚外交贸易部、昆士兰大学、昆士兰大学亚太保护的责任中心(Asia Pacific Centre for the Responsibility to Protect)主办,柬埔寨合作与和平研究所(The Cambodian Institute for Co-operation and Peace)、斯坦利基金会(The Stanley Foundation)、全球保护的责任联盟(The International Coalition for the Responsibility to Protect)、全球保护责任研究中心(Global Centre for the Responsibility to Protect)联合主办。会议的主题为"保护的责任十周年:亚太地区的进步、挑战与机遇"(The Responsibility to Protect at 10: Progress, Challenges and Opportunities in the Asia Pacific),会议全面回顾了保护的责任自2005年联合国大会《成果文件》签署之后的发展变化,希冀为保护的责任由理论到实践的发展再注入新的活力。会议重点关注未来如何在成员国内部推动三大支柱的实施,加强区域与次区域组织的作用,加强成员国、公民社会及联合国各方更有力的合作。柬埔寨首相洪森出席会议并发表主旨演讲。作

[①] 有关会议的具体内容,请参考 http://www.r2pasiapacific.org/index.html? page=214718。

为东南亚地区经历过大规模暴行的代表性国家,柬埔寨在该问题领域一直有极大的信心并努力参与。在洪森首相的演讲中,他指出,第一,要继续通过现有的东盟机制,包括东盟政府间人权委员会(AICHR)、东盟促进与保护妇幼权益委员会(ACWC)以及东盟和平与和解研究所(AIPR)加强该规范的影响。第二,东盟国家要继续加强与该地区其他关键的利益攸关者的对话,通过与教育机构、研究机构、非政府组织的专家对话,进一步加强区域价值观与规范与保护的责任理念的衔接。第三,东盟国家肩负着重要的任务,建立充满关爱的社会,以使人们能够和平地生活在民主和谐的环境中。第四,通过在更大区域内发挥领导作用,通过东盟地区论坛,东盟能够与伙伴更好地合作,在地区的预防外交与维持和平领域内发挥更大作用。①

作为保护的责任理念的重要奠基人与推动者,澳大利亚前外交部长加里斯·艾文斯教授在这次会议的主旨演讲《回望、展望》②(Looking backward, Looking forward)中,开篇就满怀同情地回顾了发生在柬埔寨、卢旺达以及巴尔干地区的大规模屠杀事件,认为保护的责任诞生于政治与道德方面无法做出反应的背景之下。他进一步指出,保护的责任应该是规范性的力量、制度性的催化剂、预防行动以及及时反应的框架。在对中国的评价中,艾文斯教授认为中国从来就不是保护的责任规范的破坏者,无论在2005年的首脑峰会上,在1973号决议的投票过程中,中国的表现都是审慎、正面的。对于巴西提出的"保护中的责任"也表达了强烈的认同,只是在使用武力方面认为安理会应该坚持最后手段及相称性(last resort and proportionality)的原则。中国在国际事务中的声音不断增大,但同时中国希望能够发挥建设性的、负责任的大国作用,而不是强硬地推行武力干涉原则。对于第三支柱所产生的困扰,联合国秘书长特别顾问珍妮弗·威尔士(Jennifer Welsh)教授表达了同样的关切,认为应该更好地考虑用政治、经济及其他人道主义的手段推进集体行动,以克服政

---

① 洪森首相的主旨演讲请参考 http://www.r2pasiapacific.org/index.html?page=219325&pid=191756。

② 加里斯·艾文斯教授的主旨演讲请参考 http://www.gevans.org/speeches/speech568.html。

治意愿、双重标准在实践过程中产生的障碍。马振岗大使在发言中重点强调了中国坚持保护的责任必须在四种罪行范围内施行,重视贫困、不平等对于冲突问题的影响,应该通过政治、法律、文化、文明等多种手段保护人权,同时加强区域组织与联合国机构的合作以更好地应对危机与冲突。在对中国国际问题研究院杨易秘书长的访谈中,他也重点涉及了保护的责任四种罪行的范围限制,并提到在联合国文件中出现"大规模暴行罪"的提法,这可能会客观上造成施行范围的模糊或扩大,中国将对此持审慎的态度。可以看出,有关保护的责任的讨论还在继续进行,争论也会持续下去,并且越来越深入和细致。

本书的研究并不旨在为保护的责任的发展过程做出定论,保护的责任是概念、理念、原则还是规范本身并不重要,重要的是找到人类在面临极端威胁情况下的解决方案。在与本书编辑及作者的沟通过程中,我们反复强调本书的主旨在于厘清事实、提出各自的观点而并非是整齐划一的评价和判断。笔者梳理国内外六次不同范围内的辩论也不能够全面地涵盖国内外学者在该问题领域的研究与努力,只是希望能为该问题的下一步研究提供批判的思考或是有益的借鉴。

本书的完成首先要感谢德国全球公共政策研究所的慷慨资助,与该研究所副主任 Philipp Rotmann 先生的合作一直非常愉快,从项目的最初设计、研究成果的中期评价到最终成果的发表,他一直耐心地支持并提供一切可能的帮助。虽然对问题的观点不尽一致,但他仍然对不同作者的研究成果表示了极大的尊重,这保证了研究成果的客观性与多元性。

我还要感谢昆士兰大学亚太保护的责任研究中心对我的支持与帮助,我与该中心副主任 Sarah Teitt 博士相识于 2009 年,Sarah 长期致力于中国在维和运动及保护的责任的研究,著述颇丰而且观点全面、平衡、客观。因为研究兴趣与领域的接近,我们一直保持着良好的沟通,在对相关问题的讨论中不断加深对该问题的理解。我在该中心访问期间,参与了一系列深入讨论保护的责任问题的活动,更好地了解了该研究领域的前沿问题和动向。此外,与中心主任 Alex Bellamy 教授的几次访谈也让我不断地调整对该问题的理解和判断,作为该研究领域的资深专家、规范建构的践行者,他的专业态度与思维闪光不断地激发我的研究灵感。研究中心的 Anna Nolan 女士在我访问期间也提供了各种帮助与便利,让我在布里斯班的研究与生活倍感温暖惬意。

我还要感谢北京外国语大学国际关系学院的领导和老师们,我仍然清楚地记得 2011 年我们在北外举办"纪念联合国前秘书长哈马舍尔德国际学术研讨会"准备期间对于会议议题的反复斟酌,得益于学校与学院在学术研究领域的开放态度与大力支持,此次会议最终取得圆满成功,客观上也促进了国内在该研究领域的关注与思考,并且让中国的声音更响亮地体现在了国际社会对于规范构建的辩论中,中国学者的观点获得了越来越多的重视。

我还要深深地感谢论文集中的每一位作者,他们认真踏实的研究必定会进一步激发该领域的研究者对该问题的研究热情。感谢俞凤整理了参考文献。我真诚期待接下来与他们更多的合作!

北京大学出版社的张盈盈编辑,认真地审读每篇论文,提出了细致而又宝贵的修改意见,保证了书稿的质量。在书稿的中期评审会上,来自国内外的专家学者对初稿提出了中肯的意见,这里一并表示感谢!北京外国语大学研究生郭子童、邓沛沛在组织联系与会专家、与作者保持沟通的过程中承担了大量的工作,感谢她们的辛勤劳动。

我还要感谢我的家人,在昆士兰大学访问期间,他们都尽自己的最大努力,克服语言和环境的障碍帮我减轻负担,让我安心地完成研究工作。我在布里斯班的好友孙晓军夫妇、孙敬夫妇、冯辉夫妇和 Irina 夫妇也都不遗余力地帮助我适应环境,提供各种便利,为我的访学生活增添了不少亮色。

感谢所有支持帮助我的人。

2015 年 3 月 10 日
于昆士兰大学

本书作者简介

罗艳华

北京大学国际关系学院教授,博士生导师,中国人权研究会理事。研究领域主要有:人权与国际关系、国际关系史、非传统安全问题等。主持过多项重要研究项目,其中有3项国家社会科学基金研究项目,1项教育部的人文社会科学基金研究项目和1项世界银行的麦克纳马拉项目,此外还参加过多项国际合作项目。除上述研究工作外,还应邀到美国、日本、德国、瑞士、澳大利亚、新加坡等国的大学和研究机构做访问学者、讲学和进行合作研究。主要研究成果有:《东方人看人权——东亚国家人权观透视》(新华出版社1998年版)、《国际关系中的主权与人权——对两者关系的多维透视》(北京大学出版社2005年版),另有多本合著和七十余篇学术论文。

贾烈英

北京语言大学国际关系学院院长、联合国研究中心主任、教授,硕士生导师,曾在英国、美国、韩国、罗马尼亚访学。分别在北京大学、中国传媒大学、外交学院获得法学学士、法学硕士和法学博士学位。目前主要致力于联合国、国际关系理论与方法的教学与研究。主要著作有《构建和平:从欧洲协调到联合国》(时事出版社2013年版)、《中国文化常识》(合著,北京语言大学出版社2011年版)。代表论文有《试析联合国秘书长的地位与职能》《苏联出兵东北与日本投降》《中英关系的演变》《21世纪中美关系的宏观透视》《西方国际关系理论的科学化》《国际制度的有效性:以联合国为例》《国际体系、国际联盟与集体安全》《欧洲协调机制的内化过程》《权力分配、国际规范与国际制度的有效性》《欧盟对阿拉伯战略的新发展》《联合国 70 年：从权力政治走向权利政治》。

薛　磊

上海国际问题研究院海洋与极地研究中心助理研究员，法学博士。主要研究领域包括国际法与国际体系变革、联合国维和行动与建设和平活动、联合国安理会与中国、中国海洋权益维护、航空与航行自由及安全等问题。近期主要相关成果包括：《作为联合国安理会常任理事国的中国》《预防性外交全球网络与中国的劝谕式外交》《新时期联合国维和行动的发展与中国的建设性参与》《马航空难与国际民用航空安全治理》等。

刘旖旎

中共营口市委党校党建教研部助理讲师。目前主要致力于中国周边安全、国际形势与"中国梦"的教学与研究。代表论文有《可持续安全视角下的上海合作组织反恐合作》《试论主权与人权及国际人权保护的学术论文》。参与的主要课题有"北京市建设国际活动聚集之都课题研究""吸引国际组织落户北京若干问题课题研究""政府绩效评估机制"（中央机构编著委员会办公室 UNPD 重点课题）。

张　旗

现为北京大学国际关系学院国际政治专业在读博士研究生。2012 年在山东大学获法学（国际政治专业）硕士学位。硕士学位论文《战略文化变迁与当代中国外交转型》被评为 2013 年度山东大学和山东省优秀硕士学位论文。曾在《世界经济与政治》《国际政治研究》等期刊发表论文多篇。主要研究方向是中国外交与国际规范。

俞　凤

现为北京大学国际关系学院 2013 级博士研究生。2009 年完成本科学位论文《〈联邦竞选活动法〉通过后金钱在总统选举中的介入及其对美国选举政治的影响》,获选北京外国语大学国际关系学院优秀论文;2012年完成硕士学位论文《联合国与保护的责任》,获得法学硕士学位。主要研究方向为国际组织、美国选举政治与工人政治。

杨　宏

湖南省怀化学院讲师,北京外国语大学国际关系学院博士研究生。2005—2008年就读于北京语言大学国际政治专业,研究方向为联合国研究,获法学硕士学位。硕士学习期间,参加中国人民大学欧洲研究中心欧盟研究项目,2007年7月至10月访问比利时布鲁塞尔自由大学,主要研究欧盟一体化理论和欧盟共同外交与安全政策,发表论文《欧盟发展独立军事力量原因分析》。现研究领域为联合国研究、人道主义干预和保护的责任。

龚丽娜

现为新加坡南洋理工大学博士研究生及拉惹勒南国际关系学院非传统安全研究中心研究助理。博士论文课题为"新古典现实主义视角下的中国与联合国维和行动"。研究兴趣包括:中国及东南亚非传统安全问题、人类安全、保护的责任、冲突预防及解决、中国外交、联合国维和等。曾在国际、国内期刊及学术文集中发表过数篇论文,并参加数次重要的国际会议,包括美国国际研究协会2014年年会。

目 录

上编 理论与历史

保护的责任的发展历程与中国的立场 /罗艳华   3
保护的责任:在联合国框架内的发展 /贾烈英   22
国际法视角下之保护的责任:从概念阐释到规范构建 /薛 磊   44
中国与保护的责任:历史发展的逻辑 /刘骑旎   60

下编 实践与反思

关系治理、中国路径与"保护的责任":以苏丹达尔富尔问题
  为例 /张 旗   79
中国与保护的责任:利比亚案例分析 /俞 凤   99
中国与保护的责任:以中国四次否决安理会涉叙决议草案
  为例 /杨 宏   121

中国与保护的责任:由联大辩论分析中国的立场与未来
　　角色　/龚丽娜　　　　　　　　　　　　　　　　　**139**

参考文献　　　　　　　　　　　　　　　　　　　　　　**156**

附录1　"保护的责任"工具包　　　　　　　　　　　　**169**

附录2　保护的责任相关研究机构简介　　　　　　　　　**208**

上 编

理论与历史

保护的责任的发展历程与中国的立场

罗艳华*

冷战结束后,国际社会就人权与主权的关系问题及相关的人道主义干涉问题展开了激烈争论,"保护的责任"(Responsibility to Protect, R2P)概念也应运而生。这一概念在2001年被正式提出后,受到了国际社会的普遍关注,不仅被联合国秘书长所采用,而且被写入了2005年世界首脑会议成果,更在2011年对利比亚的军事行动中被实施。这一概念从产生到实施,进程发展之快实属罕见。虽然国际社会对其仍然存在分歧且在其实施的过程中暴露出了诸多问题,但保护的责任作为保护人权与全球治理的重要探索仍然备受瞩目。而中国作为联合国安理会常任理事国和影响力迅速上升的大国,其对保护的责任所持的立场也是国际社会非常关注的。

一、保护的责任的发展历程

从2001年保护的责任概念正式提出到现在已经有近14年时间了,其发展历程大致可分为以下几个阶段:

1. 第一阶段:2001年12月以前,是保护的责任概念的萌芽和酝酿时期。

为了解决冷战后频发的人道主义危机,人们已经开始探索联合国维

---

* 本文的主要内容已经发表于《国际政治研究》2014年第3期。

和这一传统方式之外的、新的、更有效的途径,也提出了一些新的概念,如"干涉的权利""人的安全""个人主权""负责任主权"等,这些概念都对保护的责任概念的提出产生了重要影响。在2000年的联合国大会上,联合国秘书长安南呼吁国际社会就人道主义干预的相关问题达成共识。为了响应联合国秘书长的这一倡议,加拿大政府提议成立"干预与国家主权国际委员会"①作为解决相关问题的国际协调机构。2000年9月,在联合国的千年首脑会议上,加拿大总理克雷蒂安宣布该委员会成立。"干预与国家主权国际委员会"给自己的定位是专门为促进"保护人权"与"尊重主权"两种概念之间的沟通而成立的一个独立的国际机构,旨在促进世界各国就干涉与国家主权之间的关系展开全面辩论,帮助联合国消除内部在军事干涉与维护国家主权问题上的分歧。② 加拿大政府任命了澳大利亚前外长、时任国际危机小组主席兼行政首长的加雷斯·埃文斯(Gareth Evans)和联合国秘书长特别顾问、曾任联合国秘书长特使的阿尔及利亚人穆罕默德·萨努恩(Mohamed Sahnoun)为该委员会的联合主席,另有10名成员分别来自加拿大、美国、俄罗斯、德国、南非、菲律宾、瑞士、危地马拉和印度。他们当中既有知名的学者,也包括一些前政界人士。该委员会的经费由加拿大政府和一些重要的国际基金会提供。2001年1—7月,该委员会在北京、开罗、日内瓦、伦敦、马普托、新德里、纽约、渥太华、巴黎、圣彼得堡、圣地亚哥和华盛顿举行了一系列圆桌会议和讨论会,与各国的专家和学者、非政府组织的代表共200多人进行了广泛的研讨,征求了大量的意见,最终形成了提交给联合国秘书长安南的《保护的责任》报告。

2. 第二阶段:从2001年12月至2006年,是保护的责任概念逐步进入政治议程并被确认的阶段。

2001年12月,该委员会向时任联合国秘书长安南提交了一份题为

---

① International Commission on Intervention and State Sovereignty,简称ICISS。
② 魏宗雷、邱桂荣、孙茹:《西方"人道主义干预"理论与实践》,时事出版社2003年版,第95页。

《保护的责任》的报告①,正式提出了保护的责任的概念。② 根据这一报告,保护的责任的核心含义即一个国家有责任保护本国国民免受可以避免的灾难,具体说就是免遭大规模屠杀、强奸和饥饿。如果这个国家没有能力或者不愿意履行它的这种责任,那么国际社会就应当对此进行干预,从而代替这个国家履行这种保护的责任。这是国际社会首次明确提出保护的责任这一概念并对其进行了全面的阐释。

此后关于该概念的讨论日益增多,"威胁、挑战和改革问题高级别名人小组"③的报告、2005年联合国秘书长的报告都对它作了阐释,不断推动这一概念向前发展。在2005年9月召开的世界首脑会议上,这一概念被写进了2005年《世界首脑会议成果文件》,这意味着它被正式提上了联合国的议事日程。

2004年12月,"威胁、挑战和改革问题高级别名人小组"向安南提交了名为《一个更安全的世界:我们的共同责任》的报告。它明确阐述了新时代"主权和责任"的关系,在此基础上表达了国家和国际社会都应该承担保护的责任。报告指出,主权概念"显然含有一国保护本国人民福祉的义务,以及向更为广泛的国际社会履行义务之义务。但是,历史极为清楚地告诉我们,不能假设每个国家总是能够或者愿意履行其保护本国人民和避免伤害自己邻国的责任。而当出现这种情况的时候,集体安全原则意味着上述责任的某些部分应当由国际社会予以承担"④。该报告在回顾了20世纪90年代发生的多次人道主义灾难后指出,"问题并不在于一个国家是否有权干预,而是每个国家都有责任保护那些身陷本来可以避

---

① "The Responsibility to Protect," *Report of the International Commission on Intervention and State Sovereignty*, http://www.dfait-maeci.gc.ca/iciss-ciise/report2-en.asp;干预与国家主权国际委员会:《保护的责任》报告(中文版),见 http://www.iciss.ca/pdf/Chinese-report.pdf。

② 该报告除前言和提要外,分八章对"保护的责任"进行了阐述,说明了它的基本原则、责任基础、构成要素(预防责任、做出反应的责任、重建的责任)以及军事干预的原则。详见 http://www.iciss.ca/pdf/Chinese-report.pdf。该委员会还发布了报告的补充卷(共398页),详细介绍了研究的背景、文献资料、争论的主要问题等。

③ "威胁、挑战和改革问题高级别名人小组"是联合国秘书长安南在2003年9月召开的第58届联大上宣布成立的,目的是就联合国在新的时代背景下如何实现《宪章》所载理想、为所有人提供集体安全向他提供意见。

④ 威胁、挑战和改革问题高级别名人小组:《一个更安全的世界:我们的共同责任》,U.N. Doc. A/59/565,第29段。

免的灾难的人,那些面临大规模屠杀和强奸、采用强行驱逐和恐吓方式进行的族裔清洗、蓄意制造的饥馑和故意传播的疾病的人。越来越多的人承认,虽然主权政府负有使自己的人民免受这些灾难的主要责任,但是,如果它们没有能力或不愿这样做,广大国际社会就应承担起这一责任。"①"威胁、挑战和改革问题高级别名人小组"的报告及时地呼应了"干预与国家主权国际委员会"提出的新概念,使保护的责任被纳入到联合国秘书长的考虑范围。

2005年3月21日,在第59届联合国大会上安南秘书长作了题为《大自由:实现人人共享的发展、安全和人权》的报告,对上述两份报告进行了肯定,并认为需要为此行动起来。其第四部分指出:

> 干预和国家主权问题国际委员会以及最近由来自世界各地16名成员组成的威胁、挑战和改革问题高级别小组,都赞同'新的规范,即集体负有提供保护的责任'(见A/59/565,第203段)。虽然我清楚这一问题的敏感性,但我坚决赞同这种做法。我认为,我们必须承担起保护的责任,并且在必要时采取行动。这一责任首先在于每个国家,因为国家存在的首要理由及职责就是保护本国人民。但如果一国当局不能或不愿保护本国公民,那么这一责任就落到国际社会肩上,由国际社会利用外交、人道主义及其他方法,帮助维护平民的人权和福祉。如果发现这些方法仍然不够,安全理事会可能不得不决定根据《联合国宪章》采取行动,包括必要时采取强制行动。②

这是联合国秘书长首次正式将保护的责任的基本含义传达给各国,并请各国给予认真的考虑。

经过艰苦的谈判,2005年10月24日第60届联合国大会通过了2005年《世界首脑会议成果文件》。该成果第四部分"民主与法治"特别

---

① 威胁、挑战和改革问题高级别名人小组:《一个更安全的世界:我们的共同责任》,U.N. Doc. A/59/565,第201段。

② 科菲·安南:《大自由:实现人人共享的发展、安全和人权》,U.N. Doc. A/59/2005,第135段。联合国网站 http://daccess-dds-ny.un.org/doc/UNDOC/GEN/N05/270/77/PDF/N0527077.pdf? OpenElement。另可参见 http://www.r2pasiapacific.org/docs/R2P%20Key%20Documents/In%20Larger%20Freedom%20Towards%20Development.pdf,2014-06-01。

强调了"保护人民免遭灭绝种族、战争罪、族裔清洗和危害人类罪之害的责任",并以两段文字对其进行了比较详细的说明。其中,第 138 段指出:

> 每一个国家均有责任保护其人民免遭灭绝种族、战争罪、族裔清洗和危害人类罪之害。这一责任意味通过适当、必要的手段,预防这类罪行的发生,包括预防煽动这类犯罪。我们接受这一责任,并将据此采取行动。国际社会应酌情鼓励并帮助各国履行这一责任,支持联合国建立预警能力。

第 139 段指出:

> 国际社会通过联合国也有责任根据《宪章》第六章和第八章,使用适当的外交、人道主义和其他和平手段,帮助保护人民免遭种族灭绝、战争罪、族裔清洗和危害人类罪之害。在这方面,如果和平手段不足以解决问题,而且有关国家当局显然无法保护其人民免遭种族灭绝、战争罪、族裔清洗和危害人类罪之害,我们随时准备根据《宪章》,包括第七章,通过安全理事会逐案处理,并酌情与相关区域组织合作,及时、果断地采取集体行动。我们强调,大会需要继续审议保护人民免遭种族灭绝、战争罪、族裔清洗和危害人类罪之害的责任及所涉问题,要考虑到《宪章》和国际法的相关原则。我们还打算视需要酌情做出承诺,帮助各国建设保护人民免遭种族灭绝、战争罪、族裔清洗和危害人类罪之害的能力,并在危机和冲突爆发前协助处于紧张状态的国家。①

这是联合国首次以正式文件的形式表明,世界上大多数国家原则上接受国际社会整体对陷入特定情势的人民负有保护的责任。2006 年 4 月联合国安理会讨论武装冲突中保护平民的问题时通过的一项决议再次确认了 2005 年《世界首脑会议成果文件》中提到的保护的责任。该决议指出,安理会"重申 2005 年《世界首脑会议成果文件》第 138 和 139 段关

---

① 2005 年《世界首脑会议成果文件》,U. N. Doc. A/RES/60/1,第 138、139 段。

于保护平民免遭灭绝种族、战争罪、族裔清洗和危害人类罪之害的责任的规定"①。

3. 第三阶段:2006年至2011年3月之前,是对保护的责任如何实施进行大辩论的时期。

这一阶段关于保护的责任的大量学术成果得以涌现,焦点逐渐转向如何将其付诸实施。此外,一个明显的现象是人们在给予该概念高度赞扬的同时也开始对其进行反思和批判。国际社会也在联合国的舞台上对这一概念如何履行进行了激烈的公开辩论。

2009年7月23、24、28日,第63届联合国大会召开了讨论秘书长关于《履行保护的责任》报告的辩论会,94个国家的代表发言阐述了本国对这一概念的理解及其关切的重点。绝大多数国家都对此报告表示欢迎,并支持报告为实施保护的责任所提出的"三大支柱"②的建议,认为前两个支柱尤其重要。多数国家认为保护的责任源于《联合国宪章》、国际人权条约和国际人道法等已经存在的约束之中,赞同将该概念的适用范围严格限定在种族灭绝、战争罪、种族清洗和危害人类罪四项罪行。很多国家,尤其是非洲国家,都承认非洲联盟在实施该概念发展上的开创性作用。

但忧虑和分歧也是存在的。部分国家担心保护的责任在实施中会出现选择性适用或双重标准,从而导致其被大国滥用。约三分之一的国家呼吁安理会常任理事国在涉及保护的责任议题上不使用否决权,有少数国家提出改革安理会是实施保护的责任的先决条件。在安理会未能采取有效措施时,联合国大会和安理会处于何种关系的问题上各国没有达成一致。这是各国首次在联合国框架下对保护的责任进行正式的专题讨论,总体上是非常成功的。

4. 第四阶段:2011年3月至今,是对保护的责任进行实施并产生重大分歧的阶段。

2011年3月19日,以北约为首的多国部队在安理会通过第1973号

---

① 联合国安理会第1674号决议,2006年4月28日安全理事会第5430次会议通过,U.N. Doc. S/RES/1674(2006)。

② 这三个支柱依次分别为:国家的保护的责任、国际援助和能力建设、及时果断的反应。

决议后对利比亚实施军事打击,这次行动被西方称为保护的责任的首次实践。值得注意的是,在实施这次干涉行动之前,国际社会的很多表态和反应都是从保护的责任的角度出发的。例如:2011年2月23日,欧盟外交与安全政策高级代表兼欧盟委员会副主席阿什顿代表欧盟就利比亚问题发表谈话时,谴责了利比亚当局大规模侵犯人权的行为,表示欢迎联合国安理会22日呼吁利比亚政府承担保护人民的责任与尊重人权和国际人道法的声明。① 2月23日非盟和平与安全理事会发表公报,强烈谴责对和平示威者不加选择和过度地使用武力,这是对人权和国际人道法的粗暴践踏,造成了人民生命和财产的重大损失;号召利比亚政府承担起保护的责任,保证人民的安全,确保人道主义援助的到位。② 因此可以说,保护的责任是利比亚军事干涉行动的重要动因。

2月26日,联合国安理会一致通过了1970号决议,对利比亚当前局势表示严重关切,并决定对利比亚实施严厉制裁。3月17日,安理会通过了第1973号决议,决定对利比亚实施禁飞,要求卡扎菲政权立即停火,并授权采取一切必要措施保护平民和平民居住区免受武装袭击的威胁。根据这一授权,多国部队对利比亚局势进行了军事干预。但这次干预行动的过程和结果,却在国际社会引起了很大争议。因为多国部队的行动被认为滥用了安理会授权,直接进行了政权更迭,这违背了安理会决议的初衷。

利比亚危机一波未平,叙利亚危机又接踵而至。西方一些国家在利用保护的责任成功干预利比亚危机并实现预期目标后,又想以同样的方式干预叙利亚危机。而在国际社会,保护的责任确实也成为观察叙利亚危机的重要视角。如联合国秘书长潘基文在2012年1月18日就明确指出,叙利亚问题将是对保护的责任的一次检验。③事态的发展正如我们已

---

① 刘衡:《欧盟在利比亚危机中的行动大事记(2011年2—11月)》,参见中国社会科学院欧洲研究所网站,http://ies.cass.cn/Article/dsj/dsj/dsj2011/201111/4328.asp,2014-02-25。

② COMMUNIQUE OF THE 261ST MEETING OF THE PEACE AND SECURITY COUNCIL, http://au.int/en/dp/ps/sites/default/files/2011_feb_23_psc_261stmeeting_libya_communique_en.pdf.

③ 《潘基文称叙利亚问题是对落实"保护的责任"的一次检验》,联合国电台,2012年1月18日,http://www.unmultimedia.org/radio/chinese/archives/161466/,2014-02-28。

经看到的,国际社会在处理叙利亚危机的过程中发生了严重的分歧,中国与俄罗斯联手在安理会多次否决了针对叙利亚的提案,在联合国大会和联合国人权理事会的诸多次相关投票中,中国、俄罗斯和其他一些国家也都明确表达了反对的立场。国际社会的严重分歧表明叙利亚危机已经不太可能复制"利比亚模式",保护的责任在叙利亚危机中似乎已经陷入困境。

二、保护的责任在实施中面临的问题

保护的责任的概念产生后经过几年的发展,到2005年的世界首脑会议已经在国际社会形成了某种共识,但在如何实施的问题上却一直存在诸多分歧。这也表明保护的责任在实施中会面临很多方面的问题。

1. 日趋缩小并被严格限定的适用范围

从保护的责任的发展历程来看,原则上保护的责任已经在联合国得到了确认。但其最终确认的适用范围已经与最初报告的设想有了很大的不同。最初的"干预与国家主权国际委员会"报告对保护的责任适用的范围界定较为宽泛。然而,随着该概念得到越来越多的关注并逐渐被提上政治日程,在人们期待它能够在实践中发挥应有的作用时,却发现它的适用范围在逐渐缩小。

"干预和国家主权委员会"的报告和"威胁、挑战和改革问题高级别名人小组"的报告均是采用列举式来定义保护的范围的。它们都认为保护的责任是"保护本国国民免受本来可以避免的灾难"的责任,但前者列举的是"大规模屠杀、强奸、饥饿、种族清洗"[1],后者列举的是"大规模屠杀和强奸、采用强行驱逐和恐吓方式进行的族裔清洗、蓄意制造的饥馑和

---

[1] 干预与国家主权委员会:《保护的责任》报告,分别见前言和第52页,http://www.iciss.ca/pdf/Chinese-report.pdf;报告全文也可参见 http://www.r2pasiapacific.org/docs/R2P%20Key%20Documents/ICISS%20Report.pdf。

故意传播疾病"①。安南秘书长在其报告的附件中将其限定为"灭绝种族罪、族裔清洗、危害人类罪"②。2005年《世界首脑会议成果文件》直接将保护的责任定义为"保护人民免受灭绝种族、战争罪、族裔清洗和危害人类罪之害的责任"。相比于秘书长的报告,世界首脑会议成果将"战争罪"也纳入了保护的范围,但相比于"干预与国家主权国际委员会"的报告和"威胁、挑战和改革问题高级别名人小组"的报告,显然是缩小了保护的责任的适用范围:饥饿和故意传播疾病被排除在外,灭绝种族、族裔清洗的范围也比大规模屠杀要小。"干预与国家主权国际委员会"的报告和"威胁、挑战和改革问题高级别名人小组"的报告使用的是描述性的语言,而秘书长的报告和世界首脑会议成果是以现有国际法和条约所确定的罪名为基础的,这便于在实践中进行判断和应对。这一方面是由于文件的制定者在性质上存在差别,另一方面也说明国家对保护的责任问题认识并不完全相同,世界首脑会议成果得以通过是经过妥协的结果。

由自然灾害引起的人道主义灾难是否应该纳入保护的责任,各国之间存在严重分歧。法国、克罗地亚、斯洛伐克等少数国家对此表示支持。2005年《世界首脑会议成果文件》的表述中没有对引起四种罪行的情势做出规定,而它是从"干预与国家主权国际委员会"报告传承而来的,该报告将引起四种罪行的情势表述为"内战、叛乱、镇压或国家陷于瘫痪",但这种界定显然过于宽泛。世界首脑会议成果把保护的责任的适用范围严格限定在灭绝种族、战争罪、族裔清洗和危害人类罪这四种罪行,被认为是关于保护的责任现已达成的国际共识和权威解读。

2. 关于如何行动的不同提法

在如何履行保护的责任方面,国际社会所达成的共识是:国家负有首要的责任,国际社会只有在国家因主观或客观原因而无法承担这一责任

---

① 威胁、挑战和改革问题高级别名人小组:《一个更安全的世界:我们的共同责任》,U.N. Doc. A/59/565,第201段。

② 科菲·安南:《大自由:实现人人共享的发展、安全和人权》,U.N. Doc. A/59/2005,附件。他敦促各国元首"接受'保护的责任',作为对灭绝种族行为、族裔清洗和危害人类罪采取集体行动的基础,并同意将这项责任诉诸行动"。

时才有义务行动;联合国,尤其是联合国安理会在行动过程中扮演着非常重要的角色;如需采取行动,应该从非强制性措施逐渐过渡到强制性措施,军事手段应该作为最后手段而使用。

"干预与国家主权国际委员会"报告提出了履行保护的责任的三个阶段"预防—反应—重建"。预防措施包括政治和外交、经济、法律、军事①;反应则"可以包括像禁运、国际公诉以及在极端情况下进行军事干预等强制性措施"②。"威胁、挑战和改革问题高级别名人小组"指出的行动路径是"开展预防工作,在必要时对暴力行为做出反应,和重建四分五裂的社会。应该主要注重通过调解和其他途径协助制止暴力,和通过派遣人道主义特派团、人权特派团和警察特派团等措施来保护人民。如果需要使用武力,应在万不得已的情况下才这样做"③。安南认为,应当"由国际社会利用外交、人道主义及其他方法,帮助维护平民的人权和福祉。如果发现这些方法仍然不够,安全理事会可能不得不决定根据《联合国宪章》采取行动,包括必要时采取强制行动"④。2005年《世界首脑会议成果文件》遵循了秘书长的看法并将其具体化了。首先使用和平手段,动用强制手段时要和区域性组织合作,安理会并不制定一般规则,而是逐案处理。

3. 国际社会对保护的责任的不同立场

虽然经过2005年世界首脑会议和2009年联大的几次辩论,国际社会已经在原则上就保护的责任形成了某种共识,但这并不表明所有国家都对保护的责任拥有了完全相同的看法。事实上,不同的国家对保护的

---

① "干预与国家主权国际委员会":《保护的责任》报告(中文版),第17页,http://www.iciss.ca/pdf/Chinese-report.pdf;报告全文也可参见 http://www.r2pasiapacific.org/docs/R2P%20Key%20Documents/ICISS%20Report.pdf,2014-05-20。
② "干预与国家主权国际委员会":《保护的责任》报告(中文版),提要部分,http://www.iciss.ca/pdf/Chinese-report.pdf;报告全文也可参见 http://www.r2pasiapacific.org/docs/R2P%20Key%20Documents/ICISS%20Report.pdf,2014-05-20。
③ 威胁、挑战和改革问题高级别名人小组:《一个更安全的世界:我们的共同责任》,U.N. Doc. A/59/565,第201段。
④ 科菲·安南:《大自由:实现人人共享的发展、安全和人权》,U.N. Doc. A/59/2005,第135段。

责任的看法不尽相同。

在2011年对利比亚采取军事行动之前,根据不同国家的立场,可以把世界各国的态度大致分为三大类:

第一类是非常支持的国家。这些国家主要包括两种情况:第一种情况是中等规模的发达国家,如英国、法国、加拿大、澳大利亚、西班牙、德国、北欧各国;第二种情况是非洲政局比较稳定的国家。这部分非洲国家适应了非洲联盟主导的或者非洲联盟与联合国合作的干预模式,对保护的责任态度积极。

第二类是持保留态度并提出建设性意见的国家。大部分国家都可以归为这一类,有发达国家,如美国、日本;也有发展中国家,如中国、巴西、印尼。它们对联合国、非政府组织等推动保护的责任并不反对,但是它们表达了自己的合理关切,认为该概念尚不成熟,需要不断加以完善并有合理的制度作保障之后才能付诸实施。

第三类是极力反对的国家。这类国家并不多,仅有古巴、委内瑞拉、苏丹、尼加拉瓜、斯里兰卡等少数国家。

这三类国家的构成表明,发达国家阵营内部态度不统一,发展中国家阵营也不是一个声音说话。但随着利比亚危机的发生和依据保护的责任对其实施的军事行动所暴露出来的问题,国际社会在实施保护的责任问题上又进行了重新的分化和组合。变化主要发生在第二类是持保留态度并提出建设性意见的国家之中。其中一些国家由于积极主张军事干涉被认为加入到了第一类非常支持的国家的阵营,如美国。而一些国家由于看到利比亚危机中安理会的授权被滥用,进而对继续干预叙利亚危机坚决反对,被认为加入到了第三类反对国家的行列。

4. 如何解决和规避利比亚军事行动中已经暴露出来的问题

多国部队对利比亚危机的军事干预行动让国际社会看到保护的责任在实施过程中可能出现严重的问题,如安理会的授权被滥用的问题、实施行动国家的政治偏好和政治意愿的影响、如何建立有效的评估机制的问题等等,这些暴露出来的问题将会影响保护的责任在未来的发展走向。

三、中国关于保护的责任的立场

保护的责任强调一个主权国家如果不能或不愿履行它保护本国国民的责任，那么国际社会就应当进行干预，从而代替这个国家履行这种保护的责任。这是国际社会试图处理人权与主权关系的最新进展。这种理念从根本上对传统的国家主权原则构成了挑战，因为它允许在特定的情况下国际社会可以突破主权国家的界限对主权国家进行干涉。而这与中国传统的外交理念是冲突的。

中国被认为是世界上强烈捍卫国家主权传统原则的少数国家之一，中国反对大部分针对国家内部事务的外国干预。中国的主权观念非常传统。[①] 因此，中国是国家主权原则和不干涉内政原则的坚定捍卫者，坚决反对外来力量对一国内政的直接干涉，特别是外来的武力干涉。中国一贯支持用和平手段解决国际争端。对于西方主张的"人权高于主权"的论调，中国是反对的，认为国际人权保护应建立在坚定维护各国主权平等和不干涉内政的原则基础之上。

正是因为有这样的主权观念，中国对那些冲击或挑战主权原则的概念和理念都表现出一定的疑虑，持非常审慎的态度。这一情况不仅体现在"保护的责任"的酝酿阶段，在此后的几个阶段也有所表现。

（1）在"保护的责任"的酝酿阶段，中国参与到了对这一新概念的讨论过程之中，但态度谨慎，并没有明确表明自己的立场。

在准备起草《保护的责任》报告的阶段，"干预与国家主权委员会"曾专程来北京座谈，在中国国际问题研究所召开了讨论会，希望讨论以下问题：在什么情况下应当讨论外部的武力干涉？什么情况下不可以干涉？武力干涉以外的途径是什么以及武力干涉在政治、经济和社会方面的影响？在中方的与会人员中，只有一位前任大使，其余均为学术机构和大学的研究人员。这与在巴黎和新德里召开的讨论会相比，规格明显要低。

[①] 楚树龙：《中国、亚洲及主权和干预问题》，载改革开放论坛、美中关系全国委员会编纂：《国际干预与国家主权》，国际文化出版公司2004年版，第29—42页。

中国学者的发言基本以"人道主义干涉"为主,重点批判西方主导的相关行动。中国学者认为,应当将联合国主导的"人道主义救援"(humanitarian assistance)与西方国家强调的"人道主义干涉"(humanitarian intervention)进行严格的区分,并且在地区冲突中,推动前者而非后者。中国学者并没有直接讨论"干预与国家主权委员会"提议的保护的责任问题,也没有涉及在什么情况下需要使用武力的问题。① 从参与这一讨论会的情况可以看出,中国对这一议题没有表现出明显的兴趣,在当时情况尚不明朗的情况下,没有明确在这一议题上表达立场。

(2)在保护的责任概念逐步进入政治议程并被确认的阶段,中国明确表达了官方的立场,认为国际社会对于"保护的责任"应持慎重态度。

作为该理念的主要支持者,联合国秘书长安南在2003年提议组建"威胁、挑战和变革——联合国高级别名人小组",讨论保护的责任及联合国改革问题。中国前国务院副总理钱其琛应邀参加了该名人小组的工作。对此,中国政府在公开场合表示欢迎小组的成立,赞赏安南秘书长为此所作的努力,期待该小组尽早启动,并在联合国改革进程中发挥应有的作用。对于"保护的责任"则未提及。②

在这一阶段,中国对保护的责任持一种非常谨慎的态度,认为目前各国并未就此达成一致,因而应重在进一步讨论而不是匆忙地将其运用于实践。若非要适用,则应恪守基本的国际准则。中国于2005年6月发布的《中国关于联合国改革问题的立场文件》在第三部分"法治、人权与民主"标题下单列了一小节,明确阐明了中国对保护的责任的立场。其中指出:"各国负有保护本国公民的首要责任。一国内乱往往起因复杂,对判定一国政府是否有能力和意愿保护其国民应慎重,不应动辄加以干预。在出现大规模人道危机时,缓和与制止危机是国际社会的正当关切。有关行动须严格遵守《宪章》的有关规定,尊重有关当事国及其所在地区组

---

① 参见 Thomas G. Weiss, Don Hubert, *The Responsibility to Protect: Research, Bibliography, Background: Supplementary Volume to the Report of the International Commission on Intervention and State Sovereignty*, Ottawa: International Development Research Centre, December 2001.

② 2003年11月6日中国外交部发言人章启月就前国务院副总理钱其琛应邀参加联合国改革问题高级别名人小组工作答记者问,http://www.fmprc.gov.cn/mfa_chn/fyrbt_602243/dhdw_602249/t40234.shtml,2013-05-24。

织的意见,在联合国框架下由安理会根据具体情况判断和处置,尽可能使用和平方式。在涉及强制性行动时,更应慎重行事,逐案处理。"[①]这和中国此前的立场一致。[②] 中国赞同不结盟集团关于保护的责任的意见。[③]

在2005年9月世界首脑会议期间,中国代表的发言重申国际社会应当慎重对待保护的责任。王光亚大使在联大磋商9月首脑会成果文件草案时的发言中指出:"'保护的责任'概念涉及到国家主权等一系列敏感问题,各方目前仍有不同认识,需进一步协商。草案对该问题的表述应慎重,……各国政府负有保护本国公民的首要责任……对如何判定一国政府是否有能力和意愿保护其公民,应研拟国际社会普遍同意的综合评定标准,不应由少数国家或机构自行制定。"[④]而在联合国大会召开期间,不论是国家主席胡锦涛在联大和安理会上的发言,还是外交部长李肇星和大使张义山的公开发言,则都未直接提及保护的责任[⑤]。

在世界首脑会议文件正式通过后,中国又对其官方立场进行了补充。中国强调对保护的责任概念的界定应以世界首脑会议成果文件中的规定为准。中国认为第1674号决议及世界首脑会议文件关于"'保护人民免受大屠杀、战争罪、种族灭绝和反人类罪的责任'的表述"不同于"单纯的

---

① 《中国关于联合国改革问题的立场文件》,2005年6月7日,http://www.fmprc.gov.cn/mfa_chn/gjhdq_603914/gjhdqzz_609676/lhg_609678/zywj_609690/t199083.shtml。
② 2004年4月19日中国驻联合国代表团谢波华参赞在秘书长改革报告"法治、人权与民主"部分非正式磋商中的发言,http://www.china-un.org/chn/lhghywj/fyywj/wn/fy2005/t192894.htm。
③ "在制定使用武力标准、'保护的责任'、人的安全等问题上,中方已明确阐明了立场,理解和支持不结盟集团的有关主张。"参见2005年7月28日中国驻联合国代表团张义山大使在联大磋商9月首脑会议成果文件草案时的发言,http://www.china-un.org/chn/zt/gg/t206050.htm。
④ 王光亚大使在联大磋商9月首脑会成果文件草案时的发言,2005年6月22日,http://www.fmprc.gov.cn/mfa_chn/ziliao_611306/zyjh_611308/t200843.shtml。
⑤ 胡锦涛:《维护安理会权威,加强集体安全机制》,在联合国成立60周年安理会首脑会议上的讲话,2005年9月14日,纽约,http://www.fmprc.gov.cn/zflt/chn/zt/snhy/t212128.htm;胡锦涛:《努力建设持久和平、共同繁荣的和谐世界》,在联合国成立60周年首脑会议上的讲话,2005年9月15日,纽约,http://www.fmprc.gov.cn/zflt/chn/zt/snhy/t214187.htm;李肇星:《走和平、和谐、共同发展之路》,在第60届联合国大会一般性辩论上的发言,2005年9月19日,纽约,http://www.china-un.org/chn/lhghywj/ldhy/yw/ld60/t212849.htm;张义山大使在第60届联大审议秘书长关于联合国的工作报告时的发言,2005年9月29日,http://www.china-un.org/chn/lhghywj/ldhy/yw/ld60/t214652.htm。

'保护的责任'概念"①。"不能对'保护的责任'这一概念做扩大或任意解释,更要避免滥用。……各方仍应以世界首脑会议成果文件中的内容为准来解释和适用该概念。"②

(3) 在对保护的责任如何实施进行大辩论的时期,中国积极参与了各种国际场合对这一问题的讨论,明确表明自己对讨论持开放态度,并系统地阐述了自己的立场。中国认可 2005 年世界首脑会议成果对保护的责任的界定,其适用范围严格限定于四种严重的国际罪行,认为履行保护的责任不能违背主权原则和不干涉内政原则,安理会要慎重行事,防止保护的责任被滥用。

在这一时期,集中体现中国立场的是 2009 年 7 月中国时任联合国大使刘振民在联大关于保护的责任问题辩论会上的发言。③ 他认为保护的责任是 21 世纪初出现的一个新概念。2005 年《世界首脑会议成果文件》对保护的责任作了非常谨慎的描述。《成果文件》将"保护的责任"的适用范围严格限于"种族灭绝、战争罪、种族清洗和反人类罪"等四种严重的国际罪行。但几年来,各方对此概念的内涵和适用性仍存在争议。

根据这一发言,可以看出中国关于保护的责任的立场主要包括如下内容:

第一,各国政府负有保护本国公民的首要责任。国际社会可以提供协助,但保护其民众归根结底还要靠有关国家政府。这与主权原则是一致的。因此,保护的责任的履行不应违背主权原则和不干涉内政原则。尽管世界发生了复杂深刻的变化,但《联合国宪章》宗旨和原则的基础地位没有改变,尊重各国主权和不干涉内政原则不能动摇。

第二,保护的责任概念只适用于种族灭绝、战争罪、种族清洗和危害人类罪等四种国际罪行。各国均不应对该概念作扩大或任意解释,更要避免滥用。要防止将保护的责任用作"人道主义干涉"的另一种翻版。在

---

① 2006 年 6 月 28 日中国驻联合国代表团刘振民大使在安理会"武装冲突中保护平民问题"公开辩论会上的发言,http://www.china-un.org/chn/xw/t260631.htm。
② 2006 年 12 月 4 日中国驻联合国代表团刘振民大使在安理会"武装冲突中保护平民问题"公开辩论会上的发言,http://www.china-un.org/chn/hyyfy/t282527.htm。
③ 2009 年 7 月 24 日刘振民大使在联大关于"保护的责任"问题全会上的发言,http://www.fmprc.gov.cn/ce/ceun/chn/lhghywj/ldhy/63rd_ga/t575179.htm。

出现上述四大类危机时,缓解和制止危机是国际社会的普遍共识和正当要求。但有关行动须严格遵守《联合国宪章》规定,尊重当事国政府和所在地区组织的意见,要坚持在联合国框架下处理,并用尽一切和平手段。

第三,当发生上述四大类危机且需要联合国做出反应时,安理会可发挥一定作用。但安理会必须根据具体情况判断和处置,并应慎重行事。需要指出的是,《宪章》赋予安理会的职责是维护国际和平与安全,其采取行动的前提是发生了构成"对和平的威胁、对和平的破坏及侵略行为"。安理会应将保护的责任放在维护国际和平与安全的大框架内一并考虑,应防止滥用。

第四,在联合国以及区域组织范围内,应将正常的人道主义援助与履行保护的责任时的国际援助相区别,以保持人道主义援助的中立性和公正性,并避免保护的责任的滥用。

中国认为保护的责任自提出到大辩论时期都还只是一个概念,尚不构成一项国际法规则,因此,各国应避免将保护的责任作为向他国施压的外交手段。保护的责任能否得到各国一致接受、能否真正有效履行,还需要在联合国或有关区域组织内进一步探讨。

此外,中国还明确反对将保护的责任适用于自然灾害引发的人道危机中。① 中国认为要保护平民,必须从源头上解决冲突产生的根源。②

(4)在多国部队对利比亚采取军事行动导致国际社会对保护的责任产生重大分歧的阶段,中国的态度逐渐由温和转为强硬。与其他很多国

---

① "将这一概念引入救灾领域,不仅无助于国际社会对这一概念达成一致,还可能导致更多的混乱。"2008 年 11 月 3 日中国驻联合国代表团刘振民大使在第 63 届联大六委关于"国际法委员会第六十届会议工作报告"议题的发言,http://www.china-un.org/chn/dbtxx/czfdblzm/zyhd/t529985.htm。

② "安理会既应重视遵守国际人道法问题,还应设法解决产生冲突的根源性问题,实现标本兼治。"2009 年 1 月 29 日中国驻联合国代表团刘振民大使在安理会关于"维护国际和平与安全:尊重国际人道法"问题非公开辩论会上的发言,http://www.china-un.org/chn/zgylhg/jsyfz/rdzysw/t534474.htm。另外,2005 年 12 月 9 日张义山大使在安理会"武装冲突中保护平民问题"辩论会上的发言,http://www.china-un.org/chn/xw/t225607.htm,以及 2008 年 5 月 27 日刘振民大使在安理会"武装冲突中保护平民问题"辩论会上的发言都强调了这一点,http://www.china-un.org/chn/lhghywj/fyywj/2008/t459182.htm。《常驻联合国代表李保东大使在安理会通过利比亚局势决议后的解释性发言》,2011 年 3 月 17 日,http://www.fmprc.gov.cn/mfa_chn/wjdt_611265/zwbd_611281/t808039.shtml。

家不同，中国并不是从保护的责任的视角来看待利比亚危机的处理，而且强调"逐案处理"的原则，不希望国际社会干预利比亚危机成为惯例。针对利比亚军事行动明显出现背离安理会决议的情况，中国明确表示了反对，并在后来针对叙利亚危机的表决中，中国多次使用否决票来表达自己坚决反对的立场。

在处理利比亚危机的前期，中国政府基本支持了联合国安理会采取的行动，对1970号决议投赞成票，对1973号决议投弃权票。投弃权票事实上是默许了联合国安理会授权的干预行动。国际社会对于中国的反应十分关注，在外交部的例行记者会上，有多次提问涉及这两次投票，例如弃权票是否表明中国相对放弃了"坚持不干涉内政原则"的一贯立场，对此外交部发言人的回答非常含糊。

但与西方干预利比亚危机基于保护的责任不同，中国并不是从保护的责任的角度来解释自己的行动。在联合国安理会就1970号决议和1973号决议投票后，中国驻联合国代表团团长李保东在解释性发言中明确将"利比亚局势的特殊情况"①而不是保护的责任作为中国在1973号决议表决中投弃权票的原因。对于联合国秘书长潘基文将该事件与保护的责任的应用相联系的论述，中国政府没有做出任何回应。

此外，在利比亚危机中，中国强调了在《中国关于联合国改革问题的立场文件》中规定的"在涉及强制性行动时，更应慎重行事，逐案处理"的原则。通过强调利比亚事件的特殊性，中国政府表达了不以该事件为未来国际相关机构采取行动时的依据的基本立场②。

对于多国部队滥用安理会授权的军事行动，中国政府明确表示了不满。"中方呼吁各方严格、准确执行安理会有关决议，不做任意解读，不采取超出授权的行动……"③"保护平民属于人道主义范畴，不能夹杂任何政治动机和目的，包括进行政权更迭……选择性的做法或采取双重标准

---

① 常驻联合国代表李保东大使在安理会通过利比亚局势决议后的解释性发言，2011年3月17日，http://www.fmprc.gov.cn/mfa_chn/wjdt_611265/zwbd_611281/t808039.shtml。
② 王群大使在人权理事会利比亚人权状况特别会议上的发言，2011年2月25日，http://www.china-un.ch/chn/hyyfy/t802369.htm。
③ 中国外交部副部长翟隽在安理会关于利比亚问题会议上的发言，2011年6月16日，http://www.china-un.org/chn/hyyfy/t831410.htm。

只会损害安理会的作用和权威。"① 中国也质疑对利比亚的军事打击是否符合保护平民的原则。

在利比亚事件没有完全结束而叙利亚危机已现端倪时,中国就已经提前向国际社会发出信号,中国政府不希望类似于利比亚的干涉事件再次发生。② 由于在利比亚危机中成功实现了军事干预,西方国家希望以同样的方式处理叙利亚危机。安理会在2011年10月4日、2012年2月4日和2012年7月19日召开会议,讨论了关于叙利亚问题的决议草案。中国与俄罗斯采取一致的立场,联手否决了这三个意在谴责叙利亚并可能为军事干预铺路的决议草案。③ 中国不仅在安理会上否决有关的草案,也在联合国大会和联合国人权理事会涉叙问题上多次投了否决票。

联合国安理会、联合国大会和联合国人权理事会在涉叙问题上的投票表明国际社会在实施保护的责任干预叙利亚危机的问题上出现了严重的分歧。这似乎使得保护的责任的发展前景变得不确定起来。这其中,中国的立场备受瞩目。有观点认为中国从2005年世界首脑会议接受保护的责任到在涉叙问题上多次投反对票,似乎关于保护的责任的立场发生了转变。但经过对中国立场的详细分析我们可以看出,中国在保护的责任问题上的立场并没有发生根本性的变化。中国是传统的主权原则的坚定捍卫者。从一开始中国就对这一概念持非常谨慎的态度,中国也希望国际社会持谨慎态度。在2005年世界首脑会议上就这一概念达成一定共识之后,中国本着合作的态度接受了这一概念,但接受是有前提的。中国只认可2005年世界首脑会议成果对保护的责任的界定,其适用范围严格限定于四种严重的国际罪行,并坚持履行保护的责任不能违背主权原则和不干涉内政原则。对于利比亚危机的处理,与其他很多国家不同的是,中国并不是从保护的责任的角度来看待问题。当对利比亚危机的军事干预使中国看到一些国家在利用保护的责任的概念滥用联合国安理

---

① 常驻联合国代表李保东大使在安理会武装冲突中保护平民问题公开辩论会上的发言,2011年11月9日,http://www.china-un.org/chn/hyyfy/t875607.htm。
② 杨洁篪:《共迎挑战 共同发展:在第66届联合国大会一般性辩论上的发言》,2011年09月27日,http://www.fmprc.gov.cn/mfa_chn/ziliao_611306/zyjh_611308/t862501.shtml。
③ http://www.un.org/zh/focus/northafrica/syria.shtml。

会的授权,实现自己的政治目的,甚至进行政权更迭,这完全违背了国际法的基本准则,违背了主权原则和不干涉内政原则。这是中国所不能容忍的。因此中国采取了坚决的反对行动。但中国的反对行动本身并不意味着中国完全反对保护的责任的理念,中国反对的是一些国家在保护的责任的大旗下突破现有国际法准则、实现自己的政治目的的行动。

综上所述,保护的责任概念自 2001 年 12 月诞生至今已经以惊人的速度经历了四个阶段的发展。虽然国际社会就此形成了一定的共识,但分歧也一直存在。由于其在利比亚的实施暴露出了新的问题,导致了国际社会的严重分歧,从而没有在叙利亚危机中得以复制。中国对保护的责任的立场也经历了回避、表明立场、有条件支持、坚决反对其滥用等几个阶段的变化。保护的责任在实施中暴露出来的一系列问题也表明保护的责任目前还很不完善,有待进一步规范。

保护的责任:在联合国框架内的发展

贾烈英

"保护的责任",这一概念首次出现于 2001 年,加拿大"干预和国家主权问题国际委员会"(ICISS)提交给联合国的《保护的责任》这一报告中。

这一概念产生以来,由于其丰富的内涵和指涉现实的迫切性,在全球的各种行为体中都产生了很大的反响。叫好的、怀疑的和批判的声音不绝于耳,这一概念在进入不同文化语境、不同地区、不同组织的过程中,不同职业和角色的人们赋予了其不同的含义,由于它不可避免地和许多宏大的主题相交织,比如人权、和平与安全、人道主义援助、治理和法治、防止冲突、国际正义等,其内容的模糊性和争议性是可以想象的,可以说"保护的责任"处于权力与责任、权利与义务、主权与人权、秩序与正义、多元与普世、理想与现实的多重张力之中。

但是这个概念要想获得普世性的认可,具有合法性的内容,走过联合国的熔炉,被过滤、锻造、应用将是其必经之路,毕竟联合国才是当今最具有代表性的国际组织。

一、保护的责任概念的诞生与意义

1. 保护的责任产生的时空背景

保护的责任是国际社会对历史上,尤其是 20 世纪 90 年代同类受难的一种反思。对于20世纪发生在索马里、卢旺达、波斯尼亚和南联盟的事情,人们虽然刻骨铭心,但对于其因果的理解及其应对的看法却大相径庭。

在2000年联大上,前联合国秘书长科菲·安南在其《千年报告》中发出了人类的经典一问:"如果人道主义的干预真的是对主权的一种令人无法接受的侵犯,那我们应该怎样对卢旺达,对斯雷布雷尼察作出反应呢?对影响我们共同人性的各项规则的人权的粗暴和系统的侵犯,我们又该怎样作出反应呢?"[①]

面对秘书长带有良知的责问,加拿大政府会同一批主要的基金会,于2000年9月在联合国大会上宣布建立独立的关于干预和国家主权问题国际委员会(ICISS),努力回应安南秘书长提出的要求,提交一份以有助于秘书长和每个人找到某种新的共同基础的报告,以便国际社会作出努力,就如何在大规模侵犯人权和违反国际法的行为面前作出反应的问题达成新的国际共识。

经过12位委员,一年的艰苦努力,还有200多位不同业界代表的参与,这份报告终于在2001年9月正式发表。

2. "保护的责任"之最早含义

在ICISS报告中,保护的责任是指主权国家有责任保护本国公民免遭可以避免的灾难——免遭大规模屠杀和强奸,免遭饥饿,但是当它们不愿或者无力这样做的时候必须由更广泛的国际社会来承担这一责任。[②]该报告鉴于"人道主义干预"在历史上的争议性,而放弃了这一概念,但其本质是一脉相承的。

虽然ICISS报告承认,对责任的性质和范围需要进行透彻的讨论,也需要透彻地讨论有关责任由谁行使、由谁授权以及何时、何地和如何进行等问题,报告还提出了一些核心原则,这当中有两条基本原则,至关重要:

第一,国家主权意味着责任,而且保护本国人民的主要责任是国家本

---

① http://www.un.org/chinese/.
② http://www.responsibilitytoprotect.org/index.php/about-rtop/core-rtop-document.

身的职责。

第二,一旦人民因内战、叛乱、镇压或国家陷于瘫痪,而且当事国家不愿或无力制止或避免而遭受严重伤害时,不干预原则要服从于国际保护的责任。①

在此基础上,该报告谈到了最敏感的军事干预的原则时,分析正确的授权问题,其中有两点引起了极大的争议:

第一,安理会五个常任理事国应该达成一致意见,当事件不影响其本国切身利益时不行使否决权,在通过授权进行为保护人类目的的军事干预的决议时,而且该决议得到大多数国家支持时,不得横加阻挠。

第二,如果安理会拒绝有关决议,或者未在合理的期限内,审议此事,则可选择其他替代方案:

(1)依照"联合一致共策和平"的程序召开联大紧急特别会议审议此事;(2)地区或分地区组织根据宪章第8章规定,在管辖区内采取行动,随后必须请求安理会予以授权。②

这些都直接挑战了联合国宪章的多项条款,比如主权平等原则、禁止使用武力原则和不干涉内政的原则,出现中止某些国家主权的现象,危及联合国安理会的权威性,甚至有了绕开联合国进行体制外的行动设计。

ICISS报告虽然把保护的责任分为三个方面——预防的责任、作出反应的责任和重建的责任,并强调预防的责任是保护的责任中最重要的责任,但实际上它重视的还是干预。

针对保护的责任,巴西常驻联合国代表瓦尔蒂提出了"保护中的责任",一字之差,触及了该报告的严重缺陷;中国学者黄瑶认为,"保护的责任是在人道主义干涉的合法性无法获得认可的情况下,通过赋予国家主权概念以新的内涵而形成的一个新理论(也称概念或原则)"③,"保护的责任不构成禁止使用武力原则的例外,保护的责任不是条约法规则,不构成国际习惯法的一部分,不是一项国际法规范"④。

---

① http://www.responsibilitytoprotect.org/index.php/about-rtop/core-rtop-document.
② Ibid.
③ 黄瑶:《从使用武力法看保护的责任》,《法学研究》2012年第3期,第195页。
④ 同上文,第206—207页。

阮宗泽则提出了"负责任的保护"(responsible protection，RP)概念，更是令人耳目一新，体现了中国官方的关切。阮宗泽"负责任的保护"具体内容如下：

第一，要解决对谁负责的问题。当然是对目标国的人民负责，对地区的和平稳定负责。保护的对象应该是无辜平民，而不是特定的政治派别，或者武装力量。这样的保护才是正当的和善意的，才是真正意义上的保护。

第二，何谓"保护"实施者的合法性。对本国公民的保护的责任，首先是本国政府。除此之外，联合国安理会才是实施"人道主义干预"的合法主体，其他任何国家都没有这种权利，更没有这个法律地位。

第三，严格限制"保护"的手段。实施保护的前提，必须是穷尽了外交和政治解决的手段。外交努力等非军事化途径虽耗时较长，但效果更持久，副作用更小。反之，动辄使用武力，不仅造成大量无辜平民的伤亡，更对被"保护"国家或地区带去严重的基础设施损毁、国民经济的巨大倒退，最终加剧人道主义灾难，让被"保护"对象长时间处于艰难的灾后重建中。

第四，明确"保护"的目标。正如"不能以治病的名义杀人一样"，保护的目标必须是有利于减轻人道主义灾难，绝不能因为保护而造成更大的人道主义灾难，更不能成为推翻一国政权的借口，以"保护"之名，行"干涉"之实。

第五，需要对"后干预""后保护"时期的国家重建负责。绝不能打完就走，给被"保护"的国家和人民留下一个难以收拾的烂摊子。

第六，联合国应确立监督机制，效果评估和事后问责制，以确保"保护"的实施手段、过程、范围及效果。①

英国学者詹姆斯·派蒂森(James Pattison)从国际法的角度，紧紧围绕着"该由谁来干预"，进行了深入的研究，他的结论是：需要安理会授权，仅仅表明的是保护的责任的实施者需要遵循的程序，但并没有表明哪一个特别的行为体具有保护的责任。经过有效性和合法性等多角度的分

---

① 阮宗泽：《负责任的保护》，《国际问题研究》2012年第3期，第21页。

析,他认为北约和区域组织最适合担当保护的责任的实施者。①

吉林大学留学生西奥·拉莫诺(Theo Ramonono)在他的学位论文中,以历史发展的脉络,把保护的责任放在主权与人权的消长中进行了解读,很有启发意义②:

原因	制度协定	主权和人权
三十年战争	威斯特法利亚和平	• 主权＝控制领土的绝对权利 • 人权由主权严格限定
一战和二战	《联合国宪章》 • 世界人权宣言 • 经济、社会与文化权利公约 • 公民权利及政治权利国际公约	• 主权＝保护自己人民的权利 • 特定的人权内容是与国际体系绑在一起的。 • 通过联合国安理会的集体行动
大规模暴行	联合国首脑会议文件 保护的责任	主权＝保护自己人民的责任 • 主权＝国家的责任 • 保护自己的和其他的人民 • 外部军事干预的合法化 • 没有联合国安理会授权的行动

二、联合国大会与保护的责任

联合国大会是反映国际民意的机构,《联合国宪章》关于大会的职权规定,主要体现在第四章第10条至第17条,其中第11条认为:

(1)大会得考虑关于维持国际和平及安全之合作之普通原则,包括军缩及军备管制之原则;并得向会员国或安全理事会或兼向两者提出对于该项原则之建议。(2)大会得讨论联合国任何会员国或安全理事会或非联合国会员国依第三十五条第二项之规定向大会所

---

① James Pattison, *Humanitarian Intervention and the Responsibility to Protect*, Oxford University Press, 2010, pp. 245-255.

② Theo Ramonono, *Responsibility to Protect:the Paradigm Shift of International relations on Sovereignty and Human Rights*, 吉林大学2013年硕士学位论文。

提关于维持国际和平及安全之任何问题;除第十二条所规定外,并得向会员国或安全理事会或兼向两者提出对于各该项问题之建议。凡对于需要行动之各该项问题,应由大会于讨论前或讨论后提交安全理事会。(3)大会对于足以危及国际和平与安全之情势,得提请安全理事会注意。①

结合宪章的授权,我们分析"保护的责任"是怎样在联大展开激烈的争论,并逐渐达成共识的。

(1) ISICC 提出的"保护的责任",在联合国经过激烈的争论,其内涵逐渐收窄,到 2005 年,联合国大会发表 2005 年《世界首脑会议成果文件》,标志着国际社会围绕着该概念达成了最稀薄的共识。这也是到目前为止,世界上关于"保护的责任"最权威的国际文件,其内容体现在 2005 年《世界首脑会议成果文件》的第 138 和 139 段,将保护的责任的适用范围进行了严格的限定,同时也否定了关于在联合国以外采取保护行动的设计。

对此,中国外交部条法司原司长黄惠康认为,2005 年在国际社会达成共识的"保护的责任"有四点核心要素:第一,对本国公民的保护的责任,首先是本国政府;第二,所谓保护的责任,它的使用范围仅限于四种最严重的国际罪行,即灭绝种族、战争罪、族裔清洗和危害人类罪,也就是说只有发生这四种严重侵犯,或者严重违反国际法的罪行时候,本国政府又不愿或者没有能力行使保护权,方可使用;第三,国际社会可以进行适度干预,来行使保护的责任;第四,如果要涉及使用强力或者武力,还要有安理会授权。②

(2) 2009 年以来,联大关于"保护的责任"的辩论与决议。③

从 2009 年 7 月 23 日开始,联大围绕着潘基文秘书长《执行保护的责任》的报告展开辩论。报告中指出了"保护的责任"的三大支柱:(1)每

---

① http://www.un.org/zh/documents/charter.
② 《调查委员会:效忠卡扎菲和反对卡扎菲的部队均犯下严重罪行》,http://www.un.org/zh/focus/northafrica/nesdetails.asp? newsID = 13774&critria = libya.
③ 关于此内容更详细的描述,可以参考曾颖:《联合国"保护的责任"问题研究》,北京语言大学 2013 年硕士论文。

一个国家均有责任保护其人民免遭灭绝种族、战争罪、族裔清洗和危害人类罪之害;(2)国际社会应协助各国通过能力建设来履行这一责任,并帮助那些处于紧张状态下、危机一触即发的国家;(3)若有关国家当局显然无法保护其人民免受这四种罪行时,国际社会应采取及时、果断的行动,承担起保护的责任。①

多数国家都认为非盟对保护的责任的形成和推进起了重要作用。虽然这一概念的渊源最早来自西方社会,与正义战争理论、自然法则、社会连带主义和人道主义干预一脉相承,但目前强调这一概念的作用,并不完全是西方把自己的政治意愿强加给其他国家。卢旺达事件是引发这一概念的重要诱因,非洲的地区安全形势让他们对人道主义灾难有切肤之痛,所以非盟提出了从不干预到到不漠视的转变,接受了保护的责任概念,说明这一概念不仅仅是属于西方的。2000年非盟宪章第4条(h)款规定,"根据非盟首脑会议决定,非盟有权干预战争罪行、种族灭绝罪行和反人类罪行";在第4条(j)款里规定,"非盟成员国为了恢复国内和平与安全有权请求联盟进行干预的权利"。②

自2003年以来,非盟相继对布隆迪、苏丹达尔富尔冲突、多哥政治危机、科特迪瓦内乱、索马里内战等多起冲突和战争进行了直接的介入和干预,对防止这些冲突的失控,促成冲突的早日解决起到了一定的作用。

在2009年的联大辩论中,94个国家代表发言,阐述了对该概念的理解及关切重点。其中只有古巴、委内瑞拉、苏丹和尼加拉瓜呼吁重新讨论2005年的协议。而拉美、亚洲和南部撒哈拉非洲等非西方国家欢迎秘书长的报告,并强调了六点:①保护的责任是个普遍的概念,应该不加选择地公平地实施;②保护的责任最首先、最重要的在于各国国内保护的责任;③保护的责任只能用于那四种特定的罪行及其预防,任何试图扩大"保护的责任"范围的做法都会阻碍这一原则的实施;④保护的责任的实施和执行要与国际法和联合国宪章的原则相一致,不结盟运动特别强调,"保护的责任"深深植根于现存国际法,不能用来使单边干预合法化;

---

① 2009年潘基文秘书长《执行保护的责任》报告,http://www.responsibilitytoprotect.org/index.php/about-rtop/core-rtop-documents。

② 《非洲联盟宪章》第7页,http://www.au.int/en/about/costitutive_act。

⑤ 保护的责任第三个支柱不是只有强制手段或使用武力,我们应该重点看到第六章和第八章中的和平手段;⑥ 预防是保护的责任最重要的部分。①

可见非西方国家对于保护的责任实施的范围、主体、手段、授权有着很多的隐忧,很多原则性的问题依然需要讨论澄清。

在辩论中,关于安理会角色的讨论是最引人关注的。尽管少数国家,如委内瑞拉、苏丹认为,大会应该承担起对保护的责任各个方面的裁判权,因为大会是最具代表性和公平性的。但大多数国家认为,保护的责任最有争议的问题在于安理会的角色和其对武力的使用。巴基斯坦、古巴、斯里兰卡等国家担心保护的责任会为未经授权的强制行动提供合法性。另有35个国家指出,当某一国显然无法保护自己的人民免于这四种罪行时,安理会要采取行动,而常任理事国应该放弃使用否决权。

2009年7月24日,中国常驻联合国副代表刘振民大使在联大关于保护的责任问题全会上的发言中指出,保护的责任迄今还只是一个概念,尚不构成一项国际法规则,因此,各国应避免将保护的责任作为向他国施压的外交手段。保护的责任能否得到各国一致接受、能否真正有效履行,还需要在联合国或有关区域组织内进一步探讨。但安理会必须根据具体情况判断和处置,并应慎重行事。需要指出的是,《宪章》赋予安理会的职责是维护国际和平与安全,其采取行动的前提是发生了构成"对和平的威胁、对和平的破坏及侵略行为"。安理会应将保护的责任放在维护国际和平与安全的大框架内一并考虑,防止滥用。②

这次辩论总体上非常成功,获得了积极的评价。它再次确认了2005年成果文件中的保护的责任原则,强调了安理会的唯一性。但是对于富有争议的问题,如干预的起点标准、安理会的选择权及否决权,仍然达不成一致,需要进一步讨论。

2009年9月14日,第63届联合国大会通过了其第308号决议,这是大会第一次通过对保护的责任的决议,该决议注意到秘书长的报告及随

---

① Alex J. Bellamy, *Global Politics and the Responsibility to Protect*: *From Words to Deeds*, Abingdon: Routledge, 2011, p. 44.

② http://www.fmprc.gov.cn/mfa_chn/wjdt_611265/zwbd_611281/t575180.shtml.

后的联大辩论,大会决定继续考虑保护的责任问题。

2010年8月9日,联合国大会举行了"早期预警、评估和保护的责任"非正式互动对话,讨论2010年7月14日秘书长潘基文对此议题的报告。这次互动对话是联大辩论的继续,共有42个成员国、2个区域组织代表、2个公民社会代表在对话中发言。讨论集中在联合国系统如何更好地采集和分析信息,做出政治选择并进行早期介入。而信息的准确性、真实性尤其值得重视,应从多个可靠渠道获取信息,如联合国机构、项目、在执行的地面任务和公民社会中获得。

2011年7月12日,联合国大会举行了关于"执行保护的责任中区域和次区域安排的重要性"非正式互动对话,讨论潘基文6月27日在这一议题上的报告,这是联大关于保护的责任的第三次会议,共有43个成员国、3个区域组织代表和4个公民社会代表参加了这次会议,他们认识到区域组织在预防和阻止大规模暴行方面的独特作用,并提及区域组织、次区域组织和安理会之间应该加强合作,包括交流所得的经验、获得的预警信息,以及在制裁和惩罚性措施方面给予相互协调。尽管利比亚事件导致一些人反对保护的责任,并要求重新商议这一概念,大多数成员国还是继续支持保护的责任,对其进一步执行提出了建设性意见,对北约使用武力执行1973号决议表现出极大关注。

2012年9月5日,联合国大会举行了关于"保护的责任:及时果断地反应"的非正式互动对话,讨论潘基文8月20日在此议题上的报告。该会议共有56个成员国、1个区域组织、2个公民社会组织参加。他们欢迎秘书长的报告,再次确认了保护的责任三个支柱之间不分先后、相互支持的特性,以及保护的责任的范围限定在特殊的四种罪行。有些国家对保护的责任的执行问题存在担心,包括安理会有选择性地应对那四种罪行的威胁,以及保护的责任不应该作为改变政权的工具。还有代表团批判1973号决议的执行者超越了决议的范围。部分国家再次提到了安理会操作保护的责任的作用,呼吁在保护的责任问题上常任理事国放弃使用否决权,还有国家提到对安理会的决议加强评估和监督。会议上,一些国家赞同巴西政府提出的"保护中的责任"这个新概念,强调实施保护过程中的相称性、责任性,实际上是对利比亚战争暴露出的不负责任、缺乏问责的现象进行反思。①

2013年9月18日,联合国大会举办了关于保护的责任的第六次非正式互动式对话,集中讨论关于"国家的责任与预防"。这次对话是基于潘基文关于保护的责任的报告,主要强调规范的第一支柱,即国家需承担保护本国居民免受四大罪行的首要责任。联合国大会的报告还探究了关于可能导致大规模犯罪风险的因素,以及提供一些政策选择来强化国家预防这些犯罪的能力。此次对话是自2009年联大"保护的责任"首次对话召开以来,参加国家为数最多的一次。讨论内容主要有以下几个方面:第一,实施保护的责任的干预应加强有效管理和法治。在实施保护的责任的过程中要用好的政策,同时应在法律的范围内实施。第二,实施保护的责任应注重加强国家和地区机构的预防。国家政府和地区组织在对犯罪行为上应该起到一定的预防作用,做好排查、预防工作也是实施保护的责任的一种方式。第三,保护的责任的讨论与实施应与其他联合国组织和会议议程之间相互沟通。例如安全建设委员会等,这些都与国家的安全发展息息相关。第四,民间团体在预防四大罪行中起了重要的作用。第五,国家或者民间团体应该适当使用反对权。第六,仍然有少数国家对保护的责任持反对态度。

2014年9月8日,联合国召开了第六次有关保护的责任的互动式对话。在这次对话中,主要讨论联合国秘书长潘基文关于保护的责任中的第六个报告,该报告题为《完善我们的集体责任:国际援助和保护的责任》。此次讨论中,与会国家希望,2015年保护的责任的讨论会成为联合国安理会中的一项正式议程。许多成员国表示对处于危机边缘的人民生活表示担忧,希望在保护的责任的框架下,可以对像伊拉克、叙利亚、南苏丹等国家的居民施以援手,保护当地居民的安全。保护的责任全球中心执行理事西蒙·亚当斯(Simon Adams)在会上强调,保护的责任就要走过10年,希望各成员国能更多地考虑和思考,并提出宝贵意见,以使保护的责任在未来的十年更好地发展。

---

① 见"保护的责任"国际联盟网站(International Coalition for the Responsibility to Protect)背景资料:联合国与"保护的责任",http://www. Responsibility to Protect. org/index. php/about-rtopthe-un-and-rtop。

联合国大会的辩论和非正式互动对话加强了各国对"保护的责任"的理解,也促进了这一概念在联合国系统内的发展。学者罗艳华对于世界各国对"保护的责任"的态度分为了三类:第一类是非常支持的国家,如中等发达国家,如英、法、德、加拿大、澳大利亚、西班牙、北欧等国,再加上非洲政局比较稳定地国家;第二类是持保留态度并提出建设性意见的国家,大部分国家都属于这一类,如美国、日本、中国、巴西、印尼等;第三类是极力反对的国家,如古巴、委内瑞拉、苏丹、尼加拉瓜、斯里兰卡等。①

三、秘书长与保护的责任

《联合国宪章》对于秘书长职能的规定,主要体现在第 15 章第 97—101 条款里,第 99 条赋予了秘书长特别政治权力,"秘书长得将其所认为可能威胁国际和平及安全之任何事件提请安全理事会注意"②。

"保护的责任"从催生,到扩散,到矫正,到实施,都离不开联合国秘书长的努力。而且秘书长需要高度智慧,在不同版本的"保护的责任"解读中,要抓住共识,维护共识,小心地推动实施。

1. 安南与保护的责任

安南是联合国的第 7 位秘书长,1997 年至 2006 年在任。由于他的杰出表现,2001 年被授予诺贝尔和平奖。正是他在 2000 年联大上呼吁国际社会在人道主义干预问题上达成共识,ICISS 报告《保护的责任》则是交给他的一份有全球影响的作业。

安南于 2003 年 11 月成立了一个联合国改革问题高级别小组(威胁、挑战和变革高级别小组),广泛听取各方意见,讨论改革问题。2004 年 12 月 2 日,这个小组起草的报告《一个更加安全的世界:我们共同的责任》出炉,就联合国改革问题提出了广泛建议。

这份报告参考了各成员国政府、学术界、民间社会等已提出的各种改

---

① 罗艳华、张俊豪:《"保护的责任"的发展历程及其实施所面临的问题》,http://www.360doc.com/content/11/0327/20/109390_105161802.shtml。

② 《联合国宪章》第 15 章第 99 条。

革建议,建议触及联合国改革最核心的实质问题。在不少内容上,反映了安南的改革思路。报告所提出的新的集体安全观无疑是对单边主义的制约;报告提出的使用武力标准既照顾了主权原则,又考虑到实际的需要;对安理会改革提出的两个扩大方案也尽可能地照顾到各方利益的平衡和各方的意见分歧。

由于该报告是联合国对其权威受到严峻挑战所做出的直接而全面的反应,而且小组成员的背景不凡,都曾是国际舞台上叱咤风云的重量级人物(其中包括中国前副总理钱其琛),因此,该报告一公布,就引起了国际社会的广泛关注。

这份报告接受了保护的责任概念,还提出了必须考虑的五个正当性基本标准:威胁的正当性、正当的目的、万不得已的办法、相称的手段、权衡后果。另外,这份报告强调安理会是唯一有权做出干预决定的机构,拒绝任何体制外的选项,这是为了修复2003年美国绕开联合国入侵伊拉克后给联合国造成的重创,重新强调和保护联合国集体安全体系的有效性。

2005年3月21日,安南在第59届联大会议上作了题为《大自由:实现人人共享的发展、安全和人权》的报告,对上述两个涉及"保护的责任"的报告给予了肯定,他提出:"我们必须承担起保护的责任,并且在必要时采取行动。如果发现这些方法仍然不够,安理会可能不得不决定根据《联合国宪章》采取行动,包括必要时采取强制行动。"[1]他强调保护本国人民是国家的首要责任,如果国家不愿或不能这么做,那么这一责任就落在国际社会肩上。这是秘书长首次正式将保护的责任传达给各国,并提请各国认真考虑。

2. 潘基文的持续推动

潘基文是联合国的第8位秘书长,2007年开始第一个任期,并在2012年成功连任。潘基文是保护的责任的坚定推动者,首先他清晰地界定,对于联合国及其成员国来说,保护的责任就是2005年《世界首脑会议

---

[1] 《大自由:实现人人共享的发展、安全和人权》,http://www.responsibilitytoprotect.org/index.php/about-rtop/core-rtop-documents。

成果文件》文件中第138和139段中的内容,不会更多,也不会更少。

其次,他重视行动,希望联合国应少说溢美之词,多做些实事。

再次,他积极推动联合国大会展开保护的责任的讨论,为达成广泛的共识,落实行动做准备。从2009年开始,潘基文每年都发表一份相关报告,2009年《执行保护的责任》,2010年《早期预警、评估和保护的责任》,2011年《执行保护的责任中区域和次区域安排的重要性》,2012年《保护的责任:及时果断的反应》,2013年《保护的责任:国家的责任和预防》。每份报告都引起了成员国和民众的关注,推动了非正式的互动对话,为保护的责任的普及和发展作出了贡献。

在机构设置方面,潘基文在联合国内部设置专门事务官员,负责保护的责任的执行。2007年,弗朗西斯·登(Francis Deng)被任命为防止灭绝种族罪行问题特别顾问;2008年2月,爱德华·勒克(Edward Luck)被任命为保护的责任问题特别顾问,2013年7月,珍妮弗·威尔士(Jennifer Welsh)接替勒克博士作为特别顾问,负责领导保护的责任在概念、政治和机构方面的进一步发展并执行保护的责任。为了提高效率,两名特别顾问联合办公,合并其职能和活动。

四、国际刑事法院与保护的责任

国际刑事法院成立于2002年,其主要功能是对犯有种族屠杀罪、危害人类罪、战争罪、侵略罪的个人进行起诉和审批。这四种罪行和联合国认可的"保护的责任"所针对的罪行是高度重叠的。国际刑事法院的基础是2002年7月1号开始生效的《罗马国际刑事法院规约》,因此,该法院仅对规约生效后的前四种国际罪行有管辖权,对成员国的公民或组织具有管辖权,或者对联合国安理会正式通过决议交由国际刑事法院司法管辖的情形进行审批。

自2002年以来,已经有3个缔约国(刚果民主共和国、乌干达和中非共和国)主动向国际刑事法院提交案件,一个非缔约国(科特迪瓦)自愿就其境内有关情势接受法院的管辖,联合国安理会也于2005年3月就苏丹达尔富尔情势通过1593号决议首次向法院提交案件。此外,国际刑事法院的检察官除正对刚果民主共和国、乌干达和苏丹达尔富尔情势进行调查外,还密切跟踪包括中非共和国和科特迪瓦在内的8个情势。

2008年5月,国际刑事法院签发了对刚果金前副总统本巴的逮捕令,本巴在比利时被捕,随后被送往海牙羁押。本巴是国际刑事法院逮捕的首名被告。

2009年3月4日,国际刑事法院以苏丹总统巴希尔涉嫌在苏丹达尔富尔地区犯有10项罪名为由向其发出逮捕令。这是自国际刑事法院成立以来首次对一个在位的主权国家领导人发布逮捕令。

2011年6月,国际刑事法院对利比亚领导人卡扎菲发出逮捕令,指控他控制的利比亚安全部队对平民进行了"大范围的"和"系统性的"袭击,涉嫌"反人类罪"。这是国际刑事法院第二次对一个国家的现任元首发出逮捕令。

2011年11月30日,科特迪瓦前总统洛朗·巴博于乘包机被押送至荷兰海牙国际刑事法院。他是国际刑事法院自2002年成立以来首次审判的前国家元首。

2012年3月14日,国际刑事法院宣布判处刚果金前武装组织领导人托马斯·卢班加·迪伊洛犯有战争罪。这是国际刑事法院成立近十年来作出的首例判决。[①]

2015年1月16日,国际刑事法院宣布准备应巴勒斯坦当局的请求,就以色列可能涉及的"战争罪行"展开初步审查,从而决定是否最终启动相关调查。国际刑事法院2月3日裁定,在20世纪90年代初的巴尔干战争中,塞尔维亚人和克罗地亚人均未对对方犯下种族灭绝罪行。

但要注意的是,作为联合国安全理事会常任理事国的中国、俄罗斯和美国和以色列等均未加入《罗马国际刑事法院规约》,这必然影响到该法院的效力。[②]

---

① 更详细的描述参见彭劲秀:《国际刑事法院及其对一些国家领导人的审判》,http://www.21ccom.net/articles/world/qqgc/20141225118082.html。

② 关于中国不加入《罗马规约》的原因见刘仁义:《中国与国际刑事法院》,http://www.jcrb.com/n1/jcrb846/ca429072.htm;黄芳:《评中国对〈国际刑事法院规约〉投反对票的五点理由》,http://www.iolaw.org.cn/showarticle.asp? id=1694。

五、联合国人权理事会与保护的责任

2006年3月15日,第60届联合国大会通过一项决议,决定设立共有47个席位的人权理事会,以取代原来的人权委员会。两者的区别主要表现如下:

(1) 归属机构不同。人权理事会是联合国大会的下属机构;人权委员会则归联合国经济和社会理事会管辖。

(2) 组成成员不同。人权理事会由47个成员组成,人权委员会则由53个成员组成。

(3) 产生方式不同。人权理事会成员由联大无记名投票直接选举产生,当选成员必须获得联大193个成员国半数以上票支持,即至少97票,对于严重并有计划侵犯人权的理事会成员,联大可经三分之二成员国同意中止其成员资格;人权委员会则由各地区组织推荐,并经联合国经社理事会批准产生。

(4) 任期不同。人权理事会成员任期3年,在连续2任后不能连任;人权委员会成员任期虽同为3年,但可多次连选连任。

人权理事会每年举行会议不少于3次,总会期不少于10周,并可召开特别会议;人权委员会则在每年春季举行为期6周的会议。

(5) 审查制度不同。人权理事会负责对联合国所有成员国作出阶段性人权状况回顾报告,理事会成员在任期内必须接受定期普遍审查机制的审查;人权委员会则没有这类规定。[①]

人权理事会的工作机制主要由定期与特别会议制度、普遍定期审查制度、特别程序和申诉程序构成。[②] 人权理事会的地位要高于人权委员会,职能更加广泛。根据第60届联合国大会 A/RES/60/251号决议,人

---

① http://baike.baidu.com/link?url=0AkRX1Xd-wprVGUjl4IJChuE576uTdF5hPg4Als21qy-Si6nizvwBwZa1D1sDd0wpUzLFJbF6yxDwwL3ekhUCJK。

② 江国青:《联合人权工作中的改革与现状》,《人权》2010年第5期。进一步的研究可以参考江国青:《联合国人权理事会法律制度探析》,载郑启荣主编:《为了一个共同的世界——外交学院联合国研究论文选集》,世界知识出版社2012年版,第283—298页;廖来金:《联合国人权理事会的国际组织法透视》,湖南大学2011年硕士学位论文。

权理事会的主要职能是预防侵犯人权行为发生,处理侵犯人权情势;受理来文,并对来文进行普遍定期审议;协调系统内外工作,充当对话与合作的论坛;建议职能。

其采用的工作机制更易于为成员国所接受,所以它在国际人权立法和国际人权保护制度方面都取得了相当的成就,顺利地完成了对所有成员国的人权状况审查,尤其是人权理事会的特别程序工作更是可圈可点。

人权理事会特别程序是旨在从专题角度或具体国别角度对人权问题提供建议和报告的独立人权专家机制。特别程序系统是联合国人权机制的重要组成部分,涵盖公民、文化、经济、政治和社会等多方面的人权问题,截至2013年4月1日,共有36个专题任务和13个国别任务。这13个国家涉及白俄罗斯、柬埔寨、中非共和国、科特迪瓦、厄立特里亚、朝鲜、海地、伊朗、马里、缅甸、巴勒斯坦、索马里、苏丹、叙利亚。[1]

针对利比亚的情势,人权理事会先后发布了《在人权领域对利比亚的技术援助》(2014,A//HRC/25/42)、《利比亚问题国际委员会的调查报告》(2014,A//HRC/19/68)、《阿拉伯利比亚民众国境内的人权状况》(2011,A/HRC/RES/S-15/1)、《国际调查委员会对所有据称在阿拉伯利比亚民众国境内发生的违反国际人权法行为的调查报告》(2012,A//HRC/17/44)、《冲突双方侵犯人权行为和战争罪—利比亚最新报告》(2012)、《高级专员关于阿拉伯利比亚民众国人权状况的报告》(2012,A//HRC/17/4,5)等。[2]

针对叙利亚的情势,委员会也发布了多份调查报告,包括《国内流离失所者人权问题特别报告员关于阿拉伯叙利亚共和国境内流离失所者面临的极为严峻的形势的报告》(2013,A/HRC/24/58)、《阿拉伯叙利亚共和国境内的人权状况》(2012,A/HRC/2,1/32)等。[3]

特别程序在人权事务高级专员办事处(人权高专办)的支持下开展国别访问;通过发函提请各国及其他行为者关注指称侵犯虐待案件,以回应个别案件及更广泛的结构性问题;撰写专题报告和组织专家讨论会;促

---

[1] http://www.ohchr.org/CH/HRBodies/SP/Pages/Countries.aspx。
[2] http://www.ohchr.org/CH/countries/MENARegion/Pages/LYIndex.aspx。
[3] Ibid.

进国际人权标准的发展完善;从事宣传活动;提高公众意识;为技术合作提供咨询意见等。特别程序每年向人权理事会作年度报告,大多数任务也向联合国大会作报告。设立或延长其任务的决议中具体定义了其任务内容。人权理事会以自己的形式为落实保护的责任作出了贡献。

六、安理会与保护的责任

安理会在联合国权力大厦中居于核心地位,保护的责任的落实离不开安理会的认可与授权,这包括了预防的责任、反应的责任和重建的责任,可以说安理会是"保护的责任"的把关人,确保它在《宪章》的框架内推广和落实。

根据《宪章》的设计,安理会在联合国体系中享有特别重要的职权,它的决议对所有会员国具有约束力。大会的主要职权是审议性的,而安理会的职权是执行性的。它是联合国组织体系中唯一有权采取行动来维持国际和平与安全的机关。它的具体职能包括很多①,其中维持和平与制止侵略,可以采取必要的武力行动以维持或恢复国际和平与安全最为大家所看重。

《宪章》第42条赋予安理会对武力执行行动的垄断权,在联合国框架内,唯有安理会才有权通过授权使用武力,大会在非经安理会请求的情况下,是不能授权会员国采取军事行动的。根据《宪章》的条文可以推断出,在武力干预的判断标准等方面,除了联合国安理会,任何会员国、大会或是国际法院等联合国机构,都不具有解释权。

但是安理会在断定是否存在对国际和平与安全的威胁方面具有相当大的弹性,这一点正如澳大利亚天主教大学西弗卡克教授指出的,一方面是不存在对安理会的决策进行司法审查的权力,另一方面是安理会对其决定无需给出理由。②

安理会一直努力按照《宪章》的精神理解、支持保护的责任,把保护

---

① 梁西:《梁著国际组织法(第六版)》,武汉大学出版社2011年版,第118—125页。
② Spencer Zifcak, "The Responsibility to Protect", in Malcolm D Evans (ed.), *International Law*, 3rd ed., Oxford University Press, 2010, p.524.

的责任纳入安理会的框架也是当前国际社会的最佳选择。这是由联合国本身的优势和历史继承性所决定的。脱离安理会框架,保护的责任只能沦为空谈,或者某些力量谋取私利的工具。下面是安理会涉及保护的责任的重要事件。

(1)安理会在实践中第一次援引保护的责任这一概念是在2006年4月28日,就武装冲突中平民的保护问题所做的1674号决议。决议第四段"重申《2005年世界首脑会议最终成果》文件第138和139段关于保护平民免遭灭绝种族、战争罪、族裔清洗和危害人类罪之害的责任的规定"①。

(2)达尔富尔问题。2006年8月31日,安理会通过了1706号决议,该决议认为,达尔富尔问题构成了对苏丹共和国、乍得和中非共和国的区域安全的威胁。该决议应非盟的请求,决定在达尔富尔地区部署联合国苏丹特派团,以增援非洲联盟的特派团,监测并核查各方执行《达尔富尔和平协议》停火部分的执行情况,并在2006年年底将非盟的行动转变为联合国的行动。授权部署一支17 300人的维和部队进驻达尔富尔,该决议同样引用了保护的责任及1674号决议。然而,这项命令遭到了苏丹政府的拒绝,维和部队未能成功部署。中国、俄罗斯在表决中投了弃权票。

2007年7月31日,安理会1769号决议获得一致通过,决议授权在达尔富尔部署一支联合国与非盟共同部队,保护平民,这支部队花了将近两年时间才完全部署好。2010年安理会延长了这一命令。②

(3)安理会对缅甸问题的讨论。2007年1月12日,安理会讨论美英提出的缅甸问题决议草案,该决议指责缅甸国内存在人权、艾滋病、毒品等问题,并对地区安全造成威胁,要求缅甸政府尽快改善国内状况,否则将面临更大压力和后果。中国和俄罗斯对决议投了反对票。

中国常驻联合国代表王光亚在表决前做解释性发言时表示,缅甸问题本质上仍是一国内政,缅甸国内局势并未对国际与地区安全与和平构成威胁。这是缅甸所有直接邻国、东盟成员和绝大多数亚太国家的共识。

---

① SC Res 1674:para 4, April 28 2006.
② 具体案例分析可参考本书中张旗的《中国与保护的责任:苏丹案例分析》一文。

《联合国宪章》赋予安理会的主要职责是维护国际和平与安全。安理会强行介入缅甸问题不仅逾越安理会职责,而且无助于联合国其他机构对缅甸问题进行正常讨论,更不利于联合国秘书长开展斡旋活动。①

(4) 肯尼亚大选暴乱。2007 年 12 月,肯尼亚举行了总统选举。结果公布后,反对党表示计票过程中存在舞弊现象,要求对全部选票重新进行统计,但遭到选举委员会拒绝,之后肯尼亚多处地区发生暴力冲突,造成 1000 多人死亡,约 30 多万人无家可归。2008 年 2 月 6 日,安理会一致通过主席声明,对肯尼亚暴力活动猖獗表示严重关切,呼吁肯尼亚领导人通过对话和协商来解决这场因选举争端而引发的危机。安理会要求联合国秘书长潘基文就如何进一步促成调解肯尼亚危机,以及危机对该地区和联合国的活动带来的影响提交一份报告。②

同时,秘书长办公室、秘书长关于防止灭绝种族特别顾问等联合国官员都发表声明,呼吁尽一切可能防止惨案发生;法国外交和欧洲事务部长贝尔纳—库什内向联合国安理会呼吁,以保护的责任名义对肯尼亚暴乱采取行动;前秘书长安南为首的非盟知名人士小组参与了对肯尼亚的调解斡旋。正是由于这些外交努力,肯尼亚的两个领导人才做出让步,避免了肯尼亚局势陷入更糟糕的境地,国际社会这次迅速、协调的反应,被认为是保护的责任下外交行动的典范。

(5) 缅甸风灾。2008 年 5 月 3 日,热带风暴纳尔吉斯重创缅甸多个省份,造成 13 万人丧生或失踪,150 万人流离失所,缅甸政府反应迟缓。5 月 7 日,法国外交部长贝尔纳—库什内提出,鉴于缅甸灾情严重,法国建议联合国安理会援引联合国框架下关于保护的责任的概念,可以不经缅甸政府同意,直接将救援物资送到灾区,以防缅甸发生大规模的人道危机。最终,库什内的提议遭到了中国和东盟的拒绝,原因是"保护的责任"不适用于自然灾害。这次行动表明,不能任意扩大保护的责任的范围,否则将破坏好不容易达成的共识。但也正因为各国对保护的责任能否用于自然灾害的讨论,使得缅甸政府倍感压力,担心引来外国干预,最

---

① http://news.xinhuanet.com/world/2007-01/13/content_5600346.htm.
② http://www.china.com.cn/international/txt/2008-02/07/content_9660918.htm.

终勉强接受了国际援助。

(6)科特迪瓦暴力冲突。2011年3月30日,为了应对科特迪瓦选举后不断升级的暴力冲突,安理会15国一致通过了1975号决议。决议重申每个国家负有保护平民的主要责任,要求科特迪瓦立即停止针对平民,包括妇女、儿童和境内流离失所者实施的暴力行为,敦促科各方以及所有利益攸关方尊重科特迪瓦人民的意愿,接受瓦塔拉当选总统的事实。①

(7)利比亚危机。2011年3月17日,安理会通过了1973号决议,该决议决定在利比亚设立禁飞区,要求有关国家采取一切必要措施保护利比亚平民和平民居住区免受武装袭击的威胁,但不包括派遣地面部队占领。中国、俄罗斯、巴西、印度、德国在此决议上投了弃权票。

中国外交部发言人姜瑜在2011年3月29日的记者例行会上说,考虑到阿拉伯国家和非盟的关切和立场以及利比亚当前的特殊情况,中方和有关国家一道对决议投了弃权票。我们反对在国际关系中使用武力,对决议中的一些内容是有严重保留的。②

后来北约15国加上瑞典、约旦、卡塔尔、阿拉伯联合酋长国对利比亚进行了空袭,为利比亚反对派提供支持,介入利比亚的内战,并支持改变政权。

利比亚危机是安理会第一次根据保护的责任授权集体安全行动,2011年也被人们称为"保护的责任年"。但是北约任意扩大对安理会决议的解释,参与了推翻卡扎菲政权的战争,严重偏离了保护的责任的应有之义,从而使利比亚战争成为一次备受争议的"保护的责任"的行动,加深了国际社会关于保护的责任看法的裂痕,增加了安理会授权集体行动的难度。③

(8)叙利亚危机。自2011年以来,在叙利亚危机问题上,安理会成员国始终难以达成一致,这是一次难产的保护行动。2011年10月4日、2012年2月4日、2012年7月19日、2014年5月22日,中俄联手四次否决了西方提交的关于叙利亚问题的决议草案。这都是利比亚战争的后遗

---

① 安理会2011年1975号决议,http://www.org.com。
② http://www.china.com.cn/international/txt/2011-03/29/content_22249735。
③ 具体案例分析可参考本书中俞岚的《中国与保护的责任:利比亚案例分析》一文。

症,中俄不想让叙利亚成为第二个利比亚,中俄对于安理会的武力使用授权更加审慎。①

中国在安理会相关案例中的投票记录

决议时间、名称和代号	中国的态度
2006年,关于武装冲突中保护平民的1674号决议	赞成
2006年,关于部署联合国苏丹特派团的1706号决议	弃权
2007年,关于在达尔富尔部署一支联合国与非盟共同部队的1769号决议	赞成
2007年,美英提出的缅甸问题决议草案(S/2007/14)	否决
2008年,关于肯尼亚暴力活动的安理会主席声明	赞成
2011年,关于科特迪瓦暴力冲突的1975号决议	赞成
2011年,关于在利比亚设立"禁飞区"的1973号决议	弃权
2011年10月4日,关于叙利亚问题的决议草案(S/2011/612)	否决
2012年2月4日,关于叙利亚问题的决议草案(S/2012/77)	否决
2012年7月19日,关于叙利亚问题的决议草案(S/2012/538)	否决
2014年5月22日,关于叙利亚问题的决议草案(S/2014/348)	否决

六、结　　语

　　从以上保护的责任发生、发展、实践与被联合国不断矫正的历史中,我们可以得出初步的结论:保护的责任无论从政治上、法律上还是程序上都远未达成一致,它是一个被不断构建中的概念。它从区域理念一路走来,努力普及、扩散、上升,力图成为世界层面的新规范,它确实来源于西方深厚的文化土壤,有着很强的生命力,反映了人类的理想和现实关切,尤其是世界政治从权力政治到权利政治演变的大趋势。但是要在安理会甚至联合国内达成共识,并使得其具有可操作性,并不是一朝一夕的事情,强行推广将使其水土不服,假保护之名,行干涉之实,更会败坏保护的

---

① 具体案例分析可参考本书杨宏的《中国与保护的责任:以中国四次否决安理会涉叙决议草案为例》一文。

责任的名声,使人们把它等同于新干涉主义。

不管安理会的效力和代表性多么遭人诟病,一场抛开安理会、另起炉灶的革命,其代价将是昂贵的,此处或许用得着英国保守主义的精神,审慎、渐进的改良更能达至人类的愿望,创造不那么坏的世界,而乌托邦式的实验将通往奴役之路。

国际法视角下之保护的责任：
从概念阐释到规范构建

薛 磊

2005年《世界首脑会议成果文件》将保护的责任概念纳入其中,体现出世界各国对于这一新概念的初步接纳。然而,在此后一段时期中,保护的责任似乎仍旧停留在概念层面,缺乏重要的国家实践来践行这一理念。从国际法角度来看,这一概念在很大程度上还只是一个国际道义或国际政治领域的理念,并没有成为具备法律拘束力和执行力的规则。当然,就保护的责任所倡导及主张的原则而言,它已经涉及国际法的多个部门法,例如国际人权法、国际人道法、难民法、国际刑法等。较之于传统国际法,基于国际社会共同利益及关切的当代国际法律体系已经发生重大变化,正在从自愿的国际法向权利的国际法过渡,从共处的国际法向合作共进的国际法发展,从"国家间法"向"人类共同体法"嬗变。保护的责任概念的提出有助于现代国际法体系进一步澄清国家主权的内涵及属性、国家对国际社会承担的义务和责任以及个人与国际法制度的关系。另一方面,国际法的这一发展演变进程中也存在各部门法变化步调不协调的问题,这也就是许多国际法学者热议的国际法"不成体系"问题,即国际法的发展日益呈现碎片化状态,国际法法律规则在创制、解释及适用方面存在相互冲突。就这一点而言,保护的责任概念所引发的争议实际上也反映出国际法领域围绕主权平等原则与国际干预、国际社会共同利益与国家责任、追究个人国际刑事责任与传统国际法管辖权依据及管辖豁免等方面存在的矛盾与冲突。因此,从主权与人民、国家与国际社会以及个人与国际法律责任这三方面出发,将有助于从宏观理论层面进一步理解保护的责任与国际法体系发展演变进程的相互关系,也可以在法律层面上对这一政治性概念加以澄清和辨别。

一、国家主权内涵及属性的变化

1. 主权责任论对国际法主权原则的完善及补充

国家主权独立是国家基本属性中的核心要素。简而言之,国家主权意味着对内的最高权和对外的独立权,也即独立处理自身事务和与其他国家平等交往的权利。随着二战后以《联合国宪章》为核心的现代国际法的产生,国际社会已经越来越进入"无政府"(anarchy)而"有秩序"(orderly)的时代,主权不再单纯意味着权力,同时也意味着责任。当代的主权不再是最初的崇尚君主至高无上权威的主权,而是基于保障人权和人民自决的人民主权。作为现代国家理论的重要基础,人民主权已被广泛接受,政府的权力来自人民的公意,代表人民行使主权的政府必须承担起维护和保护人民权益的责任。传统上看,国家主权基本上是从国家享有的基本权利这一角度来进行表述的。保护的责任概念则从责任角度带来关于主权新的阐述。根据主权责任论的核心观点,主权在国内和国际两个层面都表现为权利和义务的结合体。就国内而言,主权源于该国全体人民的赋权,因而主权首要的任务是保护人民免于各种危险,并承担人民提出的问责(accountability)。就国际层面而言,主权源于国际法的赋权,有义务遵守国际法的原则、规则和制度,并就其国家不法行为承担国际责任。主权责任为我们理解主权的性质、内涵、外延等都提供了很好的启发,这也顺应了当代社会人权与主权相互协调并相互支持的发展趋势。

在很长一段时期中,绝对主义主权观主导了国际政治和国际法的实践。二战之后,随着《联合国宪章》对于使用武力的一般性禁止,绝对主义的主权观逐渐没落。正如常设国际法院于1923年所指出的,主权是一个"本质上相对性的问题",它取决于存在怎样的法律来限制它。① 从行使国家权利的主体来看,主权的内涵也已经历了一个从君主到人民的阶段。作为政府构成的最终决定者,全体人民的合意是该政府得以形成的道德和法律基础,而政府的最终目的也是为了保护全体人民的基本权利。"通过社会契约,人们从前那种尊重他人道德权利的道德义务转变为政治契约的责任了。人们创立了一个政府来保护个人的道德权利免遭他人侵害,也许政府还会帮助人们履行尊重他人道德权利的义务。"②《世界人权宣言》中也对一个尊重和保障权利的政治体制提出要求,"人人有权要求一种社会的和国际的秩序,在这种秩序中,本宣言所载的权利和自由能获得充分实现"③。由于政府掌握军队、警察、监狱等暴力机关,拥有改变社会和个人生活的巨大权力,对这些权力的制约以及个人对抗不道德和不合法的政府权力就成为实现建立政府初衷的重要手段。在这一点上,《世界人权宣言》说得更直截了当,"鉴于为使人类不致迫不得已铤而走险对暴政和压迫进行反叛,有必要使人权受法治的保护"④,只有赋予个人在政府权力面前的申诉权和获得救济的权利,政府才能被限制在与其目的相符的范围内,而不至于损害到个人的权利。由此看来,源于人民授权的国家主权,其首要使命自然应当是维护和保护人民的基本权利,因而各国政府也相应承担着保护其国民基本权利的义务和责任。

2. 国际人权制度与国家宪法权利的相互融合

国际法学者莱斯曼指出,基于国际人权运动的发展,有关国家权威合法性概念发生了重大变化,旧有的绝对观念已经被取代。人权规范获得了更大的运作空间。⑤ 国际人权法的兴起和发展为促进世界各国构建以宪法和权利为基础的国家政治制度提供了坚实的理念支持,其中所申明

---

① Martti Koskenniemi, "The Future of Statehood", 32 *Harvard International Law Journal* 397, 1991, p.408.
② 路易斯·亨金:《权利的时代》,知识出版社1997年版,第112页。
③ 《世界人权宣言》第二十八条。
④ 《世界人权宣言》序言第三段。
⑤ W. Michale Reisman, "Editorial Comment: International Law after the Cold War", 84 *AJIL* 859 (1990).

的权利体现了不同文化、习俗的成员构成的人类社会所达成的共识,可以作为识别其他基本权利的标准。战后各国在保障权利方面的进展就是明显的证据,这主要体现在以下几点:(1)各国宪法对人权的普遍承认。(2)社会经济权利得到广泛的承认。(3)司法审查制度的广泛建立。(4)出现了一些新的人权概念。在刑事程序方面的权利也更加完善。德国基本法第4条第3款还规定任何人不得违背其良心被迫拿起武器服兵役。(5)在宪法中表示尊重国际法。战后一些国家的宪法明确规定尊重国际法,承认国际法是国内法的一部分。① 这充分体现出国际人权制度与宪法权利二者之间的紧密联系。以《世界人权宣言》为例,在其获得通过时,目前世界上的许多国家还处于托管或殖民统治之下,而当它们一旦独立建国后,其宪法中都要加入与宣言相同的保障人民基本权利的条款。又如德国基本法第26条第1款就规定,准备侵略战争违背宪法,此外也包括一切有关"各民族和平共存的行为"。第1款中同时还规定了对这些行为的刑事惩罚。因此,有的学者评论说,德国基本法第26条第1款从国内法上建立了一条国际法上的禁止规范。②

同时,宪法权利的解释也受到国际人权制度发展的影响。一般而言,各国宪法所列举的具体权利并不排除其他未明确的基本权利,对于这些没有列举的基本权利,通常的做法是通过国内司法机构对于宪法的扩张性解释来对其进行保护,但是在国际人权法诞生及不断发展之后,其对此类宪法解释的影响和渗透是不可忽视的。例如,在加拿大颁布《权利与自由宪章》后,拉莫首席大法官就对此评价说:"《宪章》可以被理解为影响了加拿大的国际人权义务,并且因此应当用与那些义务相一致的方法来解释它。"他又说:"……国际人权条约成为衡量对《宪章》权利提供的保护是否得以实现的标准。"③从国际人权标准的制定来看,国际社会也越来越重视对具有普遍性的人的尊严和价值概念的遵循。国际人权标准的

---

① 龚刃韧:《国际人权法与比较宪法》,载白桂梅主编:《国际人权与发展:中国和加拿大的视角》,法律出版社1998年版,第88页。
② 沃尔夫刚·格拉夫·魏智通主编:《国际法》,法律出版社2002年版,第114页。
③ 参见丽贝卡·瓦恩散科·亨特:《加拿大的国际人权义务对国内法律程序的影响》,载程味秋、杨诚、杨宇冠主编:《联合国人权公约和刑事司法文献汇编》,中国法制出版社2000年版,第390页。

普遍性和明确性的增加必然也将增强其对国内宪法有关基本权利内容的影响。

3. 保护的责任与不干涉内政原则

就其法律渊源而言,现代国际法中的不干涉内政原则主要是由《联合国宪章》第2条第7款加以界定,即"不得干涉本质上属于任何国家国内管辖之事件"。与主权概念的演变相应,不干涉内政原则并不意味着不得介入任何国内管辖之事项,它同样应受到国际法的约束和限制。同时,不干涉内政原则与保护的责任在很大程度上是相互一致的。从保护的责任这一概念的创建过程来看,其主要宗旨是强调主权国家自行或者在国际社会的协助下保护其国民免于不法侵害,也即所谓"第一支柱和第二支柱"涉及的原则。目前存在争议较多的是关于"第三支柱"中国际社会的干预行动。对此首先应指出的是,它只是前两个支柱失效之后的可选方案之一,并且国际社会选择介入或干预手段也应侧重于斡旋及调解等非军事性或强制性方式。因此,目前一些西方国家片面强调其中包含的干预行动甚至是军事行动要素并不符合该原则的基本宗旨。2011年西方国家在利比亚的实践进一步验证了中国等新兴国家对于以此为借口而滥用强制性干预手段倾向的担忧。在这一方面,值得欢迎的趋势是近来许多非政府组织也日益关注保护的责任中所包含的预防性原则,主张更多致力于冲突预防等领域的工作,不应过分倚重第三支柱之下的军事干预行动。就不干涉内政原则而言,其在法律上的适用主要取决于如何解释"本质上属于国内管辖"以及解释、适用及干预的权威性从何而来等问题。关于不干涉内政原则的第2条第7款明确规定,其适用不应妨碍有关维护国际和平及安全的第七章的效力。从冷战之后安理会的实践来看,其在判定"和平之威胁、和平之破坏及侵略行为"时以从宽解释的方式逐渐拓宽了第七章的适用范围,也即适当情况下也适用于大规模侵犯人权、内战及动乱的情势。目前来看,判定是否干预的标准主要包括以下一些因素:武装冲突中对平民的保护、人道主义灾难呈现的程度、内战对于周边国家的影响、相关国家所承担的条约和法律义务等。因此,这二者之间并不存在本质上的冲突,但是现实中不断出现的滥用甚至扭曲保护的责任概念的趋向仍值得国际社会加以关注和警惕。

二、国家对国际社会整体的义务

传统国际法基本上是一种基于相互原则(reciprocity)的法律体系,国家的权利和义务往往主要是相对于其他国家的双边关系意义上而言的。国际法制度和规则的解释及适用也主要依赖于主权国家在处理相互关系过程中产生的实践。凯尔森就指出:"一般国际法将这些职能留待利益相关方来行使。根据国际法,关于一国是否违反国际法并从而侵害另一国受法律保护的利益的问题,不是由一个如法庭这样的公正的权威机构决定的,而是由存在相互矛盾的国家来决定的。只有它们才是国际法授权的决定这一问题的权威机构。"[1]希玛认为国际法中的双边主义(bilateralism)是内在于传统法律结构和程序的,并且传统国际法中对于国家同意和不干涉原则的强调进一步确保了这一双边主义的实现。当然,双边主义也促进了法律的有秩序的外部特点,因为它确定了权利、权益和执行权力的归属。而双边主义规则很大程度上得到了相互原则的支持。[2]李浩培也指出,是否具备相互的性质也是各国创制国际法规则时考虑的一个重要因素。这个相互的因素可以说是促成习惯国际法成立的一个重要的原动力。由于国际社会内相互原则的作用,绝大部分国际法规则可以无需制裁而得到遵守,所以相互原则也是国际法得到遵守的一个重大原动力,而报复和报仇不过是它的反面,它的消极的一面。[3]

然而,双边主义以及相互原则催生了所谓的"相对主义的规范性",这阻碍了国际关系中聚合性的增强,并且使得国际法的执行过多地依赖

---

[1] Hans Kelsen, "Recognition in International Law: Theoretical Observations", *The American Journal of International Law* (1941), Vol. 35, No. 4, pp.605—617.

[2] Bruno Simma, "From Bilateralism to Community Interest in International Law", in *Collected Courses*, Volume 250 (*1994-VI*), edited by Hague Academy of International Law, Kluwer Law International, p.232.

[3] 李浩培:《国际法的概念和渊源》,贵州人民出版社1994年版,第35—38页。

于国家实力的分配。① 随着当代国际法的发展,作为其前提的这一相互原则正在发生改变,国家越来越多地承担了超越双边层面的义务。自 19 世纪以来,通过各国协作追求人类共同目的逐渐成为国际法力求实现的使命之一。② 在巴塞罗那电车公司案中,国际法院历史性地宣称,国家所承担的义务有两种,一是传统的建立在相互义务基础上的,另一种则是对所有人的义务(Obligatio erga omnes),这种义务因其自身的性质而成为所有国家关注的事项,因而所有国家都对其保护拥有法律上的利益,自然这种义务也可以被任何国家以正当方式提出。③ "对国际社会整体的义务"所确定的义务是一国无论是根据国际条约,还是习惯国际法,对国际社会全体做出的承诺,而不是对某个国家做出的承诺,国际社会的共同利益要求该承诺必须得到遵守,任何违反行为都可以引起任何其他国家的反对。④ 这种新兴的国际法义务基本特点是旨在保护基本价值,与此种义务相对应的权利则是代表国际社会整体为维护整个共同体基本价值而行使。⑤ 例如,按照传统的条约规则,条约是国家承担的义务和享有的权利,并不直接对个人发生效力。然而,在国际人权公约中,国家所承担的主要是承认、维护、保障和实现特定人权的义务,并不承担条约上的具体权利,这些权利和利益完全是归于其国民的。这种权利义务的极端不对称性反映出国际人权公约中人的主体性和目的性的结合。国际法院在讨论《防止及惩治灭绝种族罪公约》的性质时就指出:"公约和规定的权利和义务是对所有人的权利和义务。法院注意到,各国防止和惩治灭绝种族罪的义务在地域上是不受公约限制的。"⑥ 在沿岸国有关国际通航河流的权利方面也存在相似的状况,1929 年常设国际法院就"奥德河国际委员会领

---

① Bruno Simma, "From Bilateralism to Community Interest in International Law", in *Collected Courses*, *Volume 250 (1994-VI)*, edited by Hague Academy of International Law, Kluwer Law International, p. 232.
② 阿·菲德罗斯等:《国际法》,商务印书馆 1981 年版,第 777 页。
③ 沃尔夫刚·格拉夫·魏智通主编:《国际法》,法律出版社 2002 年版,第 597 页,注 427。
④ 薛捍勤:《国家责任与对国际社会整体的义务》,载《中国国际法年刊 2004》,法律出版社 2005 年版,第 28 页。
⑤ 曾令良:《现代国际法的人本化发展趋势》,《中国社会科学》2007 年第 1 期。
⑥ 薛捍勤:《国家责任与对国际社会整体的义务》,载《中国国际法年刊 2004》,法律出版社 2005 年版,第 27 页。

土管辖权"一案所做的裁决就指出:"一条通航河流相关的利益共同体构成共同法律权利的基础,其本质特征在于,所有沿岸国在整条河流的使用上拥有完全平等的权利,任何沿岸国都不得拥有较其他沿岸国更为优越的权利。"因此,如果一个沿岸国阻碍其他沿岸国的航行权利,那么无论是否造成实际损害,它都是侵害了所有其他沿岸国的权利。① 再如,国际环境法的发展过程中显示出一个特点,即环境条约多采用"框架公约+议定书+附件"的形式,其主要优点是有利于各缔约国就重大原则问题达成一致和条约的修订。② 因为环境保护条约既要确保缔约国的普遍性,又要为适应科学地认识和解决问题的能力的发展,或者国家在有关环境保护的基准和措施方面的意愿变化,所以需要一个适时增加或更改约定内容的比较灵活的构造。③ 其中缔约国大会成为重要的协商和决策平台,这一进程也已远远超越了国家之间相互权利和义务的层次。此外,随着国际社会组织化进程的深化,越来越多的国家主权被让渡给国际组织,特别是一些功能性国际组织,例如国际货币基金组织、世界卫生组织、世界动物卫生组织等,它们在各自的专业领域内具有越来越高的权威性。因此,传统的基于相互原则这一前提而发展的国际法已经发生了实质性的变化。

与此同时,国际法中强行法规则的出现也进一步增强了单个国家对于国际社会整体所担负的义务。在传统国际法上,主权国家就可以协定变更或不适用任何一般国际法规则,因而一般国际法所规定的国家的权利和义务都成为相对的权利义务。然而,1969年《维也纳条约法公约》第53条规定:"条约如在缔结时与一般国际法强行规则相抵触,是无效的。就本公约而言,一般国际法强行规则指列国国际社会作为整体接受并承认不得背离且只能由发生在后而具有同一性质的一般国际法规则予以更改的规则。"第64条还规定:"一般国际法新强行规则发生时,与该规则相抵触的任何现行条约成为无效并终止。"强行法和任意法的区别在于,前者是为了整个国际社会的共同和根本利益而规定的,因而如果任由

---

① Antonio Cassese, *International Law*, Oxford University Press, 2001, p.15.
② 王曦:《国际环境法》,法律出版社1998年版,第66页。
③ 松井芳郎等:《国际法(第四版)》,中国政法大学出版社2004年版,第195页。

当事国以协定变更或背离,将对整个国际社会有重大的损害。① 苏伊把强行法规则定义为"一些一般法律规则的总和,对于这些法律规则如果不加遵守,就可能影响它们所隶属的法律体系的本体这样大的程度,因而法律主体就不得以特别契约加以背离,否则契约就遭受绝对无效的制裁"。强行法规则是"有关公共秩序和善良风俗的法律"②。薛捍勤指出,"对国际社会整体的义务"和强行法二者是两个相互联系而又有一定区别的概念。强行法的强制性在于规则本身不可违反和排他的性质。强行法的重要意义在于"它是为整个国际社会的一般利益服务的,是体现整个国际社会的伦理价值观念的"③。

综上所述,现代国际法的理念、原则及规则体系正在逐步超越传统以国家自愿和相互原则为基础形成的权利义务制度,以国家所承担的对国家社会整体的义务和国际强行法规则的产生为契机,现代国际法体系已初步具备以国际社会共同利益为基础的体制和制度。与此相对应,保护的责任概念中所强调的保护各国民众免于严重侵害人权罪行已成为国际社会共同利益的核心部分。可以说,保护的责任是对国际法体系发展趋势的正确表述和阐释,在基本理念层面上,二者是密不可分的。

三、个人承担的国际刑事责任

1. 追诉国际罪行的制度演变

二战结束之后,国际刑法在理论和实践方面都出现迅速发展。这一点在20世纪90年代表现得尤为突出,这主要体现为前南国际刑事法庭和卢旺达国际刑事法庭的实践。然而,在前南国际刑事法庭所审理的第一个案件中,被告就对该法庭成立的合法性提出了异议。虽然最后上诉

---

① 李浩培:《国际法的概念和渊源》,贵州人民出版社1994年版,第34—35页。
② 李浩培:《强行法与国际法》,载《中国国际法年刊(1982)》,中国对外翻译出版公司1982年版,第39页。
③ 薛捍勤:《国家责任与对国际社会整体的义务》,载《中国国际法年刊2004》,法律出版社2005年版,第27页。

庭决定该法庭对相关案件有管辖权,但是这一做法也受到了广泛质疑。①此外,这两个国际刑事法庭都是临时性的,而且只针对有限的期间和区域,所以存在所谓的选择性正义(selective justice)问题。因此,正如中国代表在安理会通过第 827 号决议时所发表的声明中所提到的,国际刑事法庭更适合以条约的形式创立。以安理会决议形式建立前南法庭的方式只是适用于前南特殊情况的临时安排,不能构成先例。②

同时,随着 1949 年《日内瓦四公约》及其 1977 年两个《议定书》《防止及惩治灭绝种族罪公约》《禁止酷刑和其他残忍、不人道和有辱人格的待遇或处罚公约》(简称《反酷刑公约》)等公约的解释及实践日益丰富,对所谓国际罪行行使普遍管辖权也成为一些国家国内立法及法院所遵循的管辖权行使原则。由一国国内法院对其他国家的在任或离职的高级官员签发逮捕令或实施审判在西方国家成为一种趋势。1999 年比利时议会通过了一项关于国际人道主义法的法律。这项法律的宗旨即在于界定三种严重违犯国际人道主义法的罪行,并将它们整合进比利时国内法律体系中。该法令授予比利时法院审理严重违犯国际人权法行为的普遍性权限,而不必顾及犯罪发生地所在、罪犯或受害人的国籍。这种普遍性权限基于或引渡或起诉原则,反映了日内瓦四公约及其第一附加议定书中对各缔约国将严重侵犯人权的个人引渡或加以追诉的要求。③ 然而,这种由国内法院行使管辖权的方式一定程度上有悖于主权平等原则,因而引发了国家之间政治关系的紧张,在各种压力之下,奉行普遍管辖原则的国家也不得不对其管辖权做出一定限制。2003 年,比利时对其刑法进行修订,新条款规定在涉及比利时境外实施的违犯国际人道法的罪行时,只有当罪行发生时受害者为比利时国民时,才可以提起刑事检控。比利时司法决定也特别说明该刑法修订案的立法意图在于避免刑法中涉及普遍

---

① 沃尔夫刚·格拉夫·魏智通主编:《国际法》,法律出版社 2002 年版,第 736 页。
② 凌岩:《跨世纪的海牙审判——记联合国前南斯拉夫国际法庭》,法律出版社 2002 年版,第 25—26 页。
③ Stefaan Smis and Kim Van der Borght, "Belgium: Act Concerning the Punishment of Grave Breaches of International Humanitarian Law", 38 I. L. M. 918 (1999).

管辖权的条款遭到出于政治目的的滥用。①

综合上述司法实践中呈现的问题,较为有效的解决方案是成立一个永久性的国际刑事法院,基于其基本性条约审理世界各地严重侵犯人权的国际罪行,这一设想在各方共同努力下最终成为现实。1998 年 7 月 17 日,联合国外交会议在罗马通过了《国际刑事法院规约》(又称《罗马规约》),决定建立一个常设的国际刑事法院。从其制订的初衷来看,该《规约》的主要目的在于编纂国际法既有的法律制度。对于《规约》在国际法发展方面的作用,罗马筹备会议采取了谨慎的态度。因而也就产生了《规约》要尽可能地与习惯国际法相一致的原则。这一原则主要体现在罪名的界定上。然而其中也存在一些并非习惯国际法的条款,体现了对于国际法的新发展,但它们得到了参与谈判国家的多数或者甚至是压倒多数的支持。② 2002 年 7 月 1 日,在达到条约中所要求的 60 个缔约国批准条约后,《国际刑事法院规约》正式生效。

2. 国际刑事法院的补充管辖权

根据有关法院职能的第 1 条的规定,国际刑事法院有权就规约所提到的、受到国际关注的最严重犯罪对个人行使其管辖权,并对国家刑事管辖权起补充作用。这说明了国际刑事法院相对于国内法院刑事管辖的一种补充性地位,这与前南国际刑事法庭和卢旺达国际刑事法庭具有针对国内法院的优越地位的情况是明显不同的。在决定具体案件是否应当受理时,国际刑事法院应顾及这一原则。也就是说,一般情况下,如果一个国内法院对所涉及罪行正在或已经行使刑事管辖权,国际刑事法院不应再对被告提出起诉。这也是《规约》第 20 条中明确的一罪不二审原则在法院工作中的实际体现。根据该条款规定,凡是已被国际刑事法院就《规约》规定的罪行宣判为有罪或无罪的人,不应在另一法院就相同的指控接受审判;同样地,凡是被另一法院就《规约》规定的罪行审判的人,不应就

---

① Questions relating to the Obligation to Prosecute or Extradite (Belgium/Senegal), Summary of the Judgment of 20 July 2012, I. C. J., pp.13—14.

② Mahnoush H. Arsanjani, "Developments in International Criminal Law: The Rome Statute of the International Criminal Court", 93 A. J. I. L. 22.

相同的罪行在国际刑事法院接受审判,除非在该另一法院的诉讼程序的目的是庇护应对属于国际刑事法院管辖之罪行承担责任的有关人员,或其方式不是按照国际法确认的法定诉讼程序独立或公正地进行,从而违背将当事人绳之以法的宗旨。

然而,《规约》中为国际刑事法院设定的补充管辖权只是相对性的,在一定情况下,即使存在国内法院行使管辖权的情形,该法院仍可以启动其自身的诉讼程序,这是对"补充管辖"概念的突破。从第17条规定的国内法院排除国际刑事法院管辖的限制条件来看,当存在某缔约国不愿意或不能够进行调查或指控时,即使正在进行或者曾经有过针对被告的诉讼程序,国际刑事法院仍然可以启动其管辖权。另一方面,国际刑事法院的检察官可以独自采取行动开始调查一项犯罪。第15条就检察官展开调查的相关事项作了规定,其内容包括:检察官可以自行根据有关法院管辖权内的犯罪的资料开始调查;检察官可以要求国家、联合国机构、政府间组织或非政府组织,或检察官认为适当的其他可靠来源提供进一步资料,并可以在国际刑事法院所在地接受书面或口头证言;检察官如果认为有合理根据进行调查,应请求预审法庭授权调查,并附上收集到的任何辅助材料。被害人可以依照《程序和证据规则》向预审分庭作出陈述。在罗马外交大会上,关于检察官的权力范围也是争论比较多的问题,从《规约》目前的规定来看,其对检察官的授权范围还是比较广泛的,就管辖权的行使而言,检察官的工作可以发挥两方面的作用,一是为判断国内法院是否"不愿意"或"不能够"进行公正的审判提供调查资料,二是通过其调查活动自行启动法院的管辖权。应当注意的是,检察官在这方面权力的获得将会对补充管辖原则造成极大的冲击。考虑到一些国家就此存在的疑虑,国际刑事法院成立后,检察官办公室发布了一项政策文件,就其职权行使的内容和范围做出较为明确的界定和阐述。

3. 国际刑事法院管辖权与国际法上的管辖豁免

纽伦堡国际法庭在其对主要战争罪犯的判决中宣称:宪章的实质在于宣告个人负有超越国家加于其身的服从义务之上的国际责任。任何人如果触犯战争法,就不能以执行国家命令为由获得豁免,因为国家在授权上述行为时超出了国际法授予它的权限。① 1946 年 12 月 1 日联合国大会第 95(1)号决议重申了这一原则,即(1) 从事构成违反国际法的犯罪行为的人承担个人责任,并因此应受惩罚;(2) 不违反所在国的国内法不能作为免除国际法责任的理由;(3) 被告的地位不能作为免除国际法责任的理由;(4) 政府或上级命令不能作为免除国际法责任的理由;(5) 被控有违反国际法罪行的人有权得到公平审判;(6) 违反国际法的罪行是反和平罪、战争罪、反人道罪;(7) 共谋上述罪行是违反国际法的罪行。② 根据《国际刑事法院规约》第 25 条的规定,其管辖权适用于个人的刑事责任。《罗马规约》第 27 条明确规定国际刑事法院对任何个人具有管辖权,不论其是否拥有官方身份或任何国内或国际法可能赋予的豁免权或特别程序规则。因此,所有被指控犯有其管辖范围内罪行的国家官员,都不能享有外交豁免权。③

然而,国际刑法的这一原则与传统国际法中国家元首及政府高级官员所享有的外交豁免产生对立和冲突。特别是国家元首,作为国家的首要机关,国家元首在国际法上被视为国家的最高代表,由于尊严是作为国际社会成员和国际人格者的国家所具备的一种公认的特质,所以外国应给予国家元首相应的尊荣和特权。④ 在刚果民主共和国就比利时对其外交部长签发逮捕令向国际法院提起的诉讼案件中,法院就指出,如同外交和领事人员一样,一个国家中具有高级职位的人员,例如国家元首、政府首脑及外交部长,享有对于其他国家民事和刑事管辖的豁免权利,这已经成为国际法中明确确立的规则。在习惯国际法中,赋予外交部长的豁免权并非出于其个人利益,而是为了确保他们代表其相应国家的职权的有效行使。法庭认为,不应在外交部长以"官方"身份从事的行为和其以"私人身份"从事的行为之间做出明确的区分;同样,在这方面也不能对其就任外交部长之前和在任期间的行为加以区分。⑤

---

① John A. Perkins, "The Changing Foundations of International Law: From State Consent to State Responsibility", 15 B. U. Int'l L. J. 433.
② 王铁崖主编:《国际法》,法律出版社 1995 年版,第 658 页。
③ 朱文奇:《国际法追究个人刑事责任与管辖豁免问题》,《法学》2006 年第 9 期。
④ 劳特派特修订:《奥本海国际法》上卷第二分册,商务印书馆 1971 年版,第 222 页。
⑤ ICJ, Case Concerning The Arrest Warrant (Democratic Republic of Congo vs. Belgium).

在阐述外交豁免与国际刑事责任二者关系时,国际法院还做出一种二分法的澄清方式,在前述的刚果民主共和国诉比利时一案中,法院指出,管辖豁免本质上是个程序性概念,而刑事责任则是一个实体法上的问题。从纯粹法学分析角度看,这种"程序—实体"的二分法有助于澄清围绕这一问题所产生的误解或概念混乱。在国际法院审理的比利时就塞内加尔引渡或起诉乍得前总统一案中,薛捍勤法官在其异议意见中也阐述了类似的观点。她认为,法院未能给予比利时国内法律和实践以足够关注,仅仅依据"对所有缔约方之义务"的概念就做出决定,这是令人遗憾的。并且法院关于"对所有缔约方之义务"的解释也有悖于有关国家责任的国际法规则,每一缔约方对其他缔约方的履约行为具有法律上的利益并不意味着该缔约方因而就具备提起诉讼的出庭资格。① 塔尔蒙也认为,尽管强行法规则的产生体现出国际社会共同价值对国际法规则和制度的融入,但是这并不意味着强行法规则就可以完全超越其他国际法规则,如法庭管辖权及合格当事方具备的出庭资格等程序法上的问题仍旧需要遵守,强行法规则也不能超越"程序—实体"的法律界限。② 然而,纯粹法律分析似乎难以完全解决法律冲突以及国际政治现实中存在的矛盾和冲突。一方面,在管辖权和出庭资格方面存在的缺陷是否成为回避现实矛盾的借口,并且这也会导致没有加入《国际刑事法院规约》的国家免于对其个人国际刑事责任的追诉;另一方面,一种观点认为,加入该《规约》也就意味着对于相关国家领导人及高级官员外交特权及豁免的放弃,但是从法律角度看,能否仅从加入条约所承担的义务就推定相关国家放弃所有相关人员享有的外交特权和豁免,这个问题还是存疑的。作为国家对外关系主权核心构成部分的外交特权和豁免,如果可以仅依据加入单一条约行为而视为在国际刑事法院进行调查或审理时就已经总体上予以放弃,那么这应当被视为严重违反公平原则,该推定使得缔约国承担了过于重大的义务。总之,目前还不能说国际法制度本身已经完全消除了

---

① Questions relating to the Obligation to Prosecute or Extradite (Belgium/Senegal), Summary of the Judgment of 20 July 2012, I. C. J., pp. 13—14.

② Stefan Talmon, "Jus Cogens after Germany v. Italy: Substantive and Procedural Rules Distinguished", *Bonn Research Papers on Public International Law*, Paper No 4/2012, 16 June 2012, p. 27.

外交豁免与国际刑事责任二者之间的法律冲突。

总体来看,国际刑事法院在创设初期基本处于平稳发展状态。然而,近期肯尼亚总统和副总统涉嫌反人道罪的案件引发国际社会特别是非洲国家的争议,国际刑事法院的权威性和公平性也遭到质疑。2013年10月12日,非洲联盟大会召开特别会议并通过决议,要求"任何国际法院或法庭不得对非盟成员国国家元首或政府首脑或者任何行使上述职权的人员在其在职期间提起指控或继续法律程序"①。尽管非洲国家寻求安理会将该案中止一年的要求未获通过,但是对于维护国家主权与国家元首的特权和豁免这一问题却赢得更多支持,国际刑事法院的超国家管辖权与相关国家社会稳定的冲突也再次凸显。事实上这也是包括中国在内的许多国家要求该法院严格遵循补充管辖原则的依据。由此看来,当前国际法的发展面临相互权衡的阶段,一方面,以"责任"为主导原则的国际法制度和规则迅速发展,消除"有罪不罚"(impunity)现象已成为国际社会许多成员致力于实现的目标。另一方面,传统国际法关于维系国际社会正常交往规则与国家间关系的稳定性及可预见性的相关法律制度依旧具有重要的实践价值和法律约束力。因此,如何有效平衡问责与秩序已成为当代国际法中需要深入探讨的问题。

四、结　语

综上所述,在保护的责任概念诞生前后,国际法的理念、概念和制度也正在经历重大的变革进程。国家主权概念是这一变革进程中遭受质疑较多的国际法制度,欧洲一体化实践直至欧盟这一具有一定超国家组织特征的区域组织的产生,还有全球非国家行为体和非政府行为体在数量和影响方面的迅速上升,都在不同程度上削弱着国家主权的地位和作用。在这一意义上来看,保护的责任可以说是对国家主权的提升和增强,因为国家负有保护其国民的首要责任,更有效的保护应当源于有效治理的国

---

① Extraordinary Session of the Assembly of the African Union, Ext/Assembly/AU/Dec.1(Oct. 2013), Oct. 12, 2013.

家。一个负责任的主权和有效治理的政府与保护的责任概念是相互协调的。其次,在国际社会层面,保护的责任反映出国际政治现实中国际共同利益的形成,这也正好与国际法体系中人类共同利益或关切理念日益上升的影响力遥相呼应。从单个国家来看,它在涉及国际社会共同利益时则承担着对国际社会整体的义务,保护其国民的基本权利也构成这一义务的重要部分。但是,这一义务更多地应体现为国际社会支持和协助单个国家实现更加有效的国家治理,而非以该义务为借口肆意加以干涉。事实上,现实已经说明,保护的责任概念的成功与否更多取决于单个国家与国际社会共同致力于消除人权侵害的根源,如极端贫困、政府治理严重缺失等问题,在发展和不平等问题上的投入更加有助于促进有效治理国家的形成。保护的责任应该更多体现为预防的责任。最后,二战之后在个人承担国际刑事责任方面国家实践的日益丰富,也为保护的责任中责任追究这一环节提供了有效的制度和机构支持。可以说,国际刑事法院的创立是现代国际法发展进程中的一个重要时刻,这是推进国际法规则实施和执行的重要举措。然而,考虑到国际政治的现实状况,我们又要对通过国际司法机构追诉个人特别是国家元首等高级官员的刑事责任持谨慎的态度。更为重要的是,在许多正在经历冲突后重建进程的国家,国际刑事法院对其高级官员启动调查或审理进程可能会危害到这些国家依旧脆弱的和平状态。如果单纯从保护的责任的道义层面或者从国际刑法的法律层面看待这一问题,就有可能反而引发内战和动荡,并导致新的重大人道灾难。在这方面,更为有益的方式应当是促进相关国家社会和解,推动各国通过自行建立的司法或政治机构以解决追诉国际罪行的问题,和平、正义和安宁只能从社会内部来寻求。因此,从以上这些视角来看,保护的责任事实上与国际法制度和规则的发展有很好的契合度和协调性,但是理念层面的协调并不意味着实践层面不会出现矛盾和冲突。国际道义、国际政治以及国际法这三个领域应当具备更好的互动与协调关系,在这方面保护的责任概念可能起到一定的桥梁作用,但前提是其本身是建立在正确的理念和制度基础之上。

中国与保护的责任:历史发展的逻辑

刘旖旎

引　言

"保护的责任"概念的提出在国内外受到了普遍的关注,并且在很多国际事务中也有所应用。首次实施是在2011年利比亚的问题中,虽然在利比亚问题的应用中,对保护的责任理念各国抱有褒贬不一的评价,但是,保护的责任理念已经在国际事务中成为处理地区、国际冲突等的一个重要原则。作为联合国常任理事国,中国对保护的责任的表态和相关应用,在国际上影响很大。此外,随着中国的崛起,作为新兴大国的代表,在国际社会中的地位越来越大,中国的立场也是国际社会所要关注的。国内学者对保护的责任研究的并不充分,对保护的责任的意见也存在分歧。笔者从历史和现实出发,以史为鉴,从历史中追寻中国对保护的责任的认识。虽然保护的责任是近些年才提出的,但是拥有五千年悠久历史、以儒家思想为传统道德的中国,在历史上处理冲突和侵略等国际事宜中,也能追寻到对保护的责任认识的痕迹。也就是说,有儒家文化做支撑,虽然保护的责任的理念在历史上没有提出,但是我们的先辈在处理事务时所应用的理念与之相通之处。

中国的外交政策随着国情和国际形势的变化而变化,但是作为文明古国,中国一直致力于儒家思想和奉行以"仁"为准、以人为本的外交和治国理念,从历史的进程中不难看出,在国力强盛时期,中国没有侵略与进攻他国、践踏他国主权的历史，相反数次出兵帮助自己的藩属国抵御外来侵略；而在国力衰弱时期，中国一方面面临着西方强国的侵略和干涉，自己的基本权利得不到保障，另一方面却继续了原有传统，在一定程度上履行保护的责任。随着中华人民共和国的建立，中国政府倡导和平共处五项原则，尊重他国的主权、奉行平等互利的基本外交原则。从历史和现实的视角来说，在保护的责任的问题上，中国既有履行保护的责任的历史行动，也有需要国家主权自我保护和其他国家帮助的历史经验。总的来说，中国奉行的是负责任的保护，所奉行的主权原则也是保护的责任所一直在强调的，即主权不仅意味着权利，更重要的是一种责任。如果这个国家已经丧失了保护该国国民的能力，或者不愿履行他的这种责任并导致出现了对基本人权的大规模侵犯——即2005年世界首脑会议上所确认的灭绝种族、战争罪、种族清洗和反人类罪这四种罪行，那么国际社会就应当出面进行干预，进而协助乃至代为承担这种保护该国国民的责任。[①]但是，由于历史和现实的原因，中国在保护的责任的问题上所持的立场有着自己考虑和鲜明的特色。

对于历史理念的再认识、再探讨，以及对历史事实的追寻，不难看出，中国的历史文化中很早就有对保护的责任理念的认识和踪迹，所以，这也为今天更好地推进保护的责任的发展提供了更好的基础。

一、朝贡体系与中国作为宗主国的保护的责任

在近代工业革命造就全球性的国际体系之前，世界各大洲存在着诸多相对独立、自成一体的地区性国际体系。其中，中华帝国主导下的朝贡体系具有十分独特的性质。一般认为，朝贡体系在公元前3世纪西汉的时候就已经出现，到了明朝达到顶峰。中国拥有着广阔的土地和众多的人口，与周边各国有着悠久的历史文化联系，儒家文化对东亚的诸多国家都有着深远的影响，在与周边各国的交往中，逐渐形成了以朝贡体系为主

---

① "2005 World Summit Outcome Document," http://www.un.org/summit2005/presskit/fact_sheet.pdf.

的对外交往模式,表现出来的就是天朝大国与藩属国之间的册封关系。"近代以前时期的文明中,没有一个国家的文明比中国文明更发达,更先进。"中国现今的文化、技术以及文官制度使"外国来访者羡慕不已"①。那时,中国成为东亚朝贡体系的中心,对于自己的藩属国,中央政府虽然不干涉其平时的内政,但具有宗主权和保护的责任,并通过册封藩属国的国王来赋予其政权合法性。

19世纪以前,亚洲处于全球市场经济之外的一个区域,主要原因是亚洲的经济发展水平较高,对西方商人的商品不感兴趣,另外一个原因就是当时的交通技术并不发达。1368年,明朝建立后,以中国为核心的地区性国际体系日趋完善和成熟,到15、16世纪,明朝始终以朝贡为主要对外交往形势来接待外国使团,将外商来中国进行的贸易行为同朝贡联系起来,又将朝贡关系与"册封"朝贡国君主联系起来,形成朝贡关系。努尔哈赤率清军于1644年入关,问鼎中原,进行了大量适时的经济和政治改革,特别是重新开拓和统一了中国原有的疆域。这一时期的中国是世界公认的一个相当强大的帝国。② 清朝时期,社会各个方面在原有的体系框架下达到极致,经济取得了有史以来的最高成就。农业、贸易、手工业以及城市的发展等都达到世界先进水平。

然而就是这样强大的中国,在对外关系中也并没有觊觎其他国家的主权,基本上没有主动干涉过藩属国的内政,只是在需要中国中央政府支持的时候才实施"保护的责任"。这里的一个案例是明朝政府支援朝鲜、反击日本的侵略。万历二十年(1592年),日本统治者丰臣秀吉突发大军侵犯朝鲜。承平日久的朝鲜面对刚刚评定战乱的日军锐卒,一触即溃,半个月之内,首都汉城(今首尔)沦陷,两个月之后,北方重镇平壤亦落入敌手。日军在朝鲜晋州进行了惨绝人寰的大屠杀。包括义兵在内守城兵力为七千人,而日军割下请功首级达二万余颗,被屠杀的超过六万人。在朝鲜发出救援请求后,明朝政府做出了派兵援助的决定。③ 这就是中国在

---

① 保罗·肯尼迪:《大国的兴衰》,求实出版社1998年版,第7页。
② 刘德斌:《国际关系史》,高等教育出版社2003年版,第81页。
③ 郑洁西:《十六世纪末的整套日本战略及其变迁——万历朝鲜之役的诏令资料为中心》,《明史研究论丛》2010年第八辑,第217页。

履行作为宗主国对于朝鲜的保护的责任。就其内容而言,中国在历史上所承担的这种保护的责任与现代"保护的责任"概念之间还是存在重大差别的。后者的核心内容主要包括以下几点:第一,各国政府承担保护该国公民的首要责任;第二,保护的责任的实施仅限于四种最严重的国际罪行——灭绝种族、战争罪、族裔清洗和危害人类罪,也就是说只有发生这四种严重侵犯或者严重违反国际法的罪行的时候,同时本国政府又没有能力行使保护权,保护的责任才能实施;第三,国际社会可以有适当的干预,干预的前提仅是行使保护的责任;第四,一旦要涉及使用武力,还需要有联合国安理会的授权。① 与之相比,中国历史上行使的保护的责任更多侧重于周边国家合法政权所遭受的重大威胁和挑战,而非直接针对这些国家人民的权利和福祉。然而,就其实质而言,这二者之间也有某些相通之处,东亚历史上的各个封建王朝基本上是以单一民族为基础形成的,因而对于这些王朝的侵略行径可能造成的直接后果就是遭受侵略民族的沦亡,中国行使的保护的责任恰恰预防或阻止了这种民族沦亡情形的出现。

直至今天,仍然有部分外国学者错误地认为,中国在近代以前的朝贡体系与历史上西方的殖民主义大同小异。事实上,正是中国古代中央王朝凭借着自身无以匹敌的综合国力和先进的文化才能与周边各个国家建立起一种独特的国际关系体系,维持了东亚长久以来的和平稳定。这种关系虽然是不平等的,但却并非压迫性的,而是互惠性很强的、保护与被保护的关系,这与近代的那种条约式的政治从属关系有着本质的区别。中央王朝极少干涉过藩属国的内政,只是对其现存的政治态势予以一种高姿态的认可,而且诸小国处于依附地位反而可以收获到贸易特权和馈赠的经济利益。"这种国际秩序本身的扩大和缩小,不取决于周边各民族国家相互之间的对立和斗争,而且取决于中国封建王朝'德化'力量的大小。它显示出的向外扩张倾向,只是偶发性的现象,并不具有随着时代的

---

① 《2005年世界首脑会议成果文件》,2005年10月24日,http://www.un.org/chinese/ga/60/docs/ares60_4.htm。

进展而继续加速扩张的性质。"①综上所述,中国古代的中央王朝在朝贡体系中承担着一定的保护的责任,主要是宗主国保护藩属国免于侵略战争。

二、国家重建与保护的责任

进入19世纪,西方的工业革命正突飞猛进地发展着,而中国却仍然坚持闭关锁国的政策,仍然继续走在农业文明的道路上。18世纪50年代,英国商船多次抵达宁波和舟山水域,这引起了清廷的很大不安,担心宁波成为另一个澳门,害怕外来势力深入至关重要的江浙地区。1957年,清廷决定只将南陲的广州开放通商。乾隆帝曾谕令两广总督苏昌:"国家四海之大,何所不有,所以准通洋船者特系怀柔远人之道。"②实际上,清王朝经过康乾盛世之后,到乾隆末年就已江河日下,尤其到乾隆晚年,国库亏空,军备废弛,国势每况愈下。另一方面,土地兼并剧烈,地主剥削加重,更多的农民破产流亡,社会危机日益严重。中国正是在这样的政治、经济情况下,一步一步走向衰落。

表1 19—20世纪中国的经济状况

生产总值占世界生产总值的比例	
1820年	28.7%(居世界第一)
1913年	11.8%
制造业产值占世界制造业产值比例	
1800年	33.3%(居世界第一)
1900年	6.2%
国际地位	
18世纪末	世界最强的一流国家
19世纪末	受侵略和压迫的半殖民地半封建国家

资料来源:刘德斌:《国际关系史》,高等教育出版社2003年版,第138页,经整理。

---

① 崔丕:《近代东北亚国际关系史研究》,东北师范大学出版社1992年版,第29页。转引自刘德斌:《国际关系史》,高等教育出版社2003年版,第24页。
② 《清高宗实录》卷六四九。转引自方连庆、王炳元、刘金质等:《国际关系史(近代卷)》上册,北京大学出版社2006年版,第265页。

中英之间贸易发展最为突出。1637年英国商船第一次来到中国,从中国输出的商品有茶叶、丝绸、土布和陶瓷等,茶叶在英国非常受欢迎,相应地,英国人养成了饮茶的习惯,茶叶销售也成为后来英国政府的一大财源。① 但是英国在中英贸易中长期处于逆差,每年输出大量白银给中国。为了减少逆差,英国曾多次派使团访华,以求在华获得更大的商业权益,但均没有成功,中英之间传统的贸易规范始终未能改变。最终,围绕鸦片贸易的冲突使英国政府决定用武力使中国屈服。鸦片实际上成为了英方购买中国商品的重要交换物和消除对华贸易逆差的重要工具。随着鸦片贸易的兴起,世界上其他各国也都向中国输入鸦片。结果,输入中国的鸦片在1800—1801年约为4570箱,到1830—1831年是19 956箱,到1838—1839年猛增到40 200箱。② 鸦片在中国的泛滥严重侵害了中国民众的身心健康,加剧了统治阶级和整个社会的腐朽堕落。中国的白银大量外流,导致银价走高、物价上升、政府白银储备短缺和按白银计算的赋税负加重等一系列问题。中国政府也从中英贸易之间的出超方变为入超方。

清朝政府曾经抵御外侮进行过激烈抵抗,同时为了履行保护的责任出兵越南,但是由于清政府的软弱无能,没有实力同西方列强做足够的斗争,而且清政府内部官员腐败无能,投降派、谈和派和两面派的官员与西方列强相互勾结,致使清朝的中国一步一步陷入半殖民地半封建社会的深渊。在西方帝国主义发动的多次对华侵略战争中,大批中国平民死于侵略者之手。1900年八国联军侵占中国时,大肆烧杀抢掠,使拥有5万多人的天津塘沽镇成为空无一人的废墟,仅在庄王府一处就杀死了1700多人。③ 这一时期,清政府出于自身的外交传统和藩属国的请求,也几次出兵保护自己的藩属国,例如派袁世凯到朝鲜,以及帮助越南抵抗法国的侵略。这里仅以中国援越抗法做一个例子。事实上,即便在新中国建立

---

① 方连庆、王炳元、刘金质等:《国际关系史(近代卷)》上册,北京大学出版社2006年版,第266页。
② 马世:《中华帝国对外关系史》第一卷,三联书店1963年版,第238—239页。一箱所装鸦片平均有125磅左右,约57公斤。转引自同上,第267页。
③ 李云龙:《中国人权发展道路和基本经验》,http://www.humanrights-china.org/cn/zt/qi-ta/rqxz/liyunlong/lw/t20070619_255180.htm。

后,中国领导人仍然投入了巨大的资源来支持越南共产党的民族解放斗争。

自19世纪中叶起,法国对越南的侵略活动日益猖獗。1873年11月,法国为取得在红河航行的特权,派兵攻占河内。越南当局为收复失地,向刘永福领导的黑旗军求援。黑旗军于同年12月在河内大败法军,但是越南统治者非但不许黑旗军乘胜追击,反而迫于法国的外交压力,于1874年3月15日,同法国签订了第二次西贡条约。1882年初,法国驻南圻总督派李维业率兵进攻北圻。4月,法军攻占河内。越南向宗主国中国乞援,中国向法国交涉,两国代表在天津签订《天津草约》。在草约中,法国同意红河以北是中国保护区,中国承认红河以南是法国保护区。但这个草约同时被中法两国政府否决。刘永福领导的黑旗军再次应邀抗法。1883年5月,黑旗军围攻河内,在城外纸桥大败法军,击毙李维业。中国政府派出的老将冯子材取得了镇南关大捷,并直接导致了法国茹费理内阁倒台。然而越南国王由于法军逼近越王所在首都顺化,逼于无奈于1883年8月25日同法国签订《顺化条约》。这样,越南实际上已成为法国的保护国和殖民地。① 以上这些事实说明,半殖民地半封建时期的中国,本国人民的基本人权根本无法得到有效维护,更加无力去维护自己周边邻国的基本人权。

这一段历史时期,中国陷入缺乏基本人权的苦难境地,一方面是面临着西方强国以及近邻日本的侵略,另一方面是本国政府的腐败无能,甚至勾结帝国主义列强来压迫本国人民。这充分说明,是否有独立的主权以及一个强大的、有效率的国家来进行治理,是履行保护的责任的基本条件。显然,当时西方国家对中国的军事干预和战争绝对不是为了履行保护的责任。这一段历史也深刻影响到1949年后中国的外交实践,即十分珍视自己的主权和独立,反对随意使用军事手段去干涉其他国家的内政。同时,在保护的责任规范的建设中,中国政府强调,应该加强国家的治理能力,而不是一味强调在问题出现时进行制裁和干涉,也就是说,更多强

---

① 方连庆、王炳元、刘金质等:《国际关系史(近代卷)》下册,北京大学出版社2006年版,第426—427页。

调的是三大支柱中的预防、重建。

三、新中国的内政外交与保护的责任

1949年10月1日,中华人民共和国成立。面对复杂的国际环境,毛泽东同志在新中国外交方面提出了三条方针,即"另起炉灶""打扫干净屋子再请客""一边倒"。新中国三项对外基本方针的提出,不是偶然的,而是中国共产党人经过深思熟虑作出的必要决策和慎重选择,是以一定历史、理论为基础,以现实利益为依据作出的抉择。这三项外交政策的提出,彰显了我国的外交战略,确定了独立自主的外交方向。在国内,中国政府把国家重建作为自己的主要任务,但同时也履行国际主义的义务,例如开展了抗美援朝的斗争。

针对一系列国际问题,中国政府提出了和平共处五项基本原则。中国与周边国家存在着领土和历史遗留问题。中印两国的边界问题和西藏问题是新中国面临的棘手问题。中国政府在解决西藏问题时,印度与美英两国的代表聚集伦敦,协商共同采取措施保持所谓"西藏自治权"。1953年12月31日周总理在接见印度代表团成员时,提出了著名的和平共处五项原则,周总理说:"新中国成立后就确立了处理中印两国关系的原则,那就是互相尊重领域主权,互不侵犯,互不干涉内政,平等互惠和和平共处的原则。两个大国之间,特别是像中印这样两个接壤的大国之间,一定会有某些问题。只要根据这些原则,任何未成熟的悬而未决的问题都可以拿出来谈。"[①]和平共处原则本质上也是履行保护的责任的根本原则,这里面涉及的不干涉内政、平等互利和和平共处都有着保护弱小国家不受侵略、增强中小国家自身保护能力的含义。"人类社会总要向进步的方向发展,一国不能离世而独立,国际间需要和平共处,需要和平合作,需要有国际组织。世界进步了,国际社会发展了,世界各国无论其社会经济制度如何,都应和平共处,这不仅是和平共存,而且更应包括国家相互间

[①] 中华人民共和国外交部、中央文献研究室:《周恩来外交文选》,中央文献出版社1990年版,第63页。转引自刘德斌:《国际关系史》,高等教育出版社2003年版,第415页。

的和平相处,相互接触,相互理解,和平解决国际争端,以及国际间的合作,共同发展。"①

保护的责任的基本原则是,对一个国家主权的保护是一种责任,而履行这一责任的首先是该国政府,只有当该国家政府没有能力保护该国人民的时候,他国才能进行保护。保护的责任不应该作为一个国家对另一个国家进行入侵的借口,如果该国政府可以而且有能力保护自己的国民,其他国家不得擅自进行干预。面对我国的历史,在解放战争时期,战争还没开始,当时的美帝国主义就出手进行干预,严重阻碍了近代中国和平的发展;今天,我们同样面临着西藏和新疆问题,一些国家希望借以干涉中国内政。"己所不欲,勿施于人",中国一再强调他国不要对本国今天所面临的困难进行干预,同时我们也不会轻易去干预他国的问题,除非其他国家受到侵略请求中国和国际社会的援助。回顾历史,中国有抗美援朝的经验。中国人民志愿军为援助朝鲜人民抵抗美帝国主义武装侵略、保卫中国安全而进行长达近3年的抗美援朝战争。1950年朝鲜内战爆发,美国政府立即进行武装干涉,并派军进入中国台湾海峡,又打着"联合国"的旗号,派兵在朝鲜西岸登陆,随后北犯逼近中国东北边境。中共中央应朝鲜劳动党和政府的请求,做出了抗美援朝、保卫国家的决策。

20世纪70年代初,中国外交面临着严峻的国际形势。尼克松政府为了与苏联抗衡,准备着"联华抗苏"的战略,中国领导人也在调整中国的外交政策。此时,美国对中国的威胁远没有苏联对中国的威胁大,毛泽东明确提出建立包括美国在内的共同反对苏联霸权主义的"一条线"战略。1976年随着"四人帮"的垮台、中日的政治局势发生了天翻地覆的变化,1978年底,中共十一届三中全会的召开,中国实现了历史性的转折,进入改革开放时期。十一届三中全会的主要成果就是实现了由以阶级斗争为纲转向以经济建设为中心的战略转移。另一方面,领导人充分认识到时代主题发生了变化,原来认为时代的主题是战争与革命,而现在时代的主题是和平与发展。以邓小平为核心的中共第二代领导集体,确立了中国外交的核心目标是服务于、服从于国家的根本利益。以经济建设为

---

① 潘抱存:《论当代国家主权原则的发展》,《法学杂志》1996年第6期。

中心、为现代化建设创造良好的外部环境成为中国外交政策的着眼点。20世纪80年代初,苏联减轻扩张战略所背负的重担,逐渐寻求同中国改善关系,中国也需要在和平的国际环境中集中力量搞国内建设。两国关系的缓和,中方提出必须消除影响中苏关系的三大障碍:第一,苏联必须减少在中苏、中蒙边境的驻军;第二,督促越南从柬埔寨撤军;第三,从阿富汗撤军。中苏关系的改善对中国周边的外交压力的缓解起到了一定的作用。这些对外政策大大减轻了中国的国际压力,有利于集中精力进行国内建设,改善和促进了中国的民生与人权。90年代初,苏东剧变,冷战宣告结束。

在这样的背景下,中国共产党的十二大召开以后,经济体制改革全面发展:国家对经济的计划管理权逐步下放,到1987年,全国有80%的国营企业实行各种形式的承包经营责任制;所有制结构也发生了变化,坚持以公有制为主体,多种所有制经济共同发展。与此同时,对外开放格局也初步形成,中国沿海地区形成了包括约2亿人口的对外开放特区—沿海开放城市—沿海经济开放区—内地的多层次、有重点、点面结合的对外开放格局。科技体制和教育体制的改革也在进行中,1983年10月,邓小平提出"教育要面向现代化,面向世界,面向未来。"国家的民主法制也得到了系统性的改善。在国家统一问题上,邓小平同志创造性地提出了"一国两制"的构想,祖国统一大业迈出了重大的步伐。全面深化改革推动了经济建设,1982年至1987年,国民生产总值从4470亿元增加到8568亿元,平均每年增长10%,超过了原计划4%—5%的速度。经济建设的迅速发展,改革开放的全面展开,开创了中国社会主义现代化建设的新局面。① 改革开放的发展成果一方面是国家在经历曲折发展后的重建,提高中国在国际社会中的地位,另一方面确保了人民生活水平的提高,保障人民权益。

后冷战时期的国际关系发生了巨大变化,邓小平以战略家的胆识和眼光,陆续提出"28字方针",即冷静观察、稳住阵脚、沉着应对、善于守

---

① 中共中央党史研究室科研管理部、中共中央组织部组织一局:《党的历史知识简明读本》,中共党史出版社、党建读物出版社2011年版,第33—36页。

拙、决不当头、韬光养晦、有所作为,从而形成了中国对外政策的基本方针。他还强调"要冷静、冷静、再冷静,埋头苦干,做好一件事,我们自己的事。"①

进入 21 世纪后,中国对于和平与发展均有了新的认识。2003 年至今,党中央陆续提出"科学发展观""和谐世界"等战略创新思想。在国内战略中,积极进行经济体制改革,逐步实现优先发展经济的主要理念,深入贯彻落实科学发展观。在外交战略上,积极参与经济全球化。首先对中国自身的国际地位和发展路径有了辩证的认识。中国在国际社会中发挥重要影响的责任意识,将东亚作为中国发挥重要作用的核心地区。其次,继续坚持"韬光养晦""有所作为"的大外交指导原则。在对参与国际事务的理论总结过程中,我们逐渐认识到"韬光养晦"是一种哲学原则,体现的是思想高度;"有所作为"是一种实践原则,体现的是积极进取精神,在十八大召开以后,我国又增加为"积极有所作为",体现出今后要更加主动、全面地参与国际事务。② 在落实科学发展观的基础上,中国不仅在国内希望创造和谐社会,更重要的是在全球范围内创建"和谐世界"。这一时期,中国的外交战略呈现出鲜明的特点。

首先,中国始终坚持在国际交往中走和平发展的道路。2005 年发表的《中国的和平发展道路》白皮书中明确提出了和平发展道路的主张,强调:"走和平发展道路,就是要把中国国内发展与对外开放统一起来,把中国的发展与世界的发展联系起来,把中国人民的根本利益与世界人民的共同利益结合起来。"③时任总书记胡锦涛在中共十七大报告中承诺:"中国反对各种形式的霸权主义和强权政治,永不称霸,永远不搞扩张。"④ 2011 年 9 月,中国发布《中国的和平发展》白皮书,全面阐述了中国和平发展的世界意义。和平发展道路的精髓是争取和平的国际环境来发展自

---

① 《邓小平文选》第三卷,人民出版社 1994 年版,第 321 页。
② 门洪华:《中国外交大布局》,浙江人民出版社 2013 年版,第 62 页。
③ 中华人民共和国国务院新闻办公室:《中国的和平发展道路》,参见 http://www.gov.cn/zwgk/2005-12/22content_134060.htm。
④ 胡锦涛:《高举中国特色社会主义伟大旗帜 为夺取全面建设小康社会新胜利而奋斗——在中国共产党第十七次全国代表大会上的报告》(2007 年 10 月 15 日),参见 http://news.xinhuanet.com/newscenter/2007-10/24/content_6938568.htm。

己,又以自己的发展促进世界的和平。①

其次,中国一直倡导和谐世界的理念。"和谐世界的提法代表了中国外交战略的理想意识,和谐也是一种承诺,既是对中国国内的承诺,也是对整个世界的承诺。这种承诺演化为责任,成为中国政府'负责任大国'的自我战略约束。它意味着,中国领导人明确意识到了中国发展给社会带来的影响,将和谐世界作为结合对内和谐、对外合作的战略中间点。"②在利比亚问题上,中国支持安理会采取适当和必要的行动尽快稳定利比亚局势,但由于中国支持安理会第 1973 号决议部分内容有严重困难,因此投了弃权票。时任中国驻联合国代表李保东说:"中国一致强调,安理会有关行动应遵循《联合国宪章》和国际法准则,尊重利比亚主权、独立、统一和领土完整,通过和平手段解决利比亚当前危机。"③在利比亚问题上,中国主张保护利比亚人民的人权不能成为西方国家变相推行政权更迭的借口;同样,在叙利亚问题上,中国也是持有不干涉内政的态度处理叙利亚问题,并得到叙利亚人民的支持与肯定。中国一直在用自身的行动捍卫《联合国宪章》的宗旨与原则以及国际关系的基本准则,而不是让安理会沦为强权政治的橡皮图章。④

再次,追求共同利益,实现互利共赢。在历史的长河中,各国之间保持长久的和平稳定大多都建立在对共同利益的追求上。中国领导人提出"共同利益"一词具有前瞻性。中共十七大报告中,时任总书记胡锦涛明确提出了共同利益的战略追求:"共同分享发展机遇,共同应对各种挑战,推进人类和平与发展的崇高事业,事关各国人民的根本利益,也是各国人民的共同心愿。我们主张,各国人民携手努力,推动建设持久和平、共同繁荣的和谐世界。为此,应该遵循联合国宪章宗旨和原则,恪守国际法和

---

① 杨洁篪:《改革开放以来的中国外交》,参见 http://news.xinhuanet.com/politics/2008-09/17/content_10047420.htm。
② 门洪华:《中国国际战略演进及其经验总结》,《教学与研究》2009 年第 10 期。
③ 《中国对安理会利比亚局势决议投弃权票》,详见 http://news.ifeng.com/world/special/zhongdongbianju/content-2/detail_2011_03/18/5231035_0.shtml。
④ 阮宗泽:《中国如何应对西方的"新干涉主义"》,http://opinion.m4.cn/2013-08/1211529_5.shtml。

公认的国际关系准则,在国际关系中弘扬民主、和睦、协作、共赢精神。"①国家主席习近平在同美国总统奥巴马在安纳伯格庄园会晤时曾强调:"中国梦要实现国家富强、民族复兴、人民幸福,是和平、发展、合作、共赢的梦,与包括美国梦在内的世界各国人民的美好梦想相通。"②在共同利益的基础上,各国之间能保持长久的和平与稳定,在互利共赢的同时才能确保我国对外开放的良好发展势头,进而实现我国发展的战略目标。互利共赢是新的历史时期开放战略的基本点,反映了中国作为负责任大国的追求。

最后,中国勇于承担大国责任,塑造大国形象。自 1997 年起,中国将"负责任大国"作为国际地位的标示,进一步关注自身国际形象的树立。中国正在从具有全球影响力的地区性大国走向世界大国,并在全球和平、安全、发展中发挥越来越重要的作用,这就要求中国应该进一步塑造国际社会中负责任建设性、可预期的大国形象,提供更多的全球性和地区性公共物品。在 1997—1999 年的亚洲金融危机中,中国负责任大国的形象已经树立起来,赢得了亚洲诸国乃至世界的尊敬。③ 1997 年 7 月 2 日,泰国被迫宣布泰铢与美元脱钩,实行浮动汇率制度,当日泰铢汇率狂跌 20%。和泰国具有相同经济问题的菲律宾、印度尼西亚和马来西亚等国迅速受到泰铢贬值的巨大冲击。继泰国等东盟国家金融风波之后,台湾的台币贬值,股市下跌,掀起金融危机第二波。台湾货币贬值和股市大跌,不仅使东南亚金融危机进一步加剧,而且引发了包括美国股市在内的大幅下挫。11 月下旬,韩国汇市、股市轮番下跌,形成金融危机第三波。与此同时,日本金融危机也进一步加深。从 1998 年 1 月开始,东南亚金融危机的重心又转到印度尼西亚,形成金融危机第四波。直到 2 月初,东南亚金

---

① 胡锦涛:《高举中国特色社会主义伟大旗帜 为夺取全面建设小康社会新胜利而奋斗——在中国共产党第十七次全国代表大会上的报告》,http://cpc.people.com.cn/GB/104019/104099/6429414.html。

② 《习近平外交元年:"中国梦"引领中国外交》,参见 http://news.sina.com.cn/c/sd/2014-01-09/110729197024.shtml。

③ 门洪华:《中国外交大布局》,浙江人民出版社 2013 年版,第 56 页。

融危机恶化的势头才初步被遏制。① 而在这场席卷整个亚洲的金融危机中,中国并没有将自己的货币贬值,中国的这种举措对东南亚国家的经济恢复起到了至关重要的作用,这也正是中国作为"负责任大国"的重要体现。

2008年国际金融危机席卷全球,中国同样作为一个负责任的大国,在金融危机的背景下,一方面稳住国内经济秩序,另一方面也为国际经济环境的改善作出了重要的贡献。"中国动力不仅驱动了中国发展,而且成为带动全球经济复苏的最强引擎。"②金融危机爆发以后,中国在稳定国际金融体系方面作出重要贡献,在全球金融危机爆发以后,人民币的改革仍然在《国际货币基金协定》的框架下进行,并且积极参与IMF(国际货币基金组织)内部的各项改革。通过20国集团领导人峰会指导协调下的全球协同行动,世界经济得以避免再次陷入20世纪30年代的经济大萧条。中国在其中发挥了重要的领导与表率作用。中国还与其他新兴发展中国家一起积极参与国际货币基金组织与世界银行等布雷顿森林体系机构的改革进程,努力推动全球经济治理向更为公正合理的方向发展。与此同时,中国在推动亚洲区域金融合作中也作出了应有的努力,推行区域金融合作,积极开展货币兑换。2008年12月12日,中国人民银行和韩国中央银行签署协议,同意建立初定为期三年的两国货币互换安排。这一事件也可看作是亚洲区域应对金融危机进行货币合作的首次尝试。③ 2009年11月17日,时任基金组织总裁的多米尼克·卡恩在总结中国之行的讲话中强调中国在维持经济复苏中能够发挥的领导作用,承认在金融危机爆发后一周年,避免了灾难性的后果实在并非偶然,这是由多个国家一起进行前所未有的政策协调的成果,并在其中感谢中国政府在这方面的支持。④

中国作为负责任的大国,不仅在政治领域对弱势国家起到保护作用,

---

① http://baike.baidu.com/link? url = pmKkoy8DFmLS8PYefJkWXsgKpPin9 R3nqPc0Mgbd27-bxaAI9aZ1BxtglCrODYYue.

② 张占斌:《中国应对国际金融危机的公共经济政策解析》,《中共党史研究》2010年第6期。

③ 陈琰:《国际货币基金组织的改革和中国的应对》,湖南师范大学2012年硕士学位论文。

④ 同上。

在经济领域也起了一定的领导作用。这不仅充分展示了中国负责任大国的形象,同时也表明了中国在相关问题上的基本立场,对于广大发展中国家来讲,保障其基本的生存权与发展权是解决冲突与对抗问题的首要条件,负责任的多边政治磋商、和平谈判与斡旋方能保证问题的最终解决。

四、结　　语

保护的责任理念的提出在国内外产生了极大的反响,中国通过对历史的回顾、对国情的研究,在保护的责任方面逐渐形成了具有中国特色的处理原则与方法。"保护的责任"主要是针对一个国家的人民在遭受到灭绝种族、战争罪、种族清洗和反人类罪这四种罪行时,他国应该怎样援助的问题。从儒家思想中我们可以看到,对内儒家学说要做到"仁政",对外要做到"义勇"。"义勇"在儒家学说中占有重要的地位。怎样才能在国际交往中做到"义勇",就是实施"保护的责任"所要遵循的原则。孔子说:"君子喻于义,小人喻于利。"[1]"义"给我们留下的文化和指导就是,在帮助他国度过危机的时候,我们应该看到实实在在的帮助,而不是唯利是图。同样,也正是儒家的观点给中国留下的悠久文化传统指导今天的中国,要勇于承担责任。子路说:"君子之仕也,行其义也。"[2]在利比亚问题上,"保护的责任"的运用之所以在国际社会上惹来争议和分歧,就是因为在运用过程中,没有做到适度。"邦有道,危言危行;邦无道,危行言孙。"适度地对他国进行援助是"保护的责任"所要遵循的,而过度的干预就是"保护的责任"所要抵制的。

从中国政府的立场来说,通过在苏丹、海地等地区的维和行动,中国政府实际上也是在作为国际社会负责任的一员履行保护的责任。但是,中国政府强调要争取当地大多数社会群体、利益方的支持,反对盲目、单一地采用军事干涉的手段。当然,中国作为最大的发展中国家,在其中做起一个负责任的国家,首先要考虑的是如何保护广大发展中国家的人权

---

[1]　《论语·里仁第四》。
[2]　《论语·微子第十八》。

与主权不遭肆意践踏。总的来说,从被侵略的历史到对为保护他国人权而出兵援助,中国践行负责任的保护的历史由来已久。随着中国国家实力的增强,以及中国外交希望展现有所作为的一面,中国政府提出要做"负责任的大国",以及建设和谐世界,这都体现了中国外交已经从冷战之前的主要关注维护自身的主权和其他利益,转向要为世界的和平与发展做更大的贡献,这样的外交政策变化会进而影响中国对于保护的责任的基本立场。

下 编

实践与反思

关系治理、中国路径与"保护的责任"：
以苏丹达尔富尔问题为例

张 旗

2008年2月，正值中国人欢欣祈盼百年奥运梦圆的时候，国际上却传来了一股不和谐的杂音——美国著名导演史蒂文·斯皮尔伯格宣布辞去北京奥运会艺术顾问一职。对此，他给出的理由是，"对于达尔富尔地区正在发生的犯罪行径，虽说苏丹政府担负着主要责任，但是国际社会，尤其是中国，应该为终止人道灾难付出更多的努力"，在"骇人听闻的反人道罪行"仍在达尔富尔持续的情况下，他的良知不允许他将时间和精力投身于奥运会开幕式的工作当中去。① 这让有些中国人困惑不已：达尔富尔在哪里？它和中国有什么关系？它和北京奥运会有什么关系？

一、达尔富尔问题与中国

1. 达尔富尔问题的由来

达尔富尔地区位于苏丹西部，面积约为50万平方公里，人口约为600万。历史上该地区就是一个多部落聚居的地区，大约生活着80个部落，主要包括定居的部落和游牧的部落。定居部落中既有农民，也有基本定居的牧民，富尔、巴尔尼、塔马、杰贝尔、阿兰加和马萨利特等部落主要以种庄稼为生，过着定居的生活，南里泽伊加特和扎格哈瓦等部落则过着

---

① Gregg Kilday, "Spielberg DQs Olympics," *Hollywood Reporter*, Feb. 13, 2008, p. 39.

基本定居的牧民生活,这些定居部落都拥有大体确定的部落领地("家园")。游牧部落中,像塔艾沙、哈巴尼亚、贝尼赫尔巴、莫哈米德等部落,过着传统的游牧和半游牧生活,他们并没有属于自己的土地,传统上在属于其他部落的土地上穿行。①

但是,由于生态环境的变化,干旱和荒漠化日益严峻,拥有土地的非洲黑人部落与无土地的阿拉伯游牧部落,围绕着对土地和水资源的争夺,从20世纪70年代起,冲突加剧。2003年2月,主要由富尔人、扎格哈瓦人和马萨利特人组成的"苏丹解放运动"和主要由扎格哈瓦人组成的"正义与平等运动",以苏丹政府未能保护他们免遭阿拉伯民兵的袭击为由,公开反叛政府,向当地城镇的军事和政府设施发动袭击,要求实行地区自治。对于反叛行动,苏丹政府由最初的犹豫不决,迅速转变为武力平叛,并积极动员主要由阿拉伯游牧部落组成的民兵组织"金戈威德"(受害一方对其的称谓,意为"骑马的恶魔")参与对叛军的行动。由此形成了以苏丹政府军和其动员下的"金戈威德"民兵为一方,以"苏丹解放运动"和"正义与平等运动"等反叛武装为另一方的武装冲突。

这一冲突酿成了严重的人道主义灾难,据联合国网站报道,截至2007年7月,达尔富尔境内估计已有20多万人丧生,屠杀平民、强奸妇女和女童等暴行比比皆是。② 截至2007年4月,已有200万人流离失所,并且人数还在上升,受冲突影响的190万居民基本依赖外部援助。③ 这就是国际上高度关注的"达尔富尔危机"的由来。

2. 达尔富尔问题与中国有什么关联?

从达尔富尔危机爆发的过程来看,这一危机和中国没有任何直接的关系。它本质上是"一场政府及其动员下的阿拉伯民兵同叛乱者之间的战争,是无地部落对有地部落的纷争"④。这一危机本身是两个密切关联

---

① 《达尔富尔问题国际调查委员会给秘书长的报告》,联合国安理会文件 S/2005/60(2005年2月1日),第19—22页。
② http://www.un.org/chinese/ha/issue/sudan/un.shtml.
③ 《秘书长关于苏丹的报告》,联合国安理会文件 S/2007/213(2007年4月17日),第10页。
④ 姜恒昆:《达尔富尔问题的历史溯源》,《西亚非洲》2008年第9期,第28页。

冲突的结果,首先它是政府军与反叛武装冲突的结果,这实质上是苏丹国内的一种政治冲突,与其他政治冲突无异;其次它是阿拉伯游牧部落与黑人定居部落争夺土地的冲突,这是苏丹国内的族裔冲突。① 总之,从冲突的起源和危机的产生来看,它和中国都没有什么关系。

那么,为什么国际上有声音在达尔富尔问题上指责中国呢？达尔富尔问题究竟是如何与中国勾连起来的？我们首先看一下中外重要媒体是什么时候以及如何将两者联系起来的。本文选取具有广泛影响力的中外报纸为考察对象,具体选取中国的《人民日报》(选取时间为1946年5月15日至2011年12月31日)②、美国的《纽约时报》(The New York Times, 1980年6月1日至2013年12月31日)、英国的《泰晤士报》(The Times, 1985年7月1日至2013年12月31日)和澳大利亚的《时代报》(The Age,1991年1月25日至2013年12月31日)为考察对象。以"中国"(China)和"达尔富尔"(Darfur)为检索词进行"全文"检索,在"人民日报图文电子版"数据库和 LexisNexis Academic 数据库获取相关的新闻报道,由此制得图1。

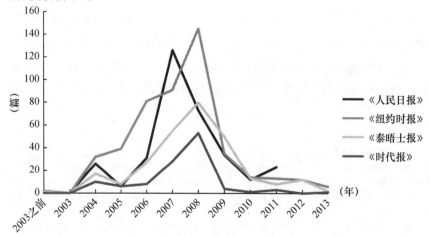

图1 将"中国"与"达尔富尔"联系起来的新闻报道篇数统计

---

① 姜恒昆:《达尔富尔问题的历史溯源》,《西亚非洲》2008年第9期,第28页。
② 《人民日报》数据库现只能检索到截至2011年12月31日的全部文章信息,之后年份信息不完全,故未采用。

从图 1 中可以看出,将中国与达尔富尔联系起来的新闻报道,从 2004 年起急剧增多,除《人民日报》外(截至 2011 年,相关报道最多的年份是 2007 年),都是在 2008 年篇数达到最多,之后数量又迅速减少。达尔富尔危机从 2003 年初爆发,却于 2007 年和 2008 年与中国密切联系在一起,这在一定程度上与中国 2008 年 8 月举办北京奥运会和由此产生的放大效应有关。因此,下面重点考察 2003 年至 2008 年这一时期的相关新闻报道。

这些新闻报道是以什么视角将中国和达尔富尔问题联系在一起的呢?考察外国媒体的这些报道,我们发现它们主要有以下视角:第一,中国是苏丹政府的"庇护者",在联合国安理会阻止制裁达尔富尔危机肇事者和苏丹政府的有关决议草案,使其恃无恐,变相纵容了苏丹政府对达尔富尔人民的屠杀。① 第二,中国与苏丹政府保持着密切的贸易关系,一方面苏丹的绝大部分石油出口到中国,而苏丹政府利用贸易所得钱款从事大屠杀活动;另一方面中国对苏丹出口武器,是苏丹政府屠杀达尔富尔人民的"帮凶"。② 第三,中国政府并不积极利用自己的影响力向苏丹政府施压,未尽到"保护的责任"③。当然,也有一些新闻报道以相对积极的态度关注中国对苏丹政府和达尔富尔问题的立场和政策变化。④

中国媒体关于达尔富尔问题的报道,往往是站在批驳外界批评的角度。这些报道的基本内容大致有三类:一是澄清中国政府的立场,反驳国

---

① "China and Darfur," *New York Times*, Editorial Desk, Aug. 4, 2006:16.

② Nicholas D. Kristof, "China and Sudan, Blood and Oil," *New York Times*, Apr. 23, 2006: 4.13. "Report Accuses China and Russia Of Arming Sudan," *New York Times*, Late Edition (East Coast), May 9, 2007: A.12. Richard Beeston, 'China and Russia "still arming the militias",' *The Times* (London), May 9, 2007.

③ David J. Scheffer, "China and Darfur: Time for Pressure," *New York Times*, Late Edition (East Coast), Apr. 16, 2007: 18; Ronan Farrow and Mia Farrow, "The 'Genocide Olympics'", *Wall Street Journal*, Eastern edition, Mar. 28, 2007: A.17; Nicholas D. Kristof, "China's Genocide Olympics," *New York Times*, Late Edition (East Coast), Jan. 24, 2008: A.23; Jim Yardley, "Beijing '08: Let the Politics Begin," *New York Times*, Aug. 12, 2007.

④ Jane Macartney, "China acts on Darfur after warning on Olympics," *The Times* (London), May 11, 2007, p.48; Bronwen Maddox, "Silence kills, but China and money are key to Darfur," *The Times* (London), June 27, 2007.

际上对中国的相关指责①;二是借用相关人士或机构的说法为中国的立场辩护,证明中国发挥了积极作用②;三是正面报道中国在解决达尔富尔问题上所付出的努力和实际作为。③ 中国官方媒体这种"刺激—反应"式的批驳报道,其实相应地折射了中国政府在强大的国际舆论压力面前,不得不做出某些回应和行动。而一旦中国想要积极介入这一危机,首先就需要面对一个理念困局——"不干涉原则"与"保护的责任"之间的张力。

二、中国的"达尔富尔困局":"不干涉原则"与"保护的责任"

在中国的外交话语体系中,"不干涉原则"占据着重要的地位。从20世纪50年代中国与印度、缅甸共同提出和平共处五项原则起,"互不干涉内政"即成为中国的一项重要外交原则。至少从理念上说,这一原则意味着,对于某一主权国家内部的事务,中国既否定外部武力干预的正当性,也否定非武力干预的正当性。冷战后的不同时期,中国领导人都一再强

---

① 何洪泽、邹德浩:《中国反对制裁》,《人民日报》2004年9月20日,第3版;何洪泽、邹德浩:《安理会决定制裁达尔富尔违反国际人道主义法的个人 我代表强调制裁无助于解决问题》,《人民日报》2005年3月31日,第3版;胡丹丹、马湛:《中方就达尔富尔问题阐述原则立场 维持良好势头 推进政治进程》,《人民日报》2007年5月1日,第3版;李潇、裴广江:《外交部举行苏丹达尔富尔问题媒体吹风会》,《人民日报》2007年5月30日,第3版;《就美国会众议院审议通过所谓苏丹达尔富尔问题涉华决议案 外交部发言人发表谈话》,《人民日报》2007年6月8日,第4版。

② 吴酩:《谎言欺谁?》,《人民日报》2007年4月27日,第3版;王南:《需要和平与发展——访苏丹驻华大使萨利赫》,《人民日报》2007年4月30日,第7版;何洪泽、席来旺:《潘基文赞扬中国在达尔富尔问题上发挥有益作用》,《人民日报》2007年6月3日,第1版;李学军、严锋:《美特使说中国在达尔富尔问题上发挥了积极作用》,《人民日报》2007年9月21日,第3版。

③ 李永群:《中国重申对达尔富尔问题的承诺》,《人民日报》2006年7月19日,第3版;《苏丹总统会见中国政府特使》,《人民日报》2007年1月18日,第3版;吴绮敏:《胡锦涛同苏丹总统巴希尔会谈 双方一致同意要抓紧落实有关共识,努力把中苏友好合作关系提升到新的水平》,《人民日报》2007年2月3日,第1版;邵杰:《苏丹总统会见中国政府特使 翟隽就达尔富尔问题回答中外记者提问》,《人民日报》2007年4月10日,第3版;吴绮敏:《走进达尔富尔》,《人民日报》2007年4月30日,第7版;邵杰:《我向苏丹达尔富尔提供援助物资 中国政府特别代表实地了解达尔富尔形势》,《人民日报》2007年5月24日,第3版;张玉清、张君龙:《中国首批赴苏丹达尔富尔地区维和工程兵大队成立》,《人民日报》2007年8月18日,第4版。

调指出,中国一直以来坚持不干涉别国内政的原则。① 这种长期的不干涉宣示,无形中对中国的外交行为选择起到了规制和限定作用,形成了特定的行为规范和路径依赖。由此而来的政策意涵是,捍卫不干涉原则也就是捍卫主权原则,为了不让外部势力干涉本国的内政,也就必须保证他国的内政不被干涉,否则,如果主权原则被破坏,本国内政也就处于被干涉的风险之中。从这个原则出发,似乎外部力量,包括中国,都不应该干涉达尔富尔危机这一苏丹国内的问题。

但是,同时也要看到,二战之后,人权规范同样成为国际社会中举足轻重的国际规范,某种程度上挑战着传统意义上的主权规范。而"保护的责任"这一理念的提出,可以说是这一趋向的新发展。"保护的责任"这一概念由加拿大"干预与国家主权国际委员会"(ICISS)于2001年首次提出,强调主权意味着责任,国家承担着保护本国人民的首要责任,"一旦人民因内战、叛乱、镇压或国家陷于瘫痪,而且当事国不愿或无力制止或避免而遭受严重伤害时,不干预原则要服从于国际保护的责任。"②2004年12月,威胁、挑战和改革问题高级别小组提交给联合国秘书长的报告也采用了这一概念,这是联合国文件首次使用这一概念。③ 2005年3月,秘书长的报告第一次使用了这一概念。④ 2005年10月,保护的责任被正

---

① 江泽民曾说:"中国是爱好和平的国家,一向尊重别国主权,不干涉别国内政,从不谋取任何私利。"见江泽民:《江泽民主席在韩国国会发表演讲》,《人民日报》1995年11月16日,第1版。胡锦涛曾说:"我们坚持国家不分大小、强弱、贫富一律平等,尊重各国人民自主选择发展道路的权利,不干涉国内部事务,不把自己的意志强加于人。"见胡锦涛:《高举中国特色社会主义伟大旗帜 为夺取全面建设小康社会新胜利而奋斗》,《人民日报》2007年10月15日,第1版。习近平曾说:"中国人民希望和平、反对战争,所以始终奉行独立自主的和平外交政策,坚持不干涉别国内政、也不允许别人干涉中国内政。"见习近平:《在布鲁日欧洲学院的演讲》,《人民日报》2014年4月2日,第2版。

② The International Commission on Intervention and State Sovereignty (ICISS), The Responsibility to Protect, Ottawa: International Development Research Centre, 2001, p. xi.

③ 威胁、挑战和改革问题高级别小组:《一个更安全的世界:我们的共同责任》,联合国大会文件A/59/565(2004年12月13日)。

④ 秘书长报告:《大自由:实现人人共享的发展、安全和人权》,联合国大会文件A/59/2005(2005年3月21日)。

式列入联合国首脑会议成果文件中。① 至此,保护的责任理念的内涵和外延基本清晰了,它奠基于三大支柱之上:一是每一个国家均有责任保护其人民免遭种族灭绝、战争罪、族裔清洗和危害人类罪之害;二是国际社会有责任鼓励并帮助各国履行这一责任;三是如果一个国家显然不愿意或没有能力保护其人民,国际社会有责任使用适当的外交、人道主义和其他手段,并随时准备根据《联合国宪章》,采取集体行动保护人民免遭这些罪行之害。②

"保护的责任"理念对"不干涉原则"构成了重大的冲击。它实际上否定了传统主权规范的绝对性。从正当性上来说,一国国内的灾难或争端不再具有绝对的不可介入性。对于这一为人道主义干预辩护的新提法,中国采取了较为谨慎的态度。2005年6月,中国政府发布了《中国关于联合国改革问题的立场文件》,其中对如何履行保护的责任比较全面地阐释了中国的立场。中国认为,"在出现大规模人道危机时,缓和和制止危机是国际社会的正当关切。有关行动须严格遵守《宪章》的有关规定,尊重有关当事国及其所在地区组织的意见,在联合国框架下由安理会根据具体情况判断和处置,尽可能使用和平方式。在涉及强制性行动时,更应慎重行事,逐案处理"③。从这段立场宣示中可以看出,当思考人道主义危机问题时,中国并不是仅仅以保护的责任理念为唯一考量,而是统筹考虑诸多因素。这里我们至少可以抽离出影响中国立场选择的六个方面的因素:是否在联合国框架下处置人道主义危机、当事国的意见、所在地区组织的意见、人道主义情势、是否遵循逐案处理原则以及应对危机的方式是和平的还是强制的。中国对践行保护的责任设置了严苛的前提条件,而对人道主义情势的关切仅仅是影响中国立场选择的因素

---

① 《2005年世界首脑会议成果》,联合国大会文件 A/RES/60/1(2005年10月24日),第27页。
② UN General Assembly,"Implementing the responsibility to protect," U. N. Doc. A/63/677, Jan. 12, 2009.
③ 《中国政府发布关于联合国改革问题的立场文件》,《人民日报》2005年6月8日,第15版。

之一。

由此,摆在中国面前的是一幅困局——本文称之为中国的"达尔富尔困局":如果继续沿承和固守"不干涉原则",就要遭受国际社会的广泛批评和质疑;如果迫于国际社会的压力,主动承担保护的责任,介入危机事态当中,就要找到一条可行的问题解决路径,以便与中国一贯的外交原则相融合。在外交实践中,中国是如何抉择的呢?

三、中国的实践突破:以"中国路径"践行"保护的责任"

仔细考察中国对达尔富尔危机的立场和政策,我们会发现,中国既不是纯粹遵循"不干涉原则",也不是完全按照西方国家的意愿和思路来履行保护的责任,中国有自己一套不同于西方(以美国为典型代表)的认知视角和问题解决方式。本文将其分别称为保护的责任践行中的"中国路径"和"美国路径"。

达尔富尔危机发生之后,中国和西方对此问题的认知存在着显著的区别。第一,中国和西方对问题实质的认识不同。中国认为,达尔富尔问题的实质不是种族屠杀,不是族裔清洗,而是发展问题,达尔富尔问题是因为贫困、欠发达和资源短缺,导致不同部落之间争夺水源、土地,"实质上是发展问题"①,"贫穷、落后是达尔富尔问题的根源,发展是持久解决达尔富尔问题的关键"②。而美国则认为达尔富尔地区所发生的一切是种族屠杀,是苏丹政府支持的阿拉伯民兵对黑人部落的屠杀。③ 欧盟虽然不认为是大规模的种族屠杀,认为是种族间的资源竞争,而这是由于苏丹政府支持阿拉伯民兵所导致的后果。④ 第二,中西方对于冲突各方的

---

① 李潇、裴广江:《外交部举行苏丹达尔富尔问题媒体吹风会》,《人民日报》2007年5月30日,第3版。
② 翟隽:《中国积极推动解决达尔富尔问题》,《求是杂志》2007年第11期,第63页。
③ "President's News Conference," *The Washington Post*, Sep. 15, 2006.
④ 张春:《中国与欧盟在达尔富尔问题上的合作探析》,《西亚非洲》2008年第9期,第30页。

角色认知不同。中国认为这一危机是由部落之间争夺稀缺资源所引起的,是一种国内武装冲突,因此冲突各方都担负一定的责任。而美国将此问题界定为种族屠杀,也就是把主要责任归咎在了苏丹政府身上,对冲突的另一方持同情态度甚至给予一定的支持。① 第三,中方和西方对中国在这一危机中扮演角色的认知不同。西方的一些媒体和非政府组织坚持认为,达尔富尔冲突之所以难以止息,其中一个重要障碍就是中国对苏丹政府的支持;相较而言,美英等国政府对于中国在此问题的作用倒是持比较积极的看法。② 而中国则坚持认为,中国是一个负责任的大国,在解决达尔富尔问题中,发挥了建设性的积极作用,不存在任何私利。③ 这些认识上的差别,一定程度上导致了中西方在问题解决思路和方式上的不同,由此产生了"中国路径"和"美国路径"之分。

从各国在联合国安理会的投票行为和辩护声明中,我们可以清楚地看出"中国路径"和"美国路径"之间的差异。下文以涉及苏丹达尔富尔问题的安理会第1556、1564、1590、1591、1593、1672、1679、1706和1769号决议为例,探析中国与美国在践行"保护的责任"时的不同考量和行为逻辑(见表2)。

---

① Colin L. Powell, "The Crisis in Darfur: Testimony Before the Senate Foreign Relations Committee," http://2001—2009.state.gov/secretary/former/powell/remarks/36042.htm; George W. Bush, "Address to the United Nations General Assembly by President George W. Bush," http://www.state.gov/p/io/potusunga/207572.htm.

② Nicholas D. Kristof, "China and Sudan, Blood and Oil," *New York Times*, Apr. 23, 2006: 4.13. "Responsible China? Darfur exposes Chinese hypocrisy," *The Washington Post*, September 6, 2006, Editorial, A24; 顾国平、董继荣:《中美在达尔富尔问题上的立场和政策——基于双方官方发言的解读》,《国际论坛》2010年第1期,第30—31页。

③ 李潇、裴广江:《外交部举行苏丹达尔富尔问题媒体吹风会》,《人民日报》2007年5月30日,第3版;熊争艳:《中国非洲事务特别代表:达尔富尔没有饿殍遍野》,http://www.chinadaily.com.cn/hqzg/2007-06/14/content_894426.htm;邵杰、林建杨:《刘贵今:中国在达尔富尔问题上不谋求私利》,http://news.xinhuanet.com/newscenter/2008-02/24/content_7660786.htm。

表2 中美两国在解决达尔富尔问题上的立场①

决议草案及会议记录文件	草案主要内容	中国立场	美国立场	表决情况
1556（2004），S/PV.5015	支持非盟向达尔富尔地区部署国际监测员和保护部队；要求苏丹政府履行解除金戈威德民兵武装的承诺，并将施暴者绳之以法，否则将对其采取强制措施；对达尔富尔地区武器禁运。	弃权。相信苏丹政府将积极兑现承诺；政府对解决达区问题负首要责任；支持非盟发挥领导作用；不赞成决议中包含威胁对苏丹政府采取强制性措施的内容。	赞成。苏丹政府鼓动对平民武装攻击，制造人道灾难；没有兑现承诺，不同意给更多时间；如果拒绝合作，将面临国际制裁；如果没有国际压力，政府不会同意人道主义接触。	13∶0通过
1564（2004），S/PV.5040	肯定苏丹政府扩大与联合国人道主义机构的合作；支持非盟扩充驻达区监测团；要求政府采取必要措施制止一切暴行；敦促政府履行承诺，不在达区军事飞行；政府若不合作，将对政府部门和官员进行非武力强制制裁。	弃权。重点应在鼓励苏丹政府继续合作，支持非盟调解，推动达成政治协议；支持非盟扩大部署；反对制裁，制裁无助于解决复杂问题，甚至会使问题更加复杂化。	赞成。政府可能在纵容和犯下种族灭绝罪行；达尔富尔人受到民团武装攻击和政府的直接攻击；若政府不合作，将对相关责任人制裁；政府兑现了某些承诺，是因国家压力的结果，而非自愿。	11∶0通过
1590（2005），S/PV.5151	设立联合国苏丹特派团执行《全面和平协定》；呼吁各方恢复阿布贾谈判；授权联苏团采取行动保护其人员。	赞成	赞成	一致通过

---

① 表2中的草案主要内容、中美两国的立场声明及表决情况皆通过查询安理会会议记录而得来。http://www.un.org/zh/sc/meetings/.

（续表）

决议草案及会议记录文件	草案主要内容	中国立场	美国立场	表决情况
1591（2005），S/PV.5153	谴责政府和叛军违反停火协定；设立安理会委员会，监测禁运的执行情况；禁止相关特定责任人过境并冻结其资产。	弃权。不考虑具体情况一味施压，只会使局势更加复杂；对制裁持极其谨慎态度；安理会要支持和配合非盟。	赞成。必须捍卫美国国会的荣誉；该决议将有助于制止达区的暴力行径，促进阿布贾和平进程。	12:0通过
1593（2005），S/PV.5158	将达尔富尔地区局势移交国际刑事法院。	弃权。处理有罪不罚要考虑最有效可行的方式，避免对政治谈判造成不利影响；既要惩治肇事者，也要促进民族和解；宜由苏丹政府司法机构审判肇事者。	弃权。在达尔富尔发生了种族灭绝，支持将肇事者绳之以法并结束有罪无罚的情况。	11:0通过
1672（2006），S/PV.5423	确定禁止过境和冻结资产的相关责任人名单。	弃权。对制裁持谨慎态度，制裁往往达不到预想效果；制裁决议时机不妥，不应干扰谈判进程。	赞成。决议非但没有影响阿布贾政治进程，而且将加强这一进程。	12:0通过
1679（2006），S/PV.5439	考虑采取强有力措施制裁违反《达尔富尔和平协议》的个人或团体；赞成采取具体步骤使非盟特派团向联合国行动过渡。	赞成。基于对非盟的政治支持，并为尽快落实协议创造条件，未再坚持异议；联合国在达区行动应获苏丹政府同意与合作。	赞成。无声明。	一致通过

(续表)

决议草案及会议记录文件	草案主要内容	中国立场	美国立场	表决情况
1706（2006），S/PV.5519	扩大联苏团任务，加强实力；非盟特派团向联合国达尔富尔行动过渡；授权联苏团采取手段保护联合国人员。	弃权。赞同由联合国行动接管非盟特派团，部署上述行动必须征得苏丹政府同意。	赞成。期待苏丹政府无条件合作，不合作将延长人道主义危机；期盼迅速完成非盟特派团改换的任务。	12:0通过
1769（2007），S/PV.5727	赞扬政府同意部署混合行动；授权设立非盟/联合国达尔富尔混合行动，授权混合行动采取必要行动保护其人员。	赞成。非盟、联合国应共同发挥建设性作用；解决问题离不开苏丹政府的努力和合作，政府采取了灵活态度和积极措施，值得肯定；要继续实施维和与和解"双轨战略"；各派达成和平协议，是实现持久和平的根本前提。	赞成。美国不能接受达区人民遭粗暴对待；如政府不遵守协议和本决议，将采取单边和多边措施；向混合行动的过渡绝对必要；政治解决是达尔富尔危机的唯一长期解决办法。	一致通过

同时，本文通过查询资料，比较了中美两国在苏丹达尔富尔问题上的实际政策（见表3），由此可以更清楚地看出中美双方在行为方式上的显著差别。

表3 中美在达尔富尔问题上的具体政策比较

中美比较	行为方式	具体政策举例
美国政府	定性、谴责	2004年7月美国国会通过决议，认定达尔富尔冲突为"种族灭绝"，并要求政府采取行动迫使联合国对苏丹采取制裁措施；2004年9月国务卿鲍威尔宣布达尔富尔地区的杀戮为"种族灭绝"，并认定苏丹政府和它支持的阿拉伯民兵难辞其咎；2005年7月，布什声称美国将达尔富尔的情况视为"种族灭绝"。

（续表）

中美比较	行为方式	具体政策举例
美国政府	单边制裁、推动多边制裁	2006年10月，布什签署国会通过的《达尔富尔和平及责任法》，针对在达尔富尔地区"犯下种族屠杀罪、战争罪以及违背人道罪者"实行制裁；与此同时生效的总统行政命令，要求"冻结苏丹政府的财政并禁止与之进行交易"，尤其禁止与苏丹石油和石化工业有关的交易；2007年4月安理会首次讨论达尔富尔问题，美国提出包含威胁制裁苏丹政府的决议草案；2007年5月布什下令对苏丹政府实行制裁；2007年12月布什签署了苏丹责任与剥夺法，授权州和地方政府剥夺和苏丹做生意的公司。
	人道主义援助	美国从2004年到2006年总计支出10多亿美元，为苏丹西部形势危急的达尔富尔地区的饥民提供食品。
	断绝贸易关系	由于美国政府的制裁，美国企业并未深入到苏丹的石油工业中去。
中国政府	首脑互访、会见、提出原则和建议	2006年11月胡锦涛在北京会见了苏丹总统巴希尔，希望苏丹在"安南方案"上显示出灵活性；2007年2月胡锦涛访问苏丹，提出了处理达尔富尔问题的四项原则：尊重苏丹的主权和领土完整，坚持对话和平等协商，非盟、联合国等应发挥建设性作用，促进地区局势稳定；2008年6月胡锦涛会见苏丹副总统塔哈，提出应充分发挥苏丹政府、非盟和联合国"三方机制"主渠道作用，通过对话和平等协商，推动"混合行动"部署尽早到位；应平衡推进维和行动和政治进程，尽快恢复政治谈判。
	外交沟通、派遣特使	2007年3月，唐家璇国务委员会见到访的苏丹总统助理纳菲阿，希望苏丹方面进一步显示灵活，努力改善达尔富尔人道和安全状况；2007年5月中国政府任命刘贵今为非洲事务特别代表，此后刘贵今多次与苏丹政府、非盟、美欧各界等进行沟通和斡旋。
	人道主义援助	胡锦涛2007年2月访问苏丹时表示中国决定在已经给予苏丹8000万元人民币援助的基础上，再次向达尔富尔地区提供价值4000万元人民币的物资援助，并向非盟在该地区执行维和任务的特派团捐款180万美元。
	派遣维和人员	中国首批赴苏丹达尔富尔维和工兵分队的315名官兵于2007年10月初陆续部署到位，这是安理会2007年7月通过第1769号决议后首批派驻苏丹达尔富尔地区的联合国维和部队。
	贸易关系紧密	截至2008年，中国与苏丹的双边贸易额已超过80亿美元，中国成为苏丹最大的贸易伙伴；苏丹境内最大的外资企业之一中国石油天然气集团公司，斥资3500万美元用于在苏丹各社区修建道路、桥梁、医院和学校，惠及150多万当地居民。

从这些立场声明和实际政策中,我们可以清楚地看出来,以美国为代表的西方国家在解决达尔富尔问题时有着与中国明显不同的思路。这种"美国路径"具有几个鲜明的特点:第一,过分迷信强制施压方式的作用,动辄采用禁运、制裁和威胁干涉等方式,但最终施压的效果却往往不尽如人意。第二,轻易地将试图对其施加影响的一方置于自身立场的对立面,限制了自己解决问题的可能手段,减小了立场回旋的空间,不能够灵活地根据形势变化调整自身的立场。第三,处理问题的行为模式过于单一和僵化,往往是沿着对抗的逻辑,持续地恶化双方的关系,对话协商和妥协合作的机会窗口常常在不经意间就被关上了,乃至"谴责—禁运—制裁—武力干涉"几乎成为美欧等国进行人道主义干涉的标准程式,而这造成的后果多数时候是更深重的灾难。简而言之,"美国路径"往往基于强烈的道德冲动,以高尚的道德目的为行动的指南和评判标准,试图用目的的高尚来证成手段的高尚,注重对干涉正当性的事前论证,但是对行为方式有效性的检视不足,陷入对外压驱动行为模式的过分迷信之中。

与之相对,"中国路径"则具有一些不同的特点:第一,"中国路径"并不迷信外力的作用,只把外力当作干预变量或催化剂,而强调受方的自主性和内生自发性,通过规劝、说服和催生等方式使受方调整政策和立场,以达到目的。第二,在处理问题时,把自身与受方置于一种平等、和谐的关系结构中。在这种非冲突、非对抗的关系结构中,双方更容易心平气和地把问题理清,把利害说透,从而有利于问题的解决。第三,多管齐下解决问题,强调手段的多元化和网络化,利用多元网络关系达成目的,摒弃单一化、教条式的思路。自达尔富尔危机出现以来,中国通过元首互访、派遣特使、互通电话、互致信函、经济军事纽带以及在联合国等多边场合开展协调等多种途径,与各方沟通,推动问题的解决。这种问题解决的"中国路径"以结果效用为导向,寻求问题的根本解决,并不僵硬地以某些理念或信条为行动指南,看重行为方式的有效性,在非冲突、非对抗的氛围中寻求解决办法。

四、"中国路径"的学理分析

对于中国外交实践中展现出来的这些中国特色、中国风貌和中国印迹,已经有学者予以关注。王逸舟教授即用"创造性介入"这一提法来概括中国外交近年来的新变化,并归纳了可能的学理分析视角,包括全球治理说、海外利益说和新型主权说等 12 种学说。① 这些学说对于理解中国外交整体的新变化和转型无疑具有重要的参考意义,但对于理解中国外交的具体实践,却稍嫌欠缺精细化。本文借鉴过程建构主义的"关系理性"假定,试对"中国路径"进行初步的学理分析。

过程建构主义提出了一个与通常所说的"理性"相并列的"关系理性"概念。关系理性意指关系界定理性,认为理性是关系环境中的理性,是关系互动过程中的理性。② 当行为体在进行利害权衡的时候,他是在社会关系的网络场域中完成的,必须考虑到各种错综复杂的关系网络。而关系本身就是一种权力,反过来,权力也是在关系网络中形成的。③ 因此,关系可以影响行为、塑造行为,维系关系也就是维系权力。过程建构主义还提出,社会治理的模式有两种:规则治理和关系治理。"从某种意义上讲,规则治理是去人性化治理,亦即通过制定和实施不考虑人性因素在内的规则来制约个体行为体行为;而关系治理则是充分考虑人性因素,以人性方式治理和协调行为体之间的关系。"④关系治理模式通过维系关系,将权力寓于关系之中,在关系互动中实现治理。

具体到达尔富尔危机解决中的"中国路径",我们会发现,这是一种基于关系理性,遵循关系治理逻辑的外交实践活动。正如中国首位非洲事务特别代表刘贵今所言:"中国的对非政策,其来源深深扎根于中国自

---

① 王逸舟:《创造性介入:中国外交新取向》,北京大学出版社 2011 年版。
② 秦亚青:《关系与过程:中国国际关系理论的文化建构》,上海人民出版社 2012 年版,第 63 页。
③ 同上书,第 67 页。
④ 同上书,第 151 页。

身的文化价值体系和悠久的历史中。"①中国在解决达尔富尔问题的过程中,充分显示了中国底色、中国特质和中国风貌。首先,中国政府、中国领导人和中国企业着力维系与苏丹政府、苏丹领导人的紧密关系,这是基于关系理性的考量,实则也是在维系一种权力关系。为了保持乃至强化这种权力关系,就需要加强双方的互信,培育和保有良好的关系。如果在沟通不充分的情况下,中国站到了苏丹政府的对立面,与美欧等国一道,对苏丹政府进行谴责、禁运或制裁,就极有可能破坏双方之间的互信和友好关系,进而削弱自身对苏丹政府的影响力。正如刘贵今所坦言,"中国公司在苏丹的存在,帮助了苏丹的经济和社会发展,也有利于从根本上减少动乱的因素。而这种良好的关系,也是中国政府发挥更具建设性作用的一个重要条件"②。

其次,对于达尔富尔问题的介入,中国依循的是关系治理模式。基于与苏丹政府的关系纽带,中国通过说服、规劝、建议和催促等非对抗手段,激发苏丹政府的行为自主性,让后者亲自来践行"保护的责任"。例如,为了让苏丹政府接受"安南方案"的第三阶段混合维和行动,2007年5月刘贵今访问苏丹期间会见了巴希尔总统和几位苏丹政府部长,劝说苏方在此问题上显示出更多灵活性,"我们向苏方表明,接受'安南方案'符合苏丹的当前和长远利益,因为它是得到广泛认可的达尔富尔问题的综合解决方案"③。之后不久,6月12日,苏丹宣布毫无保留地接受"安南方案"第三阶段混合维和行动。7月31日,联合国安理会通过1769号决议,决定向苏丹派遣非盟—联合国混合维和部队。如果采取外力强压的方式,就极有可能破坏双方的关系,也就是破坏了基于关系的权力架构,使自身丧失权力杠杆,最终很可能与人道主义救助的目标南辕北辙。

---

① 刘东凯、林立平:《刘贵今:中国对达尔富尔问题发挥独特作用》(2007年10月2日),http://www.china.com.cn/international/txt/2007-10/02/content_8996296.htm。
② 熊争艳:《中国非洲事务特别代表:达尔富尔没有饿殍遍野》(2007年6月14日),http://www.chinadaily.com.cn/hqzg/2007-06/14/content_894426.htm。
③ 刘东凯、林立平:《刘贵今:中国对达尔富尔问题发挥独特作用》(2007年10月2日),http://www.china.com.cn/international/txt/2007-10/02/content_8996296.htm。

五、"中国路径"对践行保护的责任的启示

1. "美国路径"与"中国路径"的竞合与互补

对于如何应对人道主义危机,中国和西方有着各自不同的思路和方式。这两种路径是如此的不同,以至于形成了竞争关系。西方常常指责中国"与无赖国家为伍"[①],而中国也常常指责西方的解决办法是缘木求鱼。[②] 而实际上,正是由于在实践中相互竞争和相互批判的缘故,从最终效果上来看,两者形成了竞合和互补的关系。

"美国路径"以理念为先导,偏好外力驱动手段,但对该手段的效用关注不足;而"中国路径"以结果效用为导向,注重受方的内生动力,但缺乏足够的威慑力。"美国路径"往往使自身与被干预方处于对立状态,这限制了危机前援助的可能选项;并且常常在论证干预正当性上着力过多,而对干预后的效果缺乏足够的关注。"中国路径"讲求平等和谐的接触,能够在危机前和危机中履行保护的责任,并注重行动最终的效用,强调标本兼治,寻求从根本上解决,但由于缺少足够的威慑力,将自身的影响仅仅系于与被干预方的关系上,一旦关系破裂,所能发挥的作用就极为有限。而这两种路径在竞争中相互批驳、相互攻讦,继而在外交实践中又相互妥协、相互借鉴,就形成了外力驱动与内生动力培育共同作用的态势,最终实现了比任何单一模式都更好的效果。

以非盟和联合国"混合行动"计划被苏丹政府接受为例。美欧等国试图在安理会强力推动以联合国接管非盟特派团的行动,但是苏丹政府由于担心某些西方国家利用联合国部队损害苏丹的主权和国家利益,因此反对将维和任务移交给联合国。该计划一度处于僵持状态,难以推进下去。美国要求苏丹政府尽快接受混合行动计划,否则美国将可能采取

---

① Stephanie Kleine-Ahlbrandt and Andrew Small, "China's New Dictatorship Diplomacy: Is Beijing Parting with Pariahs?" *Foreign Affairs*, Vol. 87, No. 1 (Jan.—Feb., 2008), pp. 38—56.

② 联合国安理会临时逐字记录文件 S/PV.5040(2004年9月18日),第4页。安理会临时逐字记录文件 S/PV.5153(2005年3月29日),第5页。

单边行动。① 而中国基于现实状况考虑,本着建设性的态度寻求解决办法,提出"应对和解决达尔富尔地区危机,既要看到紧迫性,又要看到复杂性;既要有坚定决心,也要有相应耐心和有效策略"②。最终经过中国、非盟等方面与苏丹政府领导人的反复斡旋沟通,说服了苏丹政府接受非盟和联合国的"混合行动"计划。③ 2007年7月31日安理会通过第1769号决议,确认了这一计划,第二天,苏丹政府即发表声明,表示接受这一方案。中国在这一过程中发挥的作用,得到了国际社会的广泛肯定,即便是一贯对中国持批评态度的西方也不得不认可中国的独特作用。④ "应当说,苏丹政府立场的转变,中国起到的建设性作用是至关重要和有效的。"⑤ 由此可以看出,一味的施压是难以达到实际效果的,而只有辅之以一定的平等妥协对话,方可收到良好的效果。这是"美国路径"和"中国路径"竞合和互补的极佳案例。

2. 超越轮回:回归保护的责任原旨

保护的责任理念在扩散的过程中,发生了一定程度的变异⑥,背离了其原初的某些内涵。本文认为,在这一过程中,该理念失掉了一些极其重要的具有原创性的思想内涵,使其沦为一种与"人道主义干预"理念从本质上难以区分的理念。

20世纪90年代,一些西方国家多次高举"人道主义干预"的大旗对一国内部争端进行干预,这引起了极大的争议。这些所谓的人道主义干预在实践中往往背离了"人道主义"的宣示,具有鲜明的强权政治和霸权主义色彩。"人道主义干预"理念也成为一种颇受国际社会诟病的理念。

---

① 谢栋风、刘秀荣:《布什称美国可能在达尔富尔问题上采取单独行动》(2007年6月7日),http://news.xinhuanet.com/world/2007-06/07/content_6212988.htm。
② 联合国安理会临时逐字记录文件S/PV.5519(2006年8月31日),第4页。
③ 贺文萍:《苏丹达尔富尔问题与中国的作用》,《西亚非洲》2007年第11期,第9—11页。
④ Stephanie Kleine-Ahlbrandt and Andrew Small, "China's New Dictatorship Diplomacy: Is Beijing Parting with Pariahs?" *Foreign Affairs*, Vol. 87, No. 1 (Jan.—Feb., 2008), p. 47. 李学军、严锋:《美特使说中国在达尔富尔发挥了积极作用》,《人民日报》2007年9月21日,第3版。
⑤ 贺文萍:《苏丹达尔富尔问题与中国的作用》,《西亚非洲》2007年第11期,第11页。
⑥ 参见陈拯:《框定竞争与"保护的责任"的演进》,《世界经济与政治》2014年第2期。

时任联合国秘书长科菲·安南发出世纪之问:"如果人道主义干预真的是对主权的一种令人无法接受的侵犯,那我们应该怎样对卢旺达,对斯雷布雷尼察作出反应呢?对影响我们共同人性的各项规则的人权的粗暴和系统的侵犯,我们又该怎样作出反应呢?"①保护的责任理念随后被提了出来。

在最初由 ICISS 发表的《保护的责任》报告中,这一理念确实具有诸多原创性的思想,一定程度上消释了国际社会由"人道主义干预"异化而产生的疑虑。首先,它清晰界定了干预的条件,包括正确的意图、最后的手段、均衡的方法、合理的成功机会、正确的授权和明确的目标。② 如此一来,它和"人道主义干预"理念就大为不同,它不再仅仅停留于干预正当性的论证,而是超越了道德化论争,聚焦于可操作化的实践,着力规避干预的随意性和选择性。其次,保护的责任并非仅仅指危机中干预的责任,还包括危机前预防的责任和危机后重建的责任。而后面两种责任是"人道主义干预"理念所没有虑及的。这样将责任全面化和具体化,可以有效排除一些不负责任的干预,更好地实现人道主义目的。因此可以说,此处的保护的责任是一种以结果效用为导向的理念,而非一种空泛的道德化说教。

然而在扩散的过程中,众声喧哗,在争执与妥协中,保护的责任理念失掉了它原本的特色。2005 年 10 月,保护的责任被正式载入联合国首脑会议成果文件中,这一理念的大致形态由此被确定了下来。而这时它的正式称谓已是"保护人民免遭灭绝种族、战争罪、族裔清洗和危害人类罪之害的责任",且仅仅适用于这四种情势。③ 但实际上,现有的国际公约早已对这四种罪行有明文规定了④,那么,又创造出来一个名词重新框定这四种情势,还有多大的新意呢?而且,此时的成果文件中,对保护的责任的界定已不再具有危机后重建责任的内涵,仅仅强调了危机前预防

---

① 转引自 The International Commission on Intervention and State Sovereignty (ICISS), *The Responsibility to Protect*, Ottawa: International Development Research Centre, 2001, p. vi.
② Ibid., pp. x—xi.
③ 《2005 年世界首脑会议成果》,联合国大会文件 A/RES/60/1(2005 年 10 月 24 日),第 27 页。
④ 参见《日内瓦公约》《灭绝种族罪公约》《国际刑事法院罗马规约》。

的责任和危机中干预的责任①,这无疑又为不计后果、不负责任的干预撕开了口子。

这时的保护的责任理念,不再详加探讨可操作化的干预前提条件,不再宣示干预后重建的责任,如此一来,它提出之初的两大特色都消失殆尽了,那么它和当初的"人道主义干预"理念还有什么本质的区别呢?当前,国际上对于这一理念的讨论纷争不断,"保护中的责任"②"负责任的保护"③各种新提法不断涌现,再次陷入了道德化论争的泥淖之中,这与当年对"人道主义干预"理念的论争几乎如出一辙。

因此说,保护的责任理念在演进过程中,背离了其最初的形态,有沦为空泛政治口号的危险。而中国在践行这一理念的过程中,根据现实情境,谨慎制定可行的解决办法,坚持以结果为导向,注重长远发展,强调综合治理,力求根本解决,这与该理念的原初宗旨不谋而合。可以说,"中国路径"真正延续了保护的责任的理念实质,既可以看作是对该理念精神实质的坚守,也可以看作是对其最初形态的复归。这对于该理念的未来实践来说,具有重要的参照意义。

---

① 2005年《世界首脑会议成果文件》,联合国大会文件 A/RES/60/1(2005年10月24日),第27页。

② UN General Assembly, "Letter dated 9 November 2011 from the Permanent Representative of Brazil to the United Nations addressed to the Secretary-General," U. N. Doc A/66/551-S/2011/701, November 11, 2011.

③ 阮宗泽:《负责任的保护:建立更安全的世界》,《国际问题研究》2012年第3期,第9—22页。

中国与保护的责任:利比亚案例分析

俞 凤

20世纪90年代,世界上发生了许多震惊全球的人道主义灾难,包括卢旺达大屠杀、索马里危机和科索沃战争等。鉴于人道主义危机的频发及其危害的严重性,2001年12月"干预与国家主权国际委员会"首次提出"保护的责任",建议国际社会通过履行保护的责任来处理这类危机。该概念刚刚出现,就引起了学术界的讨论,各国政府对此意见不一。在2004年12月联合国威胁、挑战和改革问题高级别小组提交《一个更安全的世界:我们共同的责任》的报告与2005年3月前秘书长安南在大会第53届会议上发表《大自由:实现人人共享的发展、安全与人权》的报告之后,"保护的责任"这一概念更是进一步引起了国际社会的广泛注意。2005年9月,2005年《世界首脑会议成果文件》对保护的责任进行严格的限定,与会国家一致认同该文件中所定义的保护的责任。

作为一个发展时间较短的理念,保护的责任的理论还在继续完善中。在历经十三年的探讨与实践之后,该理念已走出概念的范畴,开始应用于国际社会的具体危机:从苏丹到利比亚再到叙利亚危机,国际社会已经将保护的责任作为危机处理的方案之一。其中,保护的责任第一次正式运用于利比亚危机的处理。危机解决之后,国际社会对于保护的责任在该危机处理中的作用褒贬参半:有人认为保护的责任在此次危机的处理中起了重大作用,却也有不少人开始质疑保护的责任。那么,究竟这次危机的处理过程如何?国际社会对此的评价如何?中国对此的态度又是如何?笔者以为,鉴于该案例是国际社会对保护的责任原则的首次运用,其实施效果和暴露出的问题必将影响到包括中国在内的国际社会各行为主体对这一原则的态度。因此,在此很有必要对利比亚危机进行深入分析,客观评价保护的责任在此次危机处理中的作用和问题,分析中方的态度,并为进一步完善该理论提供方向。

一、保护的责任概述

2001年12月,"干预与国家主权国际委员会"提出"保护的责任"这一新理念,将其定义为"主权国家有责任保护自身国民免遭诸如大规模屠杀、强奸、饥饿等本可避免的灾难;一旦他们不能或不愿保护,就应由更广泛的国际社会来承担这种保护的责任"[①]。但在当时,这个定义并未被国际社会普遍接受,引起了各国政府、学术界的激烈讨论。直至2005年《世界首脑会议成果文件》将保护的责任的履行限定在四种危害人类的罪行——种族灭绝、战争罪、族裔清洗和危害人类罪——范围内,各国才对该文件中规定的保护的责任表示支持并认同。

保护的责任包括主权国家的保护的责任和国际社会的保护的责任。首先,每个主权国家都有责任保护其人民免遭灭绝种族、战争罪、族裔清洗和危害人类罪之害;其次,国际社会在国家无法或不愿意履行其责任的时候可以通过联合国保护人民免遭种族灭绝、战争罪、族裔清洗和危害人类罪之害。也就是说,保护的责任首先是国家的责任,只有在国家不能或不愿意履行其责任的时候,国际社会才可以提供保护的责任。国家的保护的责任意味着主权国家应该"通过适当的、必要的手段,预防四种罪行的发生,包括预防煽动这类罪行的发生"[②]。而国际社会在提供保护的责任时必须"根据《宪章》第六章和第八章,使用适当的外交、人道主义和其他和平手段……在这方面,如果和平手段不足以解决问题……随时准备根据《宪章》,包括第七章,通过安理会逐案处理,并酌情与相关区域组织

---

① *The Responsibility to Protect*, Report of the International Commission on Intervention and State Sovereignty, International Development Research Center, December 2001, p. Ⅷ.
② 2005年《世界首脑会议成果文件》,2005年10月24日,第138段,http://www.un.org/chinese/ga/60/docs/ares60_4.htm。

合作,及时、果断地采取集体行动……视需要酌情做出承诺,帮助各国建设保护人民免遭种族灭绝、战争罪、族裔清洗和危害人类罪之害的能力,并在危机和冲突爆发前协助处于紧张状态的国家"①。

履行保护的责任的手段包括和平和军事手段,其中和平手段是履行"保护的责任"的主要手段。特别是国际社会在履行保护的责任时,首先应该运用适当的外交、人道主义以及其他包括经济制裁、武器禁运等在内的和平手段,只有当这些手段都已经无效,而相关国家又无力履行保护的责任时,国际社会才可以将武力作为最后的手段。并且,国际社会要在联合国安理会的授权之下,根据《宪章》的规定,才可以以集体行动的形式用武力方式提供保护的责任。

国际社会日渐重视保护的责任这一概念的完善与发展,并且在联合国框架下对其进行深入讨论。2009年1月12日,潘基文公布联合国秘书处第一份关于保护的责任的综合文件《履行保护的责任》。这份文件是在同各国政府、联合国官员以及民间团体商讨过后得出的成果,明确指出应该如何理解保护的责任,并列出将这一理念转化为行动的措施和主要实行者。该文件认为,2005年《世界首脑会议成果文件》中的第138、139段的内容应该依赖于"三大支柱"以预防或终止种族灭绝、族裔清洗、战争罪和反人类罪。三大支柱包括国家的保护的责任、国际社会的援助和能力建设以及及时、果断的反应。其中第一支柱强调了国家是履行保护的责任的首要主体,要求国家应该保护其人民免遭种族灭绝、战争罪、族裔清洗和危害人类罪及其诱因之害,而及时消除这些诱因是有效、及时预防这些灾难的关键;第二支柱主要通过包括各成员国、区域和亚区域组织、民间组织和私营企业等在内的行为体进行国际援助和能力建设来预防危机的发生;第三支柱要求在危机发生时,成员国应该在主权国家显然无法履行其保护的责任时,采取及时、果断的集体行动实施保护。②"三大支柱"理论得到了各界政府的支持,被认为是国际社会履行保护的责任

---

① 2005年《世界首脑会议成果文件》,2005年10月24日,第139段,http://www.un.org/chinese/ga/60/docs/ares60_4.htm。

② *Implementing the Responsibility to Protect*, Secretary-General's 2009 Report on Implementing the Responsibility to Protect, UN General Assembly Document A63/677, January 12, 2009.

的核心要求。

正是在保护的责任理念在联合国的框架下得到进一步发展,并取得国际社会的普遍认可的情况下,这一原则才开始运用于实际危机的解决中。

二、利比亚危机始末

1. 危机爆发的背景

1969年9月1日,27岁的卡扎菲通过军事政变推翻了伊德里斯王的统治,开始了长达40余年的执政时期。卡扎菲上台之后,暂停了过去的所有法律,成立"革命指导委员会"为利比亚最高权力机关,并禁止一切政党活动,巩固自己的新政权。卡扎菲政府控制了新闻,并收回石油的控制权,逐步实现财政收入的提高。卡扎菲致力于将利比亚建成特殊的"民主国",但其集团未能构建合法型、传统型统治,随着其"魅力的平凡化",愈加无法赢得国内的支持。[①] 他标榜自由、社会主义和统一,实际上却独揽利比亚大权。1973年,卡扎菲起发动"绿色恐怖",清洗利比亚军队,甚至包括反对其思想的学生。在随后的几年里,卡扎菲更是不遗余力地派遣情报人员暗杀流亡在世界各地的反对派,并将这些暗杀行动转为公开的政策。[②] 在卡扎菲的统治之下,利比亚还卷入了系列恐怖行动,包括1985年罗马和维也纳的两次袭击事件和1988年的洛克比空难事件。[③] 卡扎菲统治下的利比亚,舆论受到控制,权力高度集中,加上贫富差距悬殊,近年来社会矛盾不少,因此反对派的力量其实一直都在,军事政变和叛乱也时有发生。这些是此次危机爆发的一个潜在因素。

此外,利比亚的部族问题也是引发危机的重要原因。利比亚的西部(的黎波里塔尼亚)、东部(昔兰尼加)和南部(费赞)在历史上就缺乏联系,并因不同的地域条件,形成了不同的政治文化。伊德里斯王朝时期,

---

[①] 韩志斌:《利比亚政治危机的历史探溯》,《阿拉伯世界研究》2012年第2期。
[②] 莫庸:《卡扎菲:从放牧人到一代枭雄》,中国物资出版社2011年版,第77—91页。
[③] 同上书,第53—116页。

这三个地区的部落都要求更多的权力。其中以班加西为中心的昔兰尼加地区的部落更受伊德里斯王重用。而当卡扎菲依赖黎波里地区一些部落的支持发动政变并取得成功之后,便开始扶持自己所属的部落和支持自己的东部部落,致使大多西部和南部的部落逐步边缘化,特别是原昔兰尼加地区的部落势力大不如前。卡扎菲的部落政策加剧了部落之间的矛盾,使被边缘化的部落心中充满怨恨。①

再次,突尼斯的"茉莉花革命"及其造成的连锁反应影响利比亚的民众,使得长期积累的国内矛盾逐步演变成民众抗议,并在反对派势力与政府力量武装对峙之后,演变为内战。2010年12月17日,26岁的突尼斯果蔬小贩穆罕默德·布瓦吉吉因经遭受当地警察的粗暴对待,以自焚进行抗议。这件事情得到突尼斯国内大众的同情,也激起了民众中因突尼斯长期失业率高涨、物价上涨和政府腐败的潜在愤怒,继而引发了长达一个月的反政府抗议,迫使突尼斯总统本阿里在2011年1月14日逃往沙特。突尼斯的"茉莉花革命"迅速蔓延到其他阿拉伯国家,埃及首当其冲。2011年1月25日,埃及民众爆发了一系列街头示威、游行、罢工、骚乱等发政府活动,要求埃及总统下台,提出结束军队戒严、给予民众自由权利等要求。迫于民众的压力,2011年2月11日,埃及总统穆巴拉克辞去总统职务。在邻国突尼斯和埃及革命取得成功后,利比亚也在2011年2月15日开始爆发反政府抗议活动。"他们高喊着'结束贪污腐败'的口号,还有人喊出反对卡扎菲的口号,并向警察投掷石头和燃烧瓶。警察与政府支持者使用橡胶子弹予以还击"②,致使一些民众受伤。

2. 危机的升级

随后的几天,利比亚的其他城市和地区也爆发了反政府示威游行。虽然政府扬言将使用实弹对付暴乱群众,2月17日,包括班加西和的黎波里在内的四大城市仍有民众上街示威游行,要求政府进行改革。2月18日,卡扎菲发表电视讲话表示不会辞职和离开国家,并表示会强硬对

---

① 王金岩:《利比亚乱局中的部落因素》,《亚非纵横》2011年第4期。
② 莫庸:《卡扎菲:从放牧人到一代枭雄》,第187页。

付示威者。抗议者开始攻击政府机构,烧毁警察局,并破坏政府建筑。2月19日,利比亚使用雇佣兵和军队向示威游行者发射了追击炮弹,并用机枪扫射。截至2月20日,已造成300人死亡,超过1000人受伤。当时,网上开始流传武装人员在班加西挨家挨户攻击反对卡扎菲政府的潜在反对派的视频,还有谣言称政府派出军事飞机威胁示威人群。① 2月20日,卡扎菲之子赛义夫警告利比亚将有内战危险,认为若反对派不停止反抗,将有大量人员伤亡,导致"血流成河"。2月21日,卡扎菲在的黎波里号召政府的支持者"走出房屋","攻击"所有的反对政权者,并决意要"挨家挨户地肃清利比亚反政府者"。② 2月22日,利比亚驻外大使纷纷请辞,并切断与利比亚政府的关系,强烈谴责利比亚政府的野蛮行为,指出卡扎菲的统治已经失去正当性。在利比亚境内的一些政府官员、军队领袖、部落首领等纷纷加入反对派。

反对派开始与政府军进行交战。2月23日,经过4天的交战之后,示威者迫使利比亚警察在2月24日前离开班加西和米苏拉塔。示威者夺取了贝达机场,致使东部基本脱离了利比亚政府的控制。这些地区开始建立初级政府。到27日,利比亚反对派似乎控制了的黎波里附近的扎维耶地区,形成对卡扎菲政权的包围。此时,卡扎菲的旧部、利比亚前司法部部长宣布成立临时政府"全国过渡委员会"领导革命。随着冲突的不断升级,利比亚内战爆发。

3. 危机的处理

(1) 1970号决议

随着利比亚危机的升级,国际社会开始积极行动,致力于和平解决利比亚危机,保护危机中的平民安全。阿盟强烈谴责卡扎菲政府采用武力镇压抗议者的行为,并在2月22日召开紧急会议,发表声明,决定暂停利比亚参与阿盟及其所有附属机构会议的资格,呼吁进行民族对话,当局对

---

① Simon Adams, *Libya and the Responsibility to Protect*, Global Center for the Responsibility to Protect Occasional Paper Series, Global Center for the Responsibility to Protect, October 2012, p. 5.

② Ibid.

民众诉求进行回应。① 同日,联合国秘书长的防止种族灭绝问题特别顾问与"保护的责任"问题的特别顾问就利比亚的局势发表了一份新闻稿,提醒利比亚政府履行其保护的责任并呼吁立即停止暴力行为。2月25日,联合国人权理事会就"阿拉伯利比亚的人权状况"召开了一次特别会议。委员会通过 S-15/2 号决议,呼吁利比亚政府停止一切侵犯人权的行为,成立独立的国际调查委员会对利比亚境内违反国际法的侵犯人权行为进行调查,并建议联合国大会取消利比亚在人权理事会的会员资格。2月26日,联合国安理会一致通过 1970 号决议,对利比亚局势表示严重关切,并决定对利比亚实施严厉的制裁,包括对利比亚进行武器禁运、对卡扎菲及其主要家庭成员和同伙的资产予以冻结并实施旅行禁令,以及将利比亚形势问题移交国际刑事法院处理。该决议承诺安理会将不断地审查利比亚当局行动并积极处理此案,同时呼吁所有会员国同秘书长合作采取行动,协助和支持人道主义机构返回,向利比亚人民提供人道主义援助和有关援助。②

此外,联合国大会暂时取消利比亚在人权理事会成员资格,国际刑事法院开始对卡扎菲当局武力镇压和平示威民众而可能犯下的危害人类罪正式予以立案调查;潘基文任命约旦前外长哈提卜担任特使斡旋利比亚危机;人权理事会派遣国际调查委员会调查利比亚侵犯人权问题。

(2) 1973 号决议

虽然国际社会各界已采取各种手段呼吁利比亚当局立即停止暴力,但卡扎菲政府并未遵守安理会的制裁决议,继续以武力镇压平民抗议:3月5日,卡扎菲精锐部队对扎维耶发动猛攻,并在 9 日重新控制扎维耶及周边大部分地区。利比亚政府军不断反攻,在 3 月 15 日重新夺回对班加西外围的战略控制。

鉴于利比亚政府未能遵守 1970 号决议,并在与反对派的斗争中占据了上风,3 月 10 日,非盟称利比亚的暴力行动"严重地威胁了利比亚和整个地区的安全与和平,同时严重威胁了利比亚人们以及居住在利比亚的

---

① 《阿拉伯国家联盟暂停利比亚参加其所有会议资格》,http://www.china.com.cn/international/txt/2011-02/24/content_21989426.htm。
② 联合国安理会第 1970 号决议,2011 年 2 月 26 日。

劳工,特别是非洲劳工的安全与尊严"①,要求成立利比亚高层委员会参与各方对话,但拒绝任何国外的军事干涉。3月12日,阿盟建议安全理事会在利比亚上空建立禁飞区以防止大规模伤亡事件继续发生,并决定将与班加西的"国家委员会"进行接触。在阿拉伯国家、美国、英国和法国等国的推动下,安理会于3月17日以10票赞成、5票弃权的结果通过1973号决议,决定对利比亚实施第二轮制裁。决议要求"卡扎菲政权立即停火,停止对平民的袭击,并授权会员国在通知秘书长后采取一切必要措施保护利比亚平民以及包括班加西在内的受到卡扎菲政权袭击威胁的平民居住地区,但这些措施不包括对利比亚的任何形式的外国占领;决议还决定对利比亚实施禁飞,除了为人道主义目的的飞行之外,禁止在利比亚领空的所有飞行活动,同时要求所有联合国会员国拒绝利比亚的飞机在境内起飞或降落"②。该决议还指出要对利比亚实施更加严格的武器禁运、资产冻结、旅行限制等制裁措施。

(3)"奥德赛黎明"军事行动

3月19日,在告知安理会秘书长的情况下,法国出动"阵风"和"幻影2000"战机,率先空袭利比亚,摧毁了多辆坦克和装甲车。美国和英国海军于深夜向利比亚北部的防空系统发动了导弹攻击。这就是被称作"奥德赛黎明"的军事行动。该行动以美英法为首,由丹麦、加拿大、意大利、卡塔尔、比利时、西班牙、挪威和阿联酋共同执行。3月20日,多国大规模军事干预利比亚的行动正式展开。3月27日,北约全面接手对利比亚的军事行动,"奥德赛黎明"行动结束;北约维持利比亚禁飞区,并支持利比亚反政府军。3月到6月,利比亚政府军与反对派战争进入胶着状态,在北约的军事干预下,双方互有攻守。6月27日,国际刑事法院发布逮捕令,以反人类罪通缉卡扎菲、其子赛义夫和利比亚情报部门负责人阿卜杜拉·塞努西。8月22日凌晨,利比亚"全国过渡委员会"宣布,反对派武装已控制首都的黎波里,正在全城搜捕卡扎菲。卡扎菲并未在反对派

---

① "Arab States Seek Libya no-fly Zone", Al Jazeera, March 12, 2011, http://www.aljazeera.com/news/africa/2011/03/201131218852687848.html.

② 《安理会通过决议对利比亚实施禁飞》,http://www.un.org/zh/focus/northafrica/newsdetails.asp?newsID=15252&criteria=libya。

设定的最后投降日期前投降,反对派在9月10日向卡扎菲老家苏尔特发起总攻。

4. 危机的解决

9月16日,联大第66届会议以114票赞成、17票反对、15票弃权的表决结果,认可由利比亚"全国过渡委员会"获得该国在联大的席位。同日,安理会应利比亚"全国过渡委员会"的请求通过决议,授权建立联合国利比亚支助团,代表国际社会支持利比亚主导的过渡和重建进程。10月20日,利比亚当局武装占领卡扎菲最后一个据点苏尔特,卡扎菲中枪而亡,利比亚内战正式结束。10月28日,安理会一致通过决议,决定于利比亚当地时间10月31日23时59分取消利比亚禁飞区,并终止在利比亚的军事行动。10月31日,北约从利比亚撤军。至此,内战已经正式结束,战后重建工作也已经开始,可以说,利比亚危机在国际社会的帮助之下得到基本解决。

然而,在经历了五个月的战事之后,利比亚满目疮痍,百废待兴,面临着严峻的重建任务。如今的利比亚还时不时地发生一些武装冲突,包括部落间的矛盾和前领导人旧部的反抗等。但是,总体而言,在国际社会的帮助下,利比亚的重建工作缓慢进行着。

三、利比亚危机中的中国:中国对保护的责任之实施

从利比亚危机的始末中不难发现,在对利比亚危机的处理,特别是对国际社会保护的责任之履行过程中,包括非洲联盟和阿拉伯联盟在内的区域性组织的呼吁在很大程度上推动了国际社会运用该原则。同时,在保护的责任实施过程中,联合国安理会起了关键的决策作用。而在具体决议的执行中,特别是1973号决议的执行过程中,主要的执行者是以北约为首的多国部队。综合来说,正是在各种力量的综合推动之下,保护的责任才能在利比亚危机中得到运用。

但在利比亚危机爆发之后的几个月里,中国似乎在"静观其变",并

因其超脱甚至滞后的表态被国外人士所批评和质疑。① 事实上,如果我们聚焦中国在这次危机处理中的行为,便可看出中国并非对利比亚危机表现出超脱的态度。中国政府对保护的责任在态度上是支持的,只是在行动上十分谨慎,更侧重用政治谈话解决问题。具体可表现为以下三个方面:

1. 支持 1970 号决议,弃权 1973 号决议

联合国安理会于 2011 年 2 月 26 日进行 1970 号决议的表决,决定对利比亚实行武器禁运、禁止卡扎菲和家人出国旅行并冻结相关人员的海外资产。考虑到利比亚当时的特殊情况,中国代表团投了赞成票。这体现了中国对利比亚地区人民的关怀,决心要终止其遭受的人权侵犯,也表现了中国对保护的责任原则的支持,希望能够通过 1970 号决议的执行给卡扎菲政府以压力,从而迫使其停止对国内平民的武装镇压。但在 2011 年 3 月 17 日通过的同意在利比亚设立禁飞区的 1973 号决议中,中国政府投了弃权票。投弃权票,说明中国对用强制手段来履行保护的责任仍然有所保留,并不支持;然而,中国是支持保护的责任原则的,并希望能够尽快结束利比亚国内危机,保护其平民免受伤害,因此中国并未投出否决票。

2. 主动接触利比亚各方,呼吁政治对话

事实上在这次危机中,中国自始至终都坚持用和平方式,通过政治谈话解决危机,呼吁各方停止使用武力,并为此做出自己的贡献。随着英法美各国对利比亚采取的军事行动日益升级,中国外交部发言人姜瑜于 3 月 22 日召开记者招待会表示,利比亚的未来应该由人民说了算,呼吁有关各方立即停火,通过和平方式解决利比亚问题。此外,中国政府还积极与利比亚政府及反对派接触:6 月 2 日,中国驻卡塔尔大使张志良在多哈会见利比亚"国家过渡委员会"负责人;6 月 6 日,中国驻埃及使馆公使衔

---

① 吴白乙:《利比亚危机中,中国外交的"变"与"守"》,《社会观察》2011 年第 11 期,第 67 页。

参赞李连和赴班加西,考察当地人道主义状况,并会见了"过渡委"负责人;6月8日,杨洁篪外长会见了来华访问的利比亚政府特使、外长欧拜迪。① 基于对利比亚人道主义状况恶化的担忧,中国政府希望通过自己的渠道与利比亚各方进行接触,并劝说各方能够停止使用武力,以和平的政治谈话来解决危机。同时,在对待北约部队执行安理会决议的问题上,中国政府在多种场合强调应遵守利比亚的主权、领土完整与独立,尊重利比亚人民的选择,不能超出安理会决议的范围进行行动。当利比亚"国家过渡委员会"执行主席吉卜里奥于6月21—22日访华时,中国外长与其就利比亚局势交换了意见,中国外交部再次呼吁各方尽快找到政治解决方法。

3. 积极提供人道主义救援

除了在外交场合上多次同非盟及金砖国家一起呼吁停止冲突,用政治谈话解决危机,中国还积极向利比亚提供各种人道主义救援,为保护和救助利比亚平民做出切实的贡献。2011年6月9日,陈晓东司长表示中国已经分别向埃及提供100万美元现汇、向突尼斯提供3030万人民币的物资和200万美元现汇来帮助安置两国与利比亚边境的难民。② 此外,中国在评估利比亚人道主义状况之后,向利比亚人民提供5000万元人民币人道主义援助物资。8月19日,中国红十字会向利比亚提供的首批人道主义救援物资抵达班加西。9月20日,杨洁篪外长表示中国将再次援助利比亚。10月11日,中国红十字会提供的第二批人道主义救援物资抵达的黎波里,这些救援物资包括大米、食用油和药品等,共计43吨。同时,在10月14日和15日还有两批总重达90吨的救援物资抵达利比亚。③

虽然中国政府并未投票赞成安理会1973号决议,但它确实在以自己

---

① 《外交部亚非司司长陈晓东就利比亚问题接受媒体联合采访》,http://www.fmprc.gov.cn/mfa_chn/wjb_602314/zzjg_602420/t829228.shtml。

② 同上。

③ 《中国援助人道主义物资运抵利比亚首都》,http://news.china.com/focus/libya/11093658/20111012/16807535.html。

的方式履行国际社会的保护的责任,并且在行为中体现了支持该理念的态度。中国政府的两次投票都表明其支持用保护的责任原则解决利比亚危机的立场,同时中国积极斡旋于利比亚各方,竭力通过政治谈话解决危机。再者,中国也不遗余力地提供人道主义救援,救助难民,这些都与保护的责任之目标宗旨相吻合。然而,中国的行动确实是谨慎的。它的谨慎源自于中国外交长期坚持的"和平共处五项原则",这一外交原则经历了中国多年来外交实践的检验,有其深远的历史和文化基础,不会轻易发生改变。因此,在涉及可能以"保护人权"来干涉他国主权问题时,中国政府总是倍加谨慎。

中国从2005年至今对保护的责任保持一致的支持立场,体现了中国对该理念在态度上的连续性。出于对国际法的基本原则和国家主权的维护,中国仅承认2005年《世界首脑会议成果文件》中对保护的责任的表述,即每个国家都有保护其公民免受种族灭绝、战争罪、族裔清洗和危害人类罪之害。中国坚持保护的责任的使用必须限于这四种罪行,"而不能对它们做出任意的扩大的解释,否则可能会使人道主义干涉合法化,也会对联合国的集体安全机制造成冲击"[1]。同时,中国强调注重主权国家在履行保护的责任时的第一顺位,强调只有在主权国不愿或不能给本国公民提供保护的情况下,国际社会才可以行使保护的责任,并且必须通过联合国来履行其责任。在国际社会实施保护的责任的手段方面,中国赞同并提倡以和平的政治方式来解决问题。对于国际社会所能采取的各种措施,中国一直主张采取对主权国家干预最少却最能达到阻止人道主义灾难发生的措施,强调军事手段必须是特殊的、非常规的反应手段。[2] 它还强调在实施保护的责任过程中注重区域性组织和亚区域性组织的作用,共同合作,实施保护的责任。正如杨洁篪外长在2007年安理会高级别会议上所说,"我们在国家、地区和全球层面都必须不遗余力地为和平而努力"[3]。因此,中国坚持国际社会在实施保护的责任时必须尽可能采取一

---

[1] 欧阳茫:《论国际法上保护的责任》,南昌大学2010年硕士学位论文,第27页。
[2] 曹阳:《国家保护的责任理论析论》,《甘肃政法学院学报》2007年7月,第153页。
[3] Sarah Teitt, "China and the Responsibility to Protect", Asia-Pacific Center for the Responsibility to Protect, December 19, 2008, p.6.

切和平的政治手段来解决问题,只有在安理会判定一切的和平手段都无法奏效时,才考虑以武力为最后迫不得已而采取的措施。在以武力执行保护的责任方面,中国坚持以安理会作为权威机构,只有在通过安理会授权的情况下才能够利用军事行动向危机发生国提供保护的责任。

正是基于这样一种谨慎支持的立场,当北约开始对利比亚进行空袭时,中国政府就对此表示遗憾,并在听闻北约的空袭造成利比亚平民伤亡的报道之后,再次呼吁结束对利比亚的军事打击,以免造成人道主义灾难。① 当利比亚的战事逐渐平息之后,中国政府更是呼吁国际社会共同努力,帮助利比亚尽快实现政治过渡和战后重建。鉴于以北约为首的多国军事行动的越权及其造成的平民伤亡,中国政府对以强制性行动履行保护的责任更加小心翼翼,客观上导致了其在叙利亚问题上的态度。但有一点必须确定,那就是"中国在国际上并不回避'保护的责任',中国反对的是在实践中将其扩大化和被滥用现象"②。

四、评析利比亚危机中保护的责任的运用

不论是在危机发生之时还是危机解决之后,国际社会和学术界对保护的责任在利比亚问题的运用上都存在着不同的意见。西方大国和许多学者都充分肯定了保护的责任在解决利比亚危机中的巨大作用,认为"保护的责任激发了国际社会对利比亚暴力镇压抗议者行径的迅速回应,使之备受国际社会关注"③,肯定保护的责任的运用拯救了危机中的人们,并指出:"如果安理会在20世纪90年代初能够如在利比亚问题上一样迅速决断地做出回应,卢旺达80多万无辜平民的生命就能够获救。"④但担

---

① 方晓:《中国呼吁结束对利比亚的军事打击》,http://www.dfdaily.com/html/51/2011/3/23/583504.shtml。
② 苏长和:《"保护的责任"不可滥用》,http://news.xinhuanet.com/world/2012-02/08/c_122670551.htm。
③ Back Ground Briefing: Responsibility to Protect After Libya and Cote D'Ivoire, Global Center for the Responsibility to Prtect, October 14, 2011.
④ Gareth Evans, "R2P and RWP After Libya and Syria", keynote address to GCR2P/FGV/Stanley Foundation Workshop, Responsibility While Protecting: What's Next?, Rio de Janeiro, August 23, 2012.

忧和质疑的声音仍然存在。2011年3月20日,哥伦比亚大学国际关系学院教授、联合国民主基金顾问主席迈克尔·多伊尔在《外交事务》上发表文章指出:"安理会通过将保护的责任运用于对利比亚的干预……其道德和法律上的正当性仍然是模糊的。最重要的是,对利比亚行动结果的合法性和法律性尚未能得到保障。"[1]针对北约的军事行动,国际社会也存在许多质疑,认为美国、英国和法国的实际目的在于推动利比亚的政权更迭。[2] 中国学者中,有的从保护的责任对安理会军事干预合法性的六个标准进行分析,质疑在利比亚危机处理中多国政府军事干预卡扎菲政权的合法性[3];也有学者提出,利比亚危机中保护的责任的履行无论从法律还是政治上看,都背离了保护的责任的理想,"是国际社会的一个悲剧"[4]。综合看来,国际社会对保护的责任在利比亚危机的运用主要在两个方面存在争议:其一,利比亚危机中启动保护的责任的合法性问题;其二,北约执行1973号决议的动机与适度问题。在回顾利比亚危机的始末和危机发生时国际社会的不同反应之后,笔者将在下文中试图从以上两方面对保护的责任在利比亚危机的运用做出尽量客观的评价。

1. 利比亚危机中启动保护的责任的合法性问题

虽然保护的责任并非国际法明文规定的范畴,但是自2005年的《成果文件》对其做出明确界定之后,这一概念不仅经常在联合国大会和安理会上进行讨论,还逐步应用于实际危机的处理中。这说明国际社会对于这一理念和原则日益重视,并已经承认该原则对解决人道主义危机的作用。就这方面而言,保护的责任本身已经具备一定的合法性。

具体到利比亚危机的处理中,应该说保护的责任是适用于利比亚危机的处理的,并且从客观事实上来看,当时的国际社会也一致同意在该问

---

[1] Michael W. Doyle, "The Folly of Protection: Is Intervention Against Qaddafi's Regime Legal and Legitimate?", *Foreign Affairs*, March 20, 2011, http://www.foreignaffairs.com/articles/67666/michael-w-doyle/the-folly-of-protection.
[2] Gareth Evans, "R2P and RWP After Libya and Syria".
[3] 蒋琳:《保护的责任:利比亚问题的国际法实践研究》,《黑龙江省政法管理干部学院学报》2011年第5期。
[4] 何志鹏:《保护的责任:法治黎明还是暴政重现?》,《当代法学》2013年第1期。

题上履行保护的责任。由于联合国安理会在通过1970号、1973号决议时并未收到人权理事会派遣前往利比亚调查的国际调查委员会的报告,对于利比亚政府犯下反人类罪的罪行并没有确凿的证据,这让不少保护的责任的反对者质疑联合国及国际社会向利比亚提供"保护的责任"的合理性与合法性。诚然,保护的责任适用于"种族灭绝、战争罪、族裔清洗和危害人类之罪",当某国人民遭受这四种罪行之害且该国无法或不愿履行保护的责任时,国际社会才可以履行其保护的责任。因此,在国际社会提供保护的责任时,接受国必须满足以上两个条件。在安理会通过1970号与1973号决议时,联合国确实并没有大量的证据可以证明这点,国际调查委员会还没有判定卡扎菲政府犯下危害人类罪,而是通过媒体的报道和利比亚国内的呼吁来判断其行动将造成反人类罪。但是,我们可以看到,在危机爆发之时,国际各界就强烈谴责利比亚政府对平民的武力镇压行为,非盟和阿盟都对利比亚政府使用武力镇压抗议者的行为进行谴责,并要求其迅速结束暴力镇压。① 联合国安理会在2011年2月26日的1970号决议中指出,"认为目前在阿拉伯利比亚民众国发生的针对平民人口的大规模、有系统的攻击可构成危害人类罪"②,并强调利比亚保护其人民的责任,而这一决议是获得安理会一致通过的。这说明,当时的国际社会普遍认为利比亚政府的行为可能构成危害人类罪,并且国际社会普遍同意对利比亚采取1970号决议附件中的行动,要求其履行保护人民的责任。在阿盟强烈要求建立禁飞区之后,安理会以10票赞成、5票弃权(巴西、中国、德国、俄国和南非)的表决结果通过了1973号决议,这说明,当时的安理会成员中并未有明确反对该决议的。而且,事后国际调查委员会在6月份提交的报告也证实了利比亚政府确实构成了"战争罪和危害人类罪"。③ 因此,应该说,保护的责任对利比亚问题的适用是合理的,正如潘基文在2011年9月所言,"没有任何政府质疑该原则"④,在利

---

① Back Ground Briefing: Responsibility to Protect After Libya and Cote D'Ivoire, Global Center for the Responsibility to Prtect, October 14, 2011.
② 联合国安理会第1970号决议,2011年2月26日。
③ 《人权理事会就利比亚问题国际调查团报告举行特别听证会》,http://www.un.org/zh/focus/northafrica/newsdetails.asp? newsID=15724&criteria=libya。
④ Gareth Evans, "R2P and RWP After Libya and Syria", p. 3.

比亚问题上运用"保护的责任"是得到国际社会的普遍认可与赞同的。客观地说,联合国的这两个决议是及时且果断的,正是由于联合国及时、果断地做出决议才避免了更多的利比亚平民受到伤害,防止卢旺达式的惨案重新发生。

2. 北约执行 1973 号决议的动机与适度问题

安理会的 1973 号决议中授权国际社会在通告联合国秘书长的情况下可以采取一切措施保护利比亚平民免受伤害,但在利比亚执行军事行动的主要是以美国、英国和法国为代表的西方国家。鉴于西方国家曾经的人道主义干预历史(科索沃危机和伊拉克战争),南非、印度、巴西等有过被殖民历史的国家对西方国家以武力干预利比亚危机的动机始终存在怀疑。此外,"奥德赛黎明"军事行动的进展让国际社会开始质疑北约,特别是美国和法国对利比亚采取军事行动的动机与合理性:它们真是为了履行国际社会保护的责任以保护利比亚平民,还是旨在推动利比亚的"政权更迭",其实背后蕴含着各自的利益诉求?它们是否过度使用安理会的授权,将"保护的责任"转化为对利比亚内战的干预?鉴于此,不少人开始担忧保护的责任成为大国争夺霸权、干预他国内政的借口。

首先必须承认,以美国与法国为首的北约在执行联合国 1970 号与 1973 号决议的过程中确实存在违规行为。虽然 1970 号决议规定对利比亚进行武器禁运,法国却向利比亚反对派提供了大量的武器装备。① 当安理会 1973 号决议通过之后,卡扎菲部队的战机虽无起飞,但地面的战斗并未停止,违背决议;而反对派武装的战机仍在起飞,也违反了决议中"禁飞"的规定。在两者都违背决议的情况下,多国部队却只轰炸卡扎菲政府军的军事目标,支持反对派,有失公允。此外,正如社科院西亚非洲所研究员殷罡在接受记者采访时所说,多国部队在军事干预利比亚危机中"过度使用安理会的授权"②,他们通过预先摧毁卡扎菲的防空力量和地面部队来建立禁飞区而不是在"利比亚爆发人道主义危机"或"安理会

---

① Simon Adams, *Libya and the Responsibility to Protect*, p. 12.
② 《专家称美英法对利比亚军事干预超越安理会授权》,http://world.huanqiu.com/roll/2011-03/1580996.html。

在实施禁飞区执法遭受威胁之时"才进行军事打击。俄罗斯、中国、巴西等国还指责美英法等国对并未对平民造成立即威胁的利比亚政府军队进行打击。① 1973 号决定通过不久,美英法等国就开始对利比亚空袭,"第一天的空袭就造成 64 人丧生,150 人受伤"②。多国对利比亚军事打击的规模之大、范围之广让许多国家表示质疑,阿盟秘书长称利比亚的状况偏离了安理会在利比亚设立禁飞区的目的,俄罗斯则反对"毫无选择"地使用武力,伊朗则质疑西方国家空袭利比亚的目的。就其他国家对其军事行动的指责,美英法三国也做出了回应,称只有完全推翻卡扎菲政权,在卡扎菲直接统治下的利比亚人民才能够得到真正的保护;空中军事行动无法保证微观控制,更有限的军事行动将可能导致更加长期的冲突,从而可能导致更多的平民伤亡。③ 鉴于美英法三国拒绝就这个问题在安理会上进行公开辩论,同时也缺乏足够的信息对它们的军事行动进行评估,它们的回应未能让其他国家感到信服。

其次,客观上说,北约的军事行动背后确实有着现实的利益考量。针对北约军事行动的动机,已经有不少学者做出分析,认为英美等国攻打利比亚是出于自身的利益诉求,石油资源是利比亚内战的关键因素。④ 另有学者指出利比亚的叛军并非平民,北约在军事行动中偏袒反对派而非保护平民,违反了安理会的协议。⑤ 从现实主义的观点看来,不同国家行为体在参与国际事务时总是出于国家利益考虑的。完全否定以美国、法国为首的北约对利比亚进行军事行动背后的利益诉求将是天真而不切实际的。利比亚的石油、天然气能源丰富,在二战之后,美、英、法、德、意等国的石油公司就开始在利比亚开采石油。在利比亚独立之初,"以美国 38 家石油公司为主的外国公司掌握了利比亚 90% 的石油开采权"⑥,但

---

① Alan Philps, "Garath Evans on 'Responsibility to Protect' after Libya", http://www.chathamhouse.org/publications/twt/archive/view/186279.
② 唐志超:《他们打着"人道主义"的幌子》,《人民日报(海外版)》2011 年 3 月 22 日,第 1 版。
③ Alan Philps, "Garath Evans on 'Responsibility to Protect' after Libya".
④ 薛利利、石秋峰:《试析当前利比亚战争的起因》,《学理论》2011 年第 17 期。
⑤ 伊俊阳:《北约对利比亚的干涉:北约空袭及武器援助的合法性与合理性研究》,吉林大学 2012 年硕士学位论文。
⑥ 王金岩:《利比亚战争中的能源因素》,《亚非纵横》2012 年第 1 期,第 50 页。

在卡扎菲领导的"9·1"革命之后,利比亚政府开始积极保护能源,特别是石油资源,并逐步实现利比亚政府对石油能源的控制。加之卡扎菲自执政起就明确地表现出反西方的态度,如果说西方国家期望通过政权更迭来建立一个亲西方政府,从而保障西方国家在利比亚的石油及其他方面的利益,并非毫无道理。此外,法国在利比亚有着数十亿的投资,利比亚的动荡将严重影响其利益,因此,法国是不愿意看到利比亚长期处于动荡中的,这是其首先对利比亚进行军事行动的一个现实考量。再者,虽然"近几年美国和利比亚关系有所缓和,但美国对卡扎菲怨恨并没有消失",因此美国也确有动机借"保护的责任"之名来推翻卡扎菲政权。

然而,需要注意的是,北约对利比亚的军事打击存在违规问题且背后潜藏着现实利益考量这一事实并不能完全抹灭其保护利比亚平民之心,更不能因此否决国际社会履行保护的责任的作用和意义,继而彻底否决保护的责任原则。必须承认,这次的行动是出于国际社会对"人的安全"的重视,符合《联合国宪章》的宗旨,它是在安理会通过1973号决议,并且知会安理会的情况下进行的。我们无法预测如果北约没有采取军事行动,利比亚问题是会以政府军获胜、恢复卡扎菲统治为结局还是以反对派与政府军长期胶着从而造成更多的平民伤亡而结束。但可以肯定的是,国际社会都不希望卢旺达的悲剧再次发生。这次的行动虽然产生了其他的问题,却确实避免了悲剧的重演。北约军事行动中存在的问题暴露出保护的责任的实施机制还不够完善,这引发人们去思考:当其他手段都无法达到保护的责任目的而只能采取武力履行保护的责任时,应该如何限制和规范军事行动?

五、保护的责任之反思

利比亚危机之后,不少人开始怀疑保护的责任能否继续发展下去。国际社会对这一原则的迟疑态度在叙利亚危机的处理中体现得尤为明显。虽然人权观察组织称叙利亚政府对待抗议者的行为已经构成危害人类罪,但国际社会并未就"利用保护的责任解决叙利亚危机"达成一致。由于怀疑北约在利比亚危机处理中"过度使用安理会授权",推动政权更迭,俄罗斯和中国否决了安理会针对叙利亚问题的决议草案,使安理会无法对叙利亚问题使用保护的责任。① 针对国际社会对叙利亚问题的回应,有学者认为叙利亚的经验证明了战略利益总是优于人道主义使命,怀疑叙利亚是否要成为保护的责任的消亡之地。② 然而,加雷斯·埃文斯指出,保护的责任并未因此受到致命创伤,国际社会仍对该原则表示广泛支持。正如潘基文在联合国大会上所言,"我们的辩论在于如何履行保护的责任,而非是否应该履行保护的责任"③。国际社会仍在继续就这个问题进行讨论。

笔者以为,保护的责任之理论仍处于探索阶段。利比亚危机的处理是"保护的责任"的第一次正式实践,由于缺乏对保护的责任实施机制的明确定义与规范,其实施过程中存在问题在所难免。保护的责任"本来是一种符合国际秩序未来发展方向的良好构想,却在操作中出现诸多问题……关键原因是现代性思维与制度面对后现代环境与需求所造成的不适"④。因此,在经历利比亚危机之后,我们看到了保护的责任的具体实施存在问题。仅仅因为这些问题就产生质疑,甚至抛弃这一人道主义构想是不够明智的。或许,我们更应该做的是从现实的角度出发继续探讨保护的责任的具体实施方案,从而完善该理论。

利比亚危机的处理让我们明白,一旦国际社会开始以武力手段履行保护的责任,很容易出现"过度"问题,致使保护的责任被指责为实现国家现实利益的工具。因此,笔者认为,国际社会可就以下几点进行进一步讨论:

首先,在保护的责任实施中应该格外重视"预防的责任"。预防的责任是指防止人们遭受种族灭绝、战争罪、族裔清洗和危害人类罪之害,因

---

① 杨永红:《从利比亚到叙利亚——保护的责任走到尽头了?》,《世界经济与政治论坛》2012年第3期,第80页。
② Nick Ottens, "Syria is Where 'Responsibility to Protect' Goes to Die", *Atlantic Sentinel*, February 10, 2012, http://atlanticsentinel.com/2012/02/syria-is-where-responsibility-to-protect-goes-to-die/.
③ Alan Philps, "Garath Evans on 'Responsibility to Protect' after Libya".
④ 何志鹏:《保护的责任:法治黎明还是暴政重现?》,《当代法学》2013年第1期,第149页。

此要消除可能使人们陷入这些危险境地的各种因素。正如潘基文在《履行保护的责任》中所提到的,在"第一支柱"即国家保护的责任中,消除造成这些危害的诱因是及时、有效地进行预防的关键。① 主权国家对本国的内部问题、内部矛盾及面临的外在危机都有最为深刻的认知和理解,因此,它自然是预防的责任最为主要的实施者。只有在主权国家请求帮助其消除可能造成其国民陷入危机的各种因素时,联合国才可以介入这个主权国家,帮助其建立预警能力,履行预防的责任。这就要求主权国家应该完善国家建设能力,大力发展社会经济,推进社会保障项目,促进文化上的包容,消除可能造成国民陷入危机的各种诱因,建立起一种"自助性的保护"能力,从而实现"可持续的保护"。②

联合国还可以通过建立和完善自身的预警能力来实施预防的责任。在利比亚的危机处理中,由于缺乏及时的证据说明利比亚政府犯下危害人类罪致使人们曾经质疑在该危机中启动保护的责任的合法性。客观而言,要求联合国对利比亚人突发的人道主义危机立刻得出调查结果是不可能的。但这个问题也从一个侧面说明,联合国应该建立更强的预警能力。联合国的预警能力主要表现在对各国人权情况的掌握,并对出现大规模武装镇压平民或其他可能造成反人类罪的行为的国家予以特别关注,从而在该国无法承担保护的责任时能够第一时间做出及时的反应。在这个方面,联合国的其他机构,包括人权理事会、国际法庭等都可以发挥其功能。

其次,重视预防的责任并不意味着忽视对保护的责任具体实施过程的规范与限制。为了防止再次出现利比亚危机处理中的问题,国际社会可以就保护的责任的启动标准,实施保护的责任的决策机制、执行机构以及监督机构,等进行进一步的探讨,通过明确的规范与多方的限制,来促进保护的责任在未来的实施过程中能够避免利比亚式的问题。就启动标准而言,判断一国是否出现四种大规模暴行可依据《日内瓦公约》《国际

---

① *Implementing the Responsibility to Protect*, Secretary-General's 2009 Report on Implementing the Responsibility to Protect, pp. 8—9.

② "自助性的保护"和"可持续的保护"之提法均源自王义桅教授在"《保护的责任:国际规范建构中的中国视角》论文集研讨会"上的点评。

刑事法庭罗马规约》《防止及惩治灭绝种族罪公约》等相关法规对四种犯罪的规定,但如何判断某国是否不愿意或没有能力履行国家的保护的责任则存在困难,需要国际社会进一步讨论。另外,关于实施保护的责任的决策机制及执行机构等问题的讨论则更加复杂,可能会涉及联合国各部门机构的改革问题,必将是国际社会各种力量相互博弈和妥协的长期谈判过程。此外,在国际社会履行保护的责任过程中还应该注意为冲突中的人道主义援助提供保障,并建立对保护的责任成果的评估机制,保证国际参与者在任务结束之后及时抽身,以防止对他国国民的保护的责任演变为干预他国内政的幌子。

最后,中国政府可以坚持其审慎立场,但同时要主动参与保护的责任规则制定的进程,发挥大国作用。利比亚危机之后,中国的一些外交人士表示对此次保护的责任之运用感到"失望"。对于中国政府而言,利比亚案例不能算是一个好案例,它使得中国在对该原则的态度上倒退向原来的政策,这对保护的责任之建构较为不利。[①] 在对叙利亚问题运用保护的责任时,中国表现出更加谨慎的态度,否决了安理会的决议草案。这是出于对西方国家以"保护的责任"之名行"政权更迭"之实的担忧。中国政府的担忧并非没有道理。作为安理会常任理事国之一的中国,在这个问题上能够坚持审慎的态度,保持独立的立场,有利于更好地促进保护的责任理论的进一步发展,避免保护的责任的话语权被西方国家所垄断,甚至沦为某些别有用心的西方国家干预他国内政的幌子。应该认识到,保护的责任已经日益为国际社会所接受,成为解决人道主义危机的方案之一,并已在具体问题上加以实践。为了更好地处理国际社会的人道主义危机,同时也为了保障中国的国家利益,中国政府应该加大对保护的责任的研究力度,积极参与保护的责任实施机制的探讨。中国不仅要作为保护的责任实施理论制定的重要参与者,还应该善于利用自己作为安理会五大常任理事国之一的地位,尽量以和平的方式实施保护的责任,在不得已情况下使用军事手段履行保护的责任时,中国政府应推动联合国对军

---

① 源自张海滨教授在"《保护的责任:国际规范建构中的中国视角》论文集研讨会"上的点评。

事行动监督体制的建立,确保军事行动的性质不发生改变。

　　一言以蔽之,保护的责任是个美好的人道主义构想,不能因其在实践中暴露出问题而完全否决这一理想。保护的责任的具体实施机制必然需要经过不同行为主体长期的探讨、协商才能够建立,而且,即使国际社会建立起一套具体的实施机制,也需要在实践中不断完善。这注定是一条漫长而艰辛的道路,需要国际社会付出足够的努力和耐心才能够继续走下去。

中国与保护的责任：
以中国四次否决安理会涉叙决议草案为例

杨 宏

20世纪90年代发生在卢旺达、斯雷布雷尼察和科索沃的人道主义灾难促使国际社会反思主权和人权的关系。联合国开始逐渐把对安全的关注从国家转移到个人，即转移到"人的安全"，强调主权国家有保护本国公民的责任，"保护的责任"概念应运而生。在2000年的联合国大会上，联合国秘书长科菲·安南呼吁国际社会就人道主义干预问题达成共识。加拿大政府响应秘书长的倡议，于2000年9月成立了"干预与国家主权国际委员会"。该委员会在广泛地征求南北方国家对主权和人道主义干预的意见后，于2001年12月向联合国秘书长安南提交了名为《保护的责任》报告，正式提出了"保护的责任"这一概念。2005年9月召开的世界首脑会议上，"保护的责任"正式写进了2005年《世界首脑会议成果文件》，指出：每一个国家均有责任保护其人民免遭灭绝种族、战争罪、族裔清洗和危害人类罪之害。这标志着国际社会对这一概念的普遍接受和认可。潘基文接替安南担任联合国秘书长以来，在2009年至2013年连续五年向联合国大会提交关于保护的责任的秘书长报告，不断对这一概念的内容进行补充和完善。

2011年利比亚危机爆发，联合国安理会迅速通过第1973号决议，要求有关国家采取一切必要措施保护利比亚平民和平民居住区免受武装袭击的威胁。利比亚危机中，北约的行动被称为是保护的责任的首次实践。但北约利用履行保护的责任的时机，推动利比亚的政权更迭开创了一个不好的先例。利用保护的责任实行政权更迭,不仅是错误地使用了这一原则,还最终损害了它的进一步发展。

中国长期以来坚持主权原则和不干涉内政原则,对保护的责任原则持谨慎的态度。"利比亚效应"使中国对该原则的"灵活解读"更加疑虑。叙利亚危机爆发后,中国鉴于利比亚的教训,坚决反对通过外来武力干涉解决叙利亚危机以及强行推动政权更迭,四次否决安理会就叙利亚问题的决议草案。

在本文中,笔者将分析中国对保护的责任原则的态度,以及四次否决安理会就叙利亚问题的决议草案的原因。鉴于利比亚危机的教训,中国认为保护的责任可能成为推动政权更迭的工具,挑战中国坚持的主权原则和不干涉内政原则。另外,出于维护与俄罗斯关系以及自身利益的需要,中国缺乏支持保护的责任原则的政治意愿,在叙利亚问题上持消极的态度。

一、叙利亚问题的由来和发展

2011年危机爆发前,叙利亚在政治和经济上均存在着较为严重的问题。阿拉伯复兴社会党长期把持党、政、军大权,在国内禁止以任何形式反对该党派的统治,导致政治上缺乏民主,政治体制僵化。巴沙尔家族连续执政超过40年。现任总统哈菲兹·巴沙尔之父哈菲兹·阿萨德于1970年11月发动军事政变,夺取政权,并于1971年3月当选总统,开启了阿萨德家族支配叙利亚的时代。他又在1978年、1985年和1999年连任总统。2000年6月10日,阿萨德病逝,为使次子巴沙尔(出生于1965年9月11日,时年不满35岁)能合法接班,叙议会召开紧急特别会议,将宪法规定的总统候选人年龄从40岁降为34岁。以临时修改宪法的方式来确保"子承父业"无疑降低了巴沙尔政府的合法性;家族统治也导致国家权力高度垄断,家庭成员掌握着叙利亚的垄断行业和要害部门,腐败现象严重。2011年,透明国际对183个国家和地区进行清廉指数排名,叙利亚排名129,属于腐败比较严重的国家。①

叙利亚在危机爆发前深受2007—2008年石油和食品价格上涨的冲击,国内经济问题进一步恶化。由于经济陷入停滞,劳动力市场无法为新增劳动力提供就业岗位,失业率高达20%,许多年轻人在国内找不到工作,不得不到黎巴嫩等阿拉伯国家打工。全国约30%的人口生活在官方公布的贫困线(月收入49美元)以下。②2009年,叙利亚社会事务和劳动部对国内的贫困问题进行了一次全面的调查,发现70万户家庭——约350万人——没有收入;平均每五个家庭中就有一个依靠政府每月的救济过活。③

面对严重的经济问题,叙内部僵化的政治体制无法应对,特别是长期居统治地位的巴沙尔家族及其所属的阿拉维派等既得利益集团阻碍经济改革,使得阿萨德政府在解决贫困和失业问题方面取得的成效甚微。民众对腐败、贫困和失业问题的不满日甚。受到"阿拉伯之春"运动的影响,叙国内民众希望政府在政治和经济上能进行改革。

2011年3月6日,叙南部德拉省省会德拉市的15名少年因为在学校墙上画反政府内容的涂鸦被逮捕,此举引发了学生家长的示威游行,他们除要求释放学生外,还要求政府扩大民主、惩治腐败。3月18日,德拉市爆发叙国内最大规模的民众抗议活动,示威者要求政府推动改革,改善民生,创造就业机会,取消自1963年以来实施的《紧急状态法》(该法案允许叙利亚政府进行预防性逮捕,即在某人犯罪之前实施逮捕)。此后,抗议活动愈演愈烈,在3月下旬蔓延至全国。阿萨德政府动用军队镇压示威活动,造成大量平民伤亡。同时,阿萨德政府也实行了一些改革措施,如修改宪法、实行多党制、释放政治犯和废除紧急状态法,但无法缓和全国境内的反政府示威游行。7月29日,叙变节军人宣布成立"叙利亚自由军"(Free Syrian Army),至此反对派组成反政府武装,叙利亚和平抗议

---

① *Corruption Perceptions Index 2011*, Transparency International, http://www.transparency.org/cpi2011/results#table.

② 陈双庆:《叙利亚局势及其未来走势》,《现代国际关系》2012年第1期,第46页。转引自Reva Bhalla, "Making Sense of the Syrian Crisis", Stratfor, May 5, 2011。

③ Doron Peskin, "Syria: 160 villages abandoned due to famine", http://www.ynetnews.com/articles/0,7340,L-3735573,00.html.

运动逐渐演变为暴力冲突。

2012年初,叙利亚反对派在获得大量外国资助后逐渐壮大。他们不仅占据了叙利亚的一些中部城市,而且频频制造针对叙利亚政府和安全机构的爆炸事件,政府军也开始围攻这些地区。双方冲突造成严重的平民伤亡。①7月中旬,叙利亚自由军大举进攻大马士革,与政府军展开激战,表明叙反对派实力大大增强,已具备发起大规模军事进攻的能力。联合国秘书长潘基文8月3日在联大表示,叙利亚危机已经演变成一场代理人战争。叙利亚政府军和反对派双方都摒弃了伸向他们的帮助之手,而显示出了以武力解决问题的决心。②

2013年8月,叙利亚首都大马士革东部郊区古塔发生沙林毒气攻击,造成超过1300人死亡。政府方与反对派指控对方使用化学武器。使用化学武器是美国总统奥巴马设定的"红线",化武袭击会导致美国的军事干预。美国在认定阿萨德政府是凶手后,计划绕过安理会实施军事打击,但由于美国多数民众反对美国介入叙利亚内战,奥巴马政府只得暂停军事打击计划,转而同意俄罗斯的提议——让叙利亚当局交出并销毁保存的所有化学武器,并立即加入《禁止化学武器公约》以作为暂时解决此次事件的措施。9月27日,联合国安理会一致通过了关于叙利亚问题的第2118号决议,叙利亚总统阿萨德立即表示接受和遵守联合国决议,化武危机得以缓解。2014年6月3日,叙利亚政府在政府军控制区内举行大选。6月4日,阿萨德当选总统,借机宣誓其政权依然牢固,并且有信心赢得内战。

由于内战久拖不决,极端和恐怖组织不断渗入叙利亚境内,加剧了叙利亚内战的复杂性,在叙利亚一些地方,政府军、反对派与恐怖组织势力形成了三方对峙的局面。极大加剧叙利亚内战复杂性的势力当属从伊拉克进入叙利亚的"伊斯兰国"。"伊斯兰国"进入叙利亚后,叙内战的进程和性质深受影响。

2014年9月14日,美国白宫正式宣布,美国与"伊斯兰国"处于"战

---

① 姚大学、闫伟:《叙利亚危机的根据及未来政治生态》,《西亚非洲》2012年第6期,第6页。

② 同上文,第7页。

争状态";但同时强调,同过去伊拉克战争的策略不同,美国不会派遣地面部队参战。9月23日,美国联合巴林、约旦、卡塔尔、沙特和阿联酋开始在叙利亚境内进行空袭,打击"伊斯兰国"武装力量。对此,虽然叙利亚政府称,任何没有获得叙利亚当局批准的对叙利亚的外部干预都将是侵略行为,但并没有采取实际行动阻挠美国及其盟国的空袭行动。美国领导的空袭大部分集中在叙利亚北部与土耳其接壤的小城科巴尼,帮助库尔德人击败了"伊斯兰国"的进攻,但无法有效遏制"伊斯兰国"在叙利亚其他地方的扩张。2015年1月,有美国媒体报道,在美国领导的空袭近四个月后,"伊斯兰国"在叙控制的领土反而有所增加,已控制叙利亚至少三分之一的领土。① 根据2015年1月10日叙利亚各势力实际领土控制图,"伊斯兰国"控制了大部分叙利亚东北部领土,叙反对派和政府军在西南部进行争夺,代理人战争和反恐战争在叙国内同时进行。

与陷入僵局的安理会相比,联合国人权理事会授权的叙利亚问题独立国际调查委员会发挥了更加积极的作用,力图提醒国际社会叙利亚战争的残酷,并提出了一系列有针对性的建议。该委员会于2013年2月18日公布了有关叙利亚人权状况的调查报告。报告称,叙利亚境内的武装冲突正在升级。政府军和亲政府武装犯有杀人、酷刑、强奸、强行拘禁、非法袭击等罪行;反政府武装同样犯下了屠杀、劫持人质、袭击受保护目标等罪行。政府军和反政府武装均犯有战争罪和危害人类罪,但反政府武装侵犯人权的程度不及叙政府军和亲政府武装。

该委员会2014年3月5日发布报告,对安理会的不作为提出批评:由叙利亚亲政府武装针对平民区实施的广泛袭击和围攻正导致大规模死伤、营养不良和饥饿现象……亲政府武装和非国家武装团体都犯下了屠杀罪行……安理会未能就结束有罪不罚现象采取行动。"这种不作为为叙利亚更多行动方的出现提供了空间,他们个个都追求自己的议程,同时

---

① "Exclusive: ISIS Gaining Ground in Syria, Despite U. S. Strikes", thedailybeast, January 15, 2015. http://www.thedailybeast.com/articles/2015/01/14/exclusive-isis-gaining-ground-in-syria-despite-u-s-strikes.html.

也助长了暴力的加剧和升级。"①

叙利亚危机自 2011 年 3 月爆发至 2014 年 4 月,已造成超过 19 万人丧生。② 2014 年 8 月,叙利亚问题独立国际调查委员会发布了第八份报告,称叙利亚内战已经发展成为多方混战,如"伊斯兰国"在攫取了伊拉克大量资源和军事设备后,加强了与叙反对派的作战,并在较小程度上与政府军作战。叙利亚战争的溢出效应严重威胁全球和平与安全,"阿拉伯叙利亚共和国的冲突,曾经在政府与为数有限的反政府武装团体之间进行,现已演变成有无数行为方和战线的多重变化中的冲突。暴力流血蔓延至阿拉伯叙利亚共和国边界以外,极端主义助长了冲突的残暴性。"③国际社会应当认识到寻找政治解决办法的紧迫性。

二、解读叙利亚危机中中国的立场

叙利亚危机自 2011 年 3 月中旬爆发,到 8 月开始出现反政府组织武装反抗政府军镇压的情况。在这期间,叙政府军使用重武器杀伤和平示威游行的民众。冲突升级为内战后,面对叙国内出现的战争罪和危害人类罪,安理会始终无法就是否干预叙利亚问题达成一致。利比亚危机和叙利亚危机形成了巨大的反差。联合国安理会在利比亚危机爆发一个月后,就通过第 1973 号决议,认定利比亚当局犯有危害人类罪,决定在利比亚设立禁飞区。以北约部队为首的多国部队开始对利比亚政府军实施军事打击,这次行动被认为是保护的责任的首次实践。反观叙利亚危机,冲突持续时间已超过三年,中国和俄罗斯四次否决安理会关于叙利亚问题的决议草案,叙利亚被怀疑将成为保护的责任的消亡之地。④

---

① http://www.ohchr.org/CH/NewsEvents/Pages/DisplayNews.aspx? NewsID = 14314&LangID = C.

② "Syria Conflict Death Toll Nears 200,000", the United Nations Radio, August 22, 2014, http://www.unmultimedia.org/radio/english/2014/08/syrian-conflict-death-toll-nears-200000/#.VN-RuLtw72eY.

③ 阿拉伯叙利亚共和国问题独立国际调查委员会的报告,2014 年 8 月 13 日。

④ Nick Ottens, "Syria is where 'Responsibility to Protect' goes to die", Atlantic Sentinel, http://atlanticsentinel.com/2012/02/syria-is-where-responsibility-to-protect-goes-to-die/.

在笔者看来,保护的责任不会消亡。利比亚危机中,安理会的迅速反应使保护的责任的支持者们对这一原则的发展非常乐观,没有看到"利比亚效应"可能带来的危害,以及地缘政治导致的政策不一致性。中国在叙利亚危机中所持的立场反映了中国对保护的责任态度的倒退。中国出于积极参与国际事务和塑造负责任大国形象的需要,在坚持主权原则和不干涉内政原则的同时,显示出了一定的灵活性,对保护的责任持谨慎支持的态度。在利比亚危机中,北约的军事行动超出安理会的授权范围,利用实施保护的责任的机会推动政权更迭。北约的做法验证了中国的疑虑,中国四次否决安理会关于叙利亚问题的决议草案表明,中国反对外部势力介入叙利亚危机,以借机推动叙政权更迭。

1. 叙利亚危机爆发前中国对保护的责任的态度

针对"保护的责任"这一概念,中国和联合国存在根本性的分歧。在冷战结束后,联合国注意到国内战争造成了大量平民伤亡,因而开始把安全观从以国家为中心转移到以人为中心。"20世纪90年代的最后五年里,联合国在波斯尼亚、科索沃、东帝汶岛等地的行动导致了当事国部分或全部主权的丧失。也就是说,在那个年代里,相对于保护某个国家的权利和安全,联合国更倾向于保护其中个体的权利和安全。"[①]但中国的国情和历史记忆使中国的安全观还停留在以国家为中心的层面。

中国在保护的责任概念诞生之初,对其持谨慎支持的态度,担心它成为部分国家推行强制干预的工具,对中国坚持的主权原则和不干涉内政原则构成挑战。中国的外交政策主要有三大目标:维护政权安全;维护领土完整;提升负责任大国的形象。[②]维护政权安全位于外交工作的首位,这必然要求坚持主权原则和不干涉内政原则;但随着国力的增强,中国寻求在国际舞台塑造"负责任大国"的形象,积极发挥作为联合国常任理事

---

① 奈尔·麦克法兰、云丰空:《人的安全与联合国:一部批判史》,张彦译,浙江大学出版社 2011年版,第198页。
② Christopher Holland, "Chinese Attitudes to International Law: China, the Security Council, Sovereignty, and Intervention," *NYU Journal of International Law & Politics Online Forum* (July 2012), http://nyujilp. org/wp-content/uploads/2012/07/Christopher-Holland-China-the-Security-Council-and-Intervention. pdf.

国的作用。中国积极参与联合国维和行动反映了中国在主权原则和不干涉内政原则上采取了灵活的态度,中国参与联合国东帝汶维和行动即是一例。东帝汶在1999年8月宣布独立,印尼军人和亲印尼民兵开始报复性攻击东帝汶平民;联合国维和部队于9月进驻,平息了近一个月的暴乱。印尼政府在2011年8月正式承认东帝汶的独立;2002年5月,东帝汶民主共和国正式成立。而中国在2000年1月,即东帝汶主权尚有争议的情况下就已开始向东帝汶派遣警察部队参与维和。这种灵活立场为中国支持保护的责任奠定了基础。

澳大利亚前外长加雷斯·埃文斯作为"干预与国家主权国际委员会"的委员认为,2005年《世界首脑会议成果文件》通过保护的责任的原则,最重要的支持来自中国前副总理兼外交部长钱其琛。[①] 通过资深外交官为《保护的责任》报告的修改提供建议,反映了中国积极寻求参与国际规则的制定,而不再满足于仅仅做一名制度执行者。

2005年6月7日,中国在《关于联合国改革问题的立场文件》中表明了中国对保护的责任立场:

——各国负有保护本国公民的首要责任。一国内乱往往起因复杂,对判定一国政府是否有能力和意愿保护其国民应慎重,不应动辄加以干预。

——在出现大规模人道危机时,缓和和制止危机是国际社会的正当关切。有关行动须严格遵守《宪章》的有关规定,尊重有关当事国及其所在地区组织的意见,在联合国框架下由安理会根据具体情况判断和处置,尽可能使用和平方式。在涉及强制性行动时,更应慎重行事,逐案处理。[②]

中国赶在联合国大会召开之前,对保护的责任原则表示支持,接受"在出现大规模人道危机时,缓和和制止危机是国际社会的正当关切",对2005年《世界首脑会议成果文件》通过这一原则起到了推动作用。同

[①] Gareth Evans, *The Responsibility to Protect: Ending Mass Atrocity Crimes Once and for All*, Washington, D. C. : Brooking Institution Press, 2008, p. 45.

[②] 中华人民共和国外交部:《中国关于联合国改革问题的立场文件》,http://www.mfa.gov.cn/chn//pds/ziliao/tytj/t199083.htm。

时,中国也对保护的责任原则进行了限制:由安理会逐案处理,不支持原报告中替代安理会的机制,如谋求联合国大会支持,或是由区域组织进行集体干预,以及限制否决权的建议。

针对2009年联合国秘书长潘基文关于保护的责任三大支柱的报告,同年7月24日,中国常驻联合国副代表刘振民在联合国大会关于保护的责任问题全会上解释了中国政府对这一概念的四个初步看法[①]:

第一,各国政府负有保护本国公民的首要责任。国际社会可以提供协助,但保护其民众归根结底还要靠有关国家政府。这与主权原则是一致的。因此,保护的责任的履行不应违背主权原则和不干涉内政原则。

第二,保护的责任概念只适用于种族灭绝、战争罪、种族清洗和危害人类罪等四种国际罪行。各国均不应对该概念作扩大或任意解释,更要避免滥用。要防止将保护的责任用作"人道主义干涉"的另一种翻版。在出现上述四大类危机时,缓解和制止危机是国际社会的普遍共识和正当要求。但有关行动须严格遵守《联合国国宪章》规定,尊重当事国政府和所在地区组织的意见,要坚持在联合国框架下处理,并用尽一切和平手段。

第三,当发生上述四大类危机且需要联合国做出反应时,安理会可发挥一定作用。但安理会必须根据具体情况判断和处置,并应慎重行事。需要指出的是,《宪章》赋予安理会的职责是维护国际和平与安全,其采取行动的前提是发生了构成"对和平的威胁、对和平的破坏及侵略行为"。安理会应将"保护的责任"放在维护国际和平与安全的大框架内一并考虑,应防止滥用。

第四,在联合国以及区域组织范围内,应将正常的人道主义援助与履行"保护的责任"时的国际援助相区别,以保持人道主义援助的中立性和公正性,并避免保护的责任的滥用。

新华网7月25日在报道这一新闻时,在新闻的开篇就说出了中国的

---

① 2009年7月24日中国驻联合国副代表刘振民大使在联大关于"保护的责任"问题全会上的发言,http://www.china-un.org/chn/lhghywj/ldhy/63rd_ga/t575179.htm。

核心立场:"'保护的责任'的履行不应违背主权原则和不干涉内政原则。"①归纳起来,中国更倾向于第一根支柱——国家的保护的责任,坚持主权原则和不干涉原则,反对任意解释和滥用保护的责任。中国还试图提高采取保护的责任行动的门槛,并为此设定了一个前提:构成"对和平的威胁、对和平的破坏及侵略行为",认为安理会应将保护的责任放在维护国际和平与安全的大框架内来加以考虑。但联合国把保护的责任放在了"人权"议题之下,而不是中国希望的"和平与安全"议题之下。这正反映了中国与联合国在"保护的责任"概念上存在分歧。

中国对"保护的责任"概念的支持不应被解读为中国放弃原有的立场。中国对保护的责任采取的是一种逐案处理的态度,这反映了中国兼顾原则性和灵活性的外交政策。所以,在落实保护的责任的具体实践中,中国在该原则不利于其国家利益时,可能会采取阻碍保护的责任的行动。

2. 中国四次否决联合国安理会决议草案

(1) 第一次否决

2011年10月4日,联合国安理会就由法国、德国、葡萄牙和英国共同起草提交的一份有关谴责叙利亚的决议草案进行表决。中国和俄罗斯投了反对票,决议草案未能获得通过。

表1 2011年10月4日安理会投票结果

国家	反对	赞成	弃权
	中国、俄罗斯	波黑、哥伦比亚、加蓬、尼日利亚、法国、英国、德国、葡萄牙、美国	印度、南非、巴西、黎巴嫩
总计	2	9	4

该决议草案强烈谴责叙利亚当局不断严重和系统地侵犯人权以及对平民使用暴力;要求立即结束所有暴力,敦促所有方面反对暴力和极端主

---

① 《中国代表强调履行"保护的责任"不应违背主权原则》,http://news.xinhuanet.com/world/2009-07/25/content_11769298.htm。

义;呼吁在没有暴力、恐惧、恫吓和极端主义的情况下启动一个包容性的由叙利亚人领导的政治进程。该决议草案没有提到反政府武装使用暴力的问题。

在投票前,由于俄罗斯威胁投否决票,欧洲四国对草案文本进行了修改,删除了对叙利亚采取"定向措施"的表述,加入了联合国秘书长任命叙利亚特使前应和安理会协商等内容,但草案(第11条)表示要在30天内审查叙利亚执行决议的情况,并考虑各种选择,包括按照《联合国宪章》第41条(安全理事会得决定所应采武力以外之办法,以实施其决议,并得促请联合国会员国执行此项办法。此项办法得包括经济关系、铁路、海运、航空、邮、电、无线电及其他交通工具之局部或全部停止,以及外交关系之断绝)采取措施,这实际上保留了对叙利亚实施经济、交通、外交等制裁措施的权利。

投否决票后,中国驻联合国大使李保东解释了中国的立场:一味对叙利亚施压甚至威胁使用制裁,不利于叙利亚局势走向缓和;呼吁叙利亚各方保持克制,避免一切形式的暴力行为和更多的流血冲突;中国希望叙利亚政府落实有关改革承诺,尽早启动也由叙利亚主导的、具有包容性的政治进程;国际社会提供建设性帮助时,应充分尊重叙利亚的主权、独立和领土完整。①

(2) 第二次否决

2012年2月4日,联合国安理会表决叙利亚问题决议草案,俄罗斯、中国两国投反对票否决了这一决议草案。为了获取中国和俄罗斯的支持,该草案删除了在联合国宪章第42条下采取军事行动、要求叙总统交权、政府与反对派对话等内容,保留支持阿盟新倡议等内容。该决议草案谴责叙利亚当局继续广泛严重侵犯人权和基本自由;呼吁在没有暴力、恐惧、恫吓和极端主义的情况下,开展由叙利亚人主导的包容各方的政治进程。鉴于上一次决议草案被否决的教训,该草案谴责一切暴力行为,无论其由何方所为,为此要求包括武装团体在内的叙利亚各方按照阿拉伯国

---

① 2011年10月4日中国常驻联合国代表李保东大使在安理会表决叙利亚问题决议草案后的解释性发言,http://www.china-un.org/chn/zgylhg/jjalh/alhrd/zd/t865014.htm。

家联盟的倡议,立即停止包括攻击国家机构在内的一切暴力或报复行为。但该草案仍然没有明确提到反对派使用暴力的问题,而且要求在21天内审查决议的执行情况,在决议未得到遵守时,考虑进一步采取措施。

表2 2012年2月4日安理会投票结果

	反对	赞成	弃权
国家	中国、俄罗斯	阿塞拜疆、哥伦比亚、法国、德国、危地马拉、印度、摩洛哥、巴基斯坦、葡萄牙、南非、多哥、英国、美国	
总计	2	13	0

中国常驻联合国代表李保东指出,中国认为在当前形势下,片面向叙利亚政府施压,预断对话的结果,或强加任何解决方案都无助于叙利亚问题的解决,反而可能导致局势进一步复杂化;中国支持俄罗斯提出的修改建议;在各方仍有严重分歧的情况下强行推动表决,无助于维护安理会的团结和权威,无助于问题的妥善解决。因此,中国对这一决议草案投了反对票。①

2月5日,新华网就前一天的表决结果专门发表了一篇题为《拒绝为军事干预叙利亚埋伏笔》的国际时评,直接表明中国投否决票的根本原因:"中国所坚决反对的,乃是使用武力解决叙利亚问题,以及强推'政权更迭'等违背《联合国宪章》的宗旨和原则、国际关系基本准则的做法。"②

(3) 第三次否决

2012年7月19日,中国和俄罗斯否决了联合国安理会由法国、德国、葡萄牙、英国和美国提交的叙利亚问题决议草案。联合国秘书长潘基文表示对表决结果很失望。当天的表决原定于18日举行。由于位于大马士革的叙利亚国家安全总部18日上午遭自杀式爆炸袭击,造成叙国防部正副部长身亡,联合国与阿盟叙利亚问题联合特使安南18日呼吁安理会

---

① 《中国和俄罗斯就安理会关于叙利亚问题决议草案投否决票》,http://www.un.org/zh/focus/northafrica/newsdetails.asp? newsID=17162&criteria=syria。
② 《新华国际时评:拒绝为军事干预叙利亚埋伏笔》,http://news.xinhuanet.com/world/2012-02/05/c_122656655.htm。

推迟就涉叙问题决议草案进行表决;而且由于安理会内部分歧明显,表决时间最终被推迟至 19 日上午举行。

表3 2012 年 7 月 19 日安理会投票结果

	反对	赞成	弃权
国家	中国、俄罗斯	阿塞拜疆、哥伦比亚、法国、德国、危地马拉、印度、摩洛哥、葡萄牙、多哥、英国、美国	巴基斯坦、南非
总计	2	11	2

与同年 2 月遭否决的决议草案相比,该决议草案虽然明确提出谴责包括反对派使用暴力在内的一切武装暴力,并强调就政治解决办法迅速取得进展是和平解决叙利亚局势的最好机会,但对叙利亚当局态度更加强硬,认定叙利亚局势对国际和平与安全构成威胁,根据《联合国宪章》第七章采取行动;追究应对侵犯人权行为,包括暴力行为负责的人的责任;如果叙利亚当局在 10 天内没有充分遵守决议相关内容,安理会应立即采取《联合国宪章》第 41 条规定的措施。

中国常驻联合国代表李保东表决结束后表示,英国、美国等提交的决议草案存在重大缺陷,内容不平衡,旨在单方施压,与支持联合国与阿盟叙利亚问题联合特使安南斡旋、落实日内瓦公报等目标完全背道而驰,"各国主权平等和不干涉一国内政是《联合国宪章》确定的处理国与国关系的基本准则。中国在叙利亚问题上没有私利。中方一直主张,叙利亚的前途命运应由叙利亚人民自主决定,而不是由外部强加;叙利亚问题只能通过政治手段解决,军事手段没有出路"①。

在决议草案遭否决后不久,安南于 8 月 2 日表示辞任联合国与阿盟叙利亚问题联合特使。他指出,流血还在持续,这主要是由于叙利亚政府不肯让步,持续拒绝执行六点计划,同时也因为反对派的军事行动不断升级,而国际社会的不团结使情况进一步复杂。他还表示,如果包括一些区

---

① 《中国代表说英美提交的涉叙决议草案"内容不平衡,旨在单方施压"》,http://news.xinhuanet.com/world/2012-07/20/c_112482189_2.htm。

域强国在内的国际社会不能施加严肃、有目的和统一的压力,他或者任何人都不可能迫使首先是叙利亚政府、同时还有反对派采取必要措施来开启政治进程。①

（4）第四次否决

2014年4月15日,法国政府向安理会呈交了一份由知名法律、医学和医学照相专家组成的调查委员会编制的调查报告。该报告显示,自叙利亚冲突发生以来,叙利亚当局对被拘留者实施了有计划的酷刑和杀害。该调查小组认定:自叙利亚冲突开始以来,大约有1.1万名叙利亚人在阿萨德政权的监狱中遭到酷刑,并被执行死刑。调查组确信,报告所收集的证据将支持对叙利亚现政权危害人类罪和战争罪的起诉。②

2014年5月22日,法国根据4月提交安理会的调查报告向安理会提交了一份决议草案,谴责叙利亚冲突双方侵犯人权和违反国际人道主义的行为,要求将叙利亚2011年3月爆发冲突后的局势提交国际刑事法院审理。中国和俄罗斯否决了该决议草案。

表4　2014年5月22日安理会投票结果

	反对	赞成	弃权
国家	中国、俄罗斯	阿根廷、澳大利亚、韩国、立陶宛、尼日利亚、卢森堡、卢旺达、乍得、智利、约旦、法国、英国、美国	
总计	2	13	0

由于叙利亚不是《国际刑事法院罗马规约》的成员国,将其送上国际法院的唯一方式就是联合国安理会决议。根据国际刑事法院规约,如获联合国安理会授权,国际刑事法院将有权对叙利亚境内有关战争罪行进行调查、起诉和审判。法新社报道,该提案将导致叙利亚总统巴沙尔等被送上海牙国际法庭。

---

① 《安南辞任联合国与阿盟叙利亚问题联合特使》,http://www.un.org/chinese/News/story.asp?NewsID=18189。
② 《国际调查报告:叙利亚政府人员对被拘留者实施了有计划的酷刑和杀害》,http://www.un.org/chinese/News/story.asp?NewsID=21715。

中国常驻联合国副代表王民在表决后解释了中国的立场:"第一,中方认为,由国际刑事法院追究严重违法行为人的责任,应当以尊重国家司法主权为前提,遵守补充性原则。中国不是《罗马规约》缔约国,一贯对安理会将一国局势提交国际刑事法院持保留态度,这是我们的原则立场。第二,当前叙利亚问题政治解决正面临困难,国际社会必须坚定信心,保持耐心,坚持政治解决大方向不动摇。当务之急是推动叙利亚政府和反对派尽快停火止暴,重启第三轮日内瓦谈判,推进政治进程,启动政治过渡。在当前形势下强行将叙利亚局势提交国际刑事法院,不利于叙利亚有关各方增进互信,无助于日内瓦谈判的尽快重启,将损害国际社会推动政治解决的努力。第三,在各方对决议草案尚存重大分歧的情况下,安理会应继续磋商,不应强行表决,以免损害安理会团结,干扰安理会在叙利亚问题及其他重大问题上的协调合作。"①

在利比亚危机中,安理会在2011年2月26日通过了第1970号决议,将利比亚局势移交国际刑事法院检察官,为第1973号决议的通过打下了基础。中国在叙利亚问题上显然吸取了利比亚问题的经验。

3. 原因分析:中国缺乏支持保护的责任的政治意愿

在叙利亚危机中,中国对保护的责任的立场可归纳为以下几点:遵守《联合国宪章》的宗旨和原则,特别是主权原则和不干涉内政原则;必须有安理会授权,且在联合国框架内进行;不能任意解读安理会决议和越权行动;实施保护的责任时,不能带有政治动机和目的,不能进行政权更迭;对安理会决议应加大监督的力度。中国在叙利亚危机中,始终强调通过政治途径解决叙利亚问题,反对强制干预和推行政权更迭;在反对西方决议草案的同时,并没有积极参加国际社会推动叙利亚问题解决的机制和会议。

中国在叙利亚问题上的态度反映了中国对利用"保护的责任"推行政权更迭的反感。北约利用"保护的责任"实行政权更迭,触到了中国对

---

① 《中俄否决安理会叙利亚问题决议草案 中国对草案存在几点重大困难》,http://www.un.org/chinese/News/story.asp? NewsID=21940。

待该原则的底线。利比亚和叙利亚问题,涉及价值理念,也关联到对所有国家适用的具有法律拘束力的决定和国际法规则,所以这些问题就不只是局限在利比亚和叙利亚的国家命运范围内,而是关联到整个国际秩序。同样,不同国家在这些问题上的较量与博弈,反映了国际秩序之争的原则问题。① 有鉴于此,中国不想让利用"保护的责任"推动政权更迭发展成为国际惯例,叙利亚不能成为第二个"利比亚"。

影响中国在叙利亚问题上立场的一个重要因素是俄罗斯。俄罗斯在叙利亚有重大的利益,使其无法放弃阿萨德政府。塔尔图斯军港是俄罗斯在独联体以外唯一的军事基地;俄罗斯在与阿萨德政权进行武器交易上有重大经济利益。根据位于莫斯科的独立智库世界武器交易分析中心(Centre for Analysis of World Arms Trade)所作的统计,过去十年,俄罗斯对叙利亚的武器销售占到了俄罗斯全球武器出口的10%,当前,叙利亚是俄罗斯军火在中东地区的最大买家。斯德哥尔摩国际和平研究所(Stockholm International Peace Research Institute)2011年发表的一份报告,也发现叙利亚对俄制武器的需求从2007到2011年增长了580%。② 中国在叙利亚没有像俄罗斯那样的战略利益。2010年中国与叙利亚贸易额仅为24.8亿美元。但由于中俄已经达成了在重大国际问题上相互协调和配合的协议,本有义务在此类关系俄罗斯重大利益的问题上照顾俄罗斯的关切。③

另一个容易被忽视的因素是叙利亚危机和中国新疆的稳定问题。叙利亚反对派得到了伊斯兰宗教极端组织的支持,叙利亚正成为培养宗教极端组织"圣战"士兵的基地。中国发现自己面临着一种新的威胁:新疆分裂势力分子在叙利亚接受战争洗礼,再返回国内制造恐怖袭击。④ 从2012年起,"东突"派部分成员自土耳其进入叙利亚,参加叙反对派中的极端宗教恐怖组织与叙利亚政府军作战,同时还从在叙作战"东突"分子

---

① 朱文奇:《中国与北非中东变局中的国际法》,《中国法学》2012年第4期,第184页。
② 美国进步中心:《俄罗斯支持阿萨德政权的三大因素》,《文化纵横》2012年第5期。
③ 王江雨:《中国的"叙利亚问题"》,《新京报》2013年8月31日,http://epaper.bjnews.com.cn/html/2013-08/31/content_462030.htm?div=-1。
④ Christina Lin, "Why China supports Assad: Asian jihad hits Syria", *Transatlantic Academy*, October 14, 2013, http://www.transatlanticacademy.org/node/611.

中物色人选,潜回中国境内策划、实施恐怖袭击行动。① 2013 年 10 月 28 日,北京天安门金水桥发生恐怖袭击事件,造成两名游客死亡、38 人受伤。11 月 24 日,"东突厥斯坦伊斯兰运动"(简称"东伊运",是"东突"恐怖势力中最具危害性的恐怖组织之一)发布视频,称"金水桥"袭击为"圣战者"发动的"圣战行动"。② 2014 年,"东突"恐怖袭击升级,开始使用简易爆炸装置(IED)和实施自杀式爆炸袭击,如新疆乌鲁木齐"5·22"严重暴力恐怖案件。这些袭击事件表明极端宗教组织已经对中国的国家安全构成严重威胁。叙利亚现政府是世俗的政府,不支持宗教极端主义。如果叙利亚反政府武装推翻阿萨德政府,建立一个宗教政权,并支持"东突",这将对中国新疆的稳定和国家安全构成巨大威胁。

综上所述,在叙利亚危机中,中国的国家利益和在叙实施保护的责任没有交集;而且出于"利比亚效应"、俄罗斯因素和国家安全考虑,中国丧失了支持在叙实施保护的责任的政治意愿。

三、结　语

中国是保护的责任原则谨慎的支持者。中国长期以来坚持尊重主权原则和不干涉内政原则。这样的立场根植于中国的国情。尊重主权原则和不干涉内政原则在中国政府看来,是维护政权安全的必要条件。保护的责任虽然指出承担保护平民责任的主体是国家,但并没有排除干预的可能,这与中国传统的外交立场产生了矛盾。另一方面,中国为了在国际舞台塑造自己"负责任的大国"的形象,积极参加国际规则的制定,灵活地处理主权原则和不干涉内政原则与保护的责任原则之间的矛盾,但强制干预以推动政权更迭是中国"灵活"外交政策不能触碰的底线。北约以履行保护的责任为由,在利比亚推行政权更迭。中国认为这开了一个危险的先例:对联合国安理会的决议任意解读,支持爆发冲突国家内部的

---

① 《东突恐怖分子:赴叙利亚"练胆"? 刚潜回新疆就被捕》,http://politics.people.com.cn/n/2013/0701/c70731-22028609.html。

② 《警惕"东突"暴恐新动向》,http://news.xinhuanet.com/politics/2014-03/08/c_126238634.htm。

某一派,推动政权更迭,将保护的责任变为推行政权更迭的工具。因此,中国决定阻止保护的责任发展成为国际规范。

中国对"保护的责任"原则采取的是一种逐案处理的态度。当履行"保护的责任"损害中国的国家利益时,中国将失去支持"保护的责任"原则的政治意愿,而政治意愿正是实施"保护的责任"的关键,"除非在要求采取行动时能够鼓起采取行动的政治意愿,否则关于为了保护人类目的的干预的讨论将基本上是学术性的"[①]。但正由于中国采取逐案处理的立场,中国支持该原则的可能性也不能完全排除。

---

① 干预与国家主权国际委员会:《保护的责任》,第48页。

中国与保护的责任:
由联大辩论分析中国的立场与未来角色

龚丽娜

前 言

保护的责任自2001年提出后在国际社会引起广泛关注和讨论并逐步被接受。2005年世界首脑峰会将保护的责任写入成果文件,采纳2001年报告中关于当事国及国际社会各自责任的内容[①];联合国秘书长潘基文于2009年提出三大支柱战略推进保护的责任的实施,即国家的保护的责任、国际援助和能力建设、及时果断地反映,此战略的关键是防止暴行[②]。尽管如此,保护的责任的实现仍任重道远。一些国家内部的危机对该国人民生命和安全造成严重威胁,如中非共和国2013年初爆发的严重内乱及南苏丹政府军和反对派武装在2014年的武装冲突。[③] 各国对保护的责任的理解和诠释仍存在争议,尚未能就具体的履行方案达成共识。

作为联合国安理会常任理事国,中国的立场对国家保护的责任的实

---

① 联合国:《2005年世界首脑会议成果文件》,2005年10月24日,http://www.un.org/chinese/ga/60/docs/ares60_4.htm。关于成果文件关于保护的责任的具体内容,请参见本书其他文章。

② 联合国:《履行保护的责任》,秘书长报告,联合国大会文件A63/677,2009年1月12日,第8页。

③ 2014年5月,联合国南苏丹特派团发布人权报告,指出南苏丹目前的冲突中政府军和反对派武装都犯下反人类罪等罪行。联合国难民事务高级代表在2014年2月指出中非共和国正在经历大规模的种族/宗教清洗。

施与未来发展有着重要影响。随着中国综合国力不断提升,国际社会对其国际贡献有更高的期待。但互相尊重主权和领土完整、互不干涉内政是中国外交的基本准则,而保护的责任的实施在某些情况下可能涉及使用武力及其他强制措施。如何在坚持本国一贯外交原则的基础上对国家保护的责任的实现发挥应尽的作用是中国外交面临的新挑战。此外,随着中国等新兴市场国家的国际影响力扩大,国际政治体系内的力量格局正在发生新变化。保护的责任由政治概念上升为国际规范的过程为新兴国家在国际事务中争取更多的话语权提供了机会。

本文首先通过主要国家的立场分析目前国际社会就保护的责任已达成的共识和存在的分歧。在此基础上,文章着重分析中国对保护的责任目前存在的共识和分歧有着怎样的主张。此后,文文结合目前保护的责任发展的趋势讨论中国在其中能作出怎样的贡献。

一、主要国家的立场

联合国作为世界上最权威的政府间组织,是各国共同商讨保护的责任相关问题的最主要场合,也是推动落实保护的责任的重要力量。自2009年起,联合国大会每年举行一次关于保护的责任的高级别对话,会上秘书长提交年度建议报告,与会国家就报告主题和内容阐述本国观点并提出疑问和建议。本节回顾主要国家在 2009—2014 年联大辩论中的发言,分析其基本立场、关切和疑虑。

1. 积极支持

国际社会对于保护的责任的立场大体可以分为三类。第一类积极支持保护的责任,认为国际社会有责任采取一切措施实施保护的责任,如加拿大以及美国、英国、法国及其他西方发达国家。康德哲学思想中的世界主义理论(Cosmopolitanism)认为所有人类都属于同一个道德群体,不存在国籍、语言、宗教之分,这一群体内的成员对其他成员的基本权利都负有道义上的责任。① 在普世价值观的影响下,西方国家普遍认为保护人权是国家的重要职责,各国政府不仅对本国公民负有保护的责任,当其他国家公民的基本人权受到严重侵害时也不能袖手旁观。主权不应成为一国政府对其民众实施暴行的保护伞。这些国家对于通过军事干预阻止四种暴行持较为支持的态度,其中法国的立场最为强硬,多次表示国际社会在必要情况下应当采取强制性的军事行动防止暴行的爆发和升级。如法国代表于 2009 年称"没有第三支柱的保护的责任是不完整的","预防措施也包括联合国宪章第七章授权的集体行动"。英国代表在 2012 年表示"第三支柱的行动是为第二支柱打下基础,以帮助当事国履行其责任"。

美国作为世界上综合国力最强的国家,认为自己有能力在其政府认为必要的情况下对他国出现的暴行和人道主义危机进行军事干预,如 1999 年美国领导下的北约在科索沃行动。因此,部分美国官员和学者担心保护的责任会限制美国针对具体情况采取干预行动。主权委员会起草 2001 年报告时曾在华盛顿举行圆桌会议,有与会代表表示美国应保留干预其他国家内政的权利②;美国政府代表在 2005 年峰会前的磋商中再次表达了这样的顾虑;这一观点至今仍影响美国政府关于保护的责任的立场。③ 奥巴马政府于 2012 年提出防止暴行的综合战略并采取具体措施执行这一战略,如建立防止暴行委员会、加强早期预警、帮助其他国家和多边机构进行相关的能力建设等④,其中也包括了金融制裁、出口限制及旅行禁令等强制措施。美国代表在 2009 年的发言中提到:"当阻止暴行的努力失败且当事国明显地没有履行其义务,我们应当考虑一系列的集体措施。在极少数极端的情况下,使用武力应包括在考虑范围之内。"在 2012 年的辩论中美国重申这一观点,指出"如果当事国不能或不愿履行

---

① Pauline, Kleingeld, "'Kantian Patriotism', Philosophy and Public Affairs", in Arthur Ripstein (ed.), *Immanuel Kant*, Hampshire, Ashgate Pbulishing Limited, 2008; Allen Wood, "The Final Form of Kant's Practical Philosophy", Ibid.

② ICISS Regional Roundtables and National Consultations, Washington, 2001, May 2.

③ Madeleine K. Albright and Richard S. Williamson, *United States and R2P: From Words to Action*, Washington, D. C.: United States Institute of Peace, United States Holocaust Memorial Museum and the Brookings Institution, 2013, pp. 20—21.

④ Stephen Pomper, *Update on Atrocity Prevention Strategy Implementation*, The White House Blog, May 1, 2013.

其义务,我们需要一整套措施来应对,如秘书长的报告所强调,在确认所有其他方式无效之后,我们不应将强制性措施排除在我们的综合战略之外"。

2. 原则上支持

第二类国家原则上支持保护的责任,承认国家有责任保护其国民不受四种罪行的侵害,但强调尊重主权、预防为主、和平手段优先,使用武力是不得已而为之的最后选择,而且应是国际社会的集体行动。国际社会有责任对当事国提供援助,但重点应主要放在能力建设方面。持这一立场的主要是新兴市场国家及发展中国家,如金砖五国及亚洲和南美洲国家。巴西认为经济社会发展的落后是造成违反人权现象的结构性原因。因此,巴西代表在2013年的发言中指出,预防措施应该分为两个层次,即长期和短期。长期的预防措施应从和平安全与发展之间的关系入手,着重解决社会上的歧视和不公,加强国家建设,消除贫困,推动经济社会的可持续发展,是实现保护的责任的最根本途径。巴西不完全否定使用武力的可能性,但是强调这是最后的手段,而且认为军事行动会加大政治途径解决危机的难度。[①] 如该国代表在2011年的发言中称:"我国再次强调第三支柱,即国际社会的果断回应,是不得已的最后手段。武力的使用只有在极少数例外情况由安理会根据宪章和国际法进行授权才能被视为是正确合理的行动。"印度和俄罗斯在第三支柱、经济发展、能力建设等问题上的立场与巴西相似。印度代表在2009年的发言中指出,"能力建设和早期预警对防止四项罪行再出现有着至关重要的作用"。俄罗斯代表在2011年称,"在特殊情况下军事干预可以作为例外手段,但应严格遵照国际法和联合国的宪章"。

非洲国家由于该区域的历史和政治原因对保护的责任所推崇的理念非常支持。《非盟组织法》明确规定,当成员国内部出现不符合宪法的政

---

① Monica Herz, "Brazil and R2P: Responsibility while Protecting", in Monica Serrano and Thomas G. Weiss, eds., *The International Politics of Human Rights: Rallying to the R2P Cause?* (Abingdon: Routledge, 2014), p.113.

府更迭、严重违反人权、屠杀及影响区域稳定的冲突等情况时,非盟有权进行军事干预。科特迪瓦在 2010 年 10 月举行总统选举,时任总统加博败给反对党领导人瓦塔拉。但加博拒绝承认选举结果并移交权力,两派支持者发生武装冲突引发社会动荡,且冲突不断升级。联合国秘书长防止屠杀特别顾问与保护的责任特别顾问在 2011 年 1 月发表联合声明,指出科特迪瓦出现四种暴行的风险较高,局势令人担忧。① 西非经济共同体在 2010 年 12 月发表声明中止科特迪瓦的成员国资格,并要求在巴博进行权力移交,否则将面临外来军事干预,并派遣团队前往斡旋。② 此外,非洲的一些大国对于防止本区域四种暴行的暴发与蔓延也作出过许多贡献,如尼日利亚曾多次派遣维和人员参与联合国及非洲区域组织在塞拉利昂、利比里亚和苏丹的维和行动。③ 虽然非洲大部分国家对于军事干预的态度较为开放,但过去被殖民的历史也让他们强调保护的责任的实施应当在尊重主权的基础之上。南非在 2012 年的辩论中指出"鉴于 1973 和 1975 号决议的情况,我们反对不受问责机制监督的使用武力,这会导致战争扩大和政权更迭"。

3. 持保留态度

第三类国家则对保护的责任持保留和批判态度,认为围绕保护的责任的分歧和争议仍非常大,国际社会应继续讨论,而不是匆忙将其上升为国际规范。这些国家包括缅甸、苏丹、斯里兰卡和委内瑞拉等。委内瑞拉代表在 2012 年的发言中称"保护的责任被滥用于授权强制性的干预他国内政的措施而非用于保护平民"。此外,该发言中还指出"联合国的决定和行动与某些大国利益联系日益紧密"。这些国家的政府大部分都曾因

---

① "Statement attributed to the UN Secretary-General's Special Advisers on the Prevention of Genocide and the Responsibility to Protect on the Situation in Cote d'Ivoire", Statement of the Secretary-General's Special Advisers, 19 January, 2011.

② Alex J. Bellamy and Paul D. Williams, "The New Politics of Protection? Cote d'Ivoire, Libya and the Responsibility to Protect", *International Affairs*, Vol. 87, No. 4, pp. 834, 2010.

③ Adekeye Adebajo, "Nigeria and South Africa and R2P", in Monica Serrano and Thomas G. Weiss, eds., *The International Politics of Human Rights: Rallying to the R2P Cause?*, Abingdon: Routledge, 2014, 176—179.

人权等问题受到西方国家的指责和制裁。西方国家在达尔富尔问题上严厉抨击苏丹政府,国际法庭以屠杀、危害人类罪和战争罪起诉苏丹总统巴希尔并签发逮捕令。斯里兰卡政府被指在与反政府武装猛虎组织的内战的最后阶段犯下包括战争罪在内的多项严重违反人权的罪行。联合国人权委员会在2014年3月通过决议将对此进行调查。这些国家担心保护的责任可能成为一些大国干涉它们内政的借口。斯里兰卡代表在2009年表示:"保护的责任所涉及内容范围很广,需要清晰界定导致需要启用保护的责任的具体条件。许多国家对很关注这一种新的干预行动将以怎样的方式实践。"

4. 基本共识

国际社会目前就保护的责任第一和第二支柱的内容达成了普遍共识,主要包括国家的首要责任、保护的责任的适用范围、联合国在集体行动中的领导地位及区域组织的重要作用等。各国在发言中都肯定了国家在实施保护的责任中的首要地位,并同意保护的责任最终目的是为了巩固国家政权。许多国家重申保护的责任仅适用于屠杀、战争罪、危害人类罪与种族清洗这四种暴行,任意扩大其适用范围只会适得其反。联合国一直被认为是倡导履行保护的责任的最重要国际组织。在保护的责任的实施过程中,第二和第三支柱的执行都离不开联合国及其下属机构。联合国在早期预警、能力建设、冲突预防以及战后重建等方面的行动对防止暴行有重要作用。因此,美英等国在发言中呼吁加强联合国在斡旋、维和、建和等方面的能力。在执行第三支柱时,联合国安理会更被认为是唯一合法的授权机构。

区域组织因毗邻当事国且了解该国情况,对暴行的早期预警信号更为敏感,也能为国际社会制订有效的预防和应对措施做出重要贡献。另外,区域组织通常与当事国有着千丝万缕的联系,能通过这些渠道对该国进行斡旋、施加影响。非洲的区域组织和次区域组织在这方面取得了明显的成效。① 2008 年初肯尼亚因选举争议出现暴乱,并存在升级为更大规模族群冲突的风险。非盟及非洲一些著名的政治家积极从中斡旋,促成冲突双方达成解决方案。这一事例视为预防外交化解危机预防暴行的成功案例。② 此外,安理会在 2011 年通过关于利比亚问题的 1973 号决议,授权成员国与区域组织采取必要措施保护平民并设立禁飞区。中国、俄罗斯等通常反对武力手段的国家并未阻挠决议通过,区域组织的立场是这些国家投票时的重要根据之一。美、英、法等发达国家也都肯定了区域组织的积极作用。如英国代表在 2009 年的发言中认为:"如果我们要有效地履行保护的责任,正确的做法是让区域组织领导其所在区域的灾难的应对行动或至少分担领导责任。"

二、分歧和争议

尽管国际社会就保护的责任达成了一定的共识,但围绕如何实施保护的责任仍存在不少争议和分歧,尤其是关于第三支柱的执行。归根到底,这些分歧还是源于两个阵营对于主权和干预持有不同立场。西方国家认为当一国政府无法履行其保护的责任时,主权不应成为行凶者的保护伞;发展中国家则认为军事干预通常只会加剧局势的不稳定,让政治途径的解决方式变得更加困难。围绕第三支柱的执行问题则衍生了关于问责机制的讨论。

1. 第三支柱

由于各国对及时果断反应的理解相差甚远,第三支柱是保护的责任

---

① 笔者曾于 2012 年 7 月在新加坡采访过联合国前副秘书长易卜拉欣·甘巴里。他曾提到非盟的"不冷漠"原则及《非盟组织法》对于改善非洲的人权状况有明显贡献。其中,《非盟组织法》第 30 条规定如果任何政府以不符合宪法的方式夺取政权,其所在国的成员国身份将被中止。马达加斯加由于国内发生军事政变,曾在 2009 年至 2014 年间被中止成员国身份。西非经济共同体也有类似做法。科特迪瓦在 2010 年选举后爆发冲突并引发严重社会动荡,西非经济共同体在 2012 年 2 月暂停其成员国身份。

② Gareth, Evans, *The Responsibility to Protect*: *Ending Mass Atrocity Crimes Once and For All*, Washington D.C.: Brookings Institution Press, 2008.

最难推进的部分,其中关于武力手段的使用争议最大。西方国家对于武力的使用普遍较为支持。美国代表在2012年的发言中称:"保护的责任的三个支柱互为支撑,不存在严格的先后顺序。在预防失败的情况下,使用武力应当成为集体行动的措施之一。准确而有针对性的回应也能达到防止暴行的目的。"法国的态度甚至比美国更为积极,曾在历年发言中多次谈到使用武力的必要性。法国代表在2009年的发言中称:"国家保护的责任这一概念的出现与90年代法国提出的人道主义干涉的权力有密切关系。此外,在必要情况下,联合国安理会应根据联合国宪章第七章授权国家保护的责任的预防及阻止行动成为集体行动。"北约在利比亚的军事行动受到了许多指责和批评,也加剧了围绕第三支柱的争议。

中俄印巴等新兴市场国家对武力手段有所保留,更强调和平方式,认为武力只能作为最后手段且需逐案分析。任何强制或武力手段都应当在联合国框架之内得到安理会授权。巴西认为第三支柱的作用是辅助第一支柱,国际社会的关注重点应在第二支柱。巴西代表在2011年的发言中提到"以保护为目的的武力手段应当带有防御性和保护性,而不是加剧紧张局及造成的平民伤亡。在此背景下,斡旋外交等预防措施在总体上更有优势,应更多的使用"。印度代表在2012年谈到的发言中谈到"三支柱不应混为一谈,第二支柱应优先于第三支柱,且第三支柱的执行仍存在一些争议,更需要谨慎实施",并在2014年指出"外来干预只会使当事国的局势恶化而非解决冲突"。

2. 政权更迭及问责机制

利比亚和叙利亚危机加剧了国际社会关于保护的责任的分歧,并引出了关于政权更迭及问责机制的讨论。① 北约在利比亚的空袭行动援引了保护的责任并由安理会授权,协助利比亚反对派推翻卡扎菲政权,但造成一定平民伤亡。西方国家认为通过外部干预结束卡扎菲政府的暴政是国际社会合情合理的反应。美国将利比亚视为国际社会实施保护的责任防止暴行的成功案例之一。但许多发展中国家强烈反对以保护的责任的

---

① 关于两个案例的具体细节,请参见本集其他章节。

名义对当事国进行政权更迭,认为北约的行动违反安理会1973号决议。巴西代表在2011年指出"巴西对使用武力是否能结束暴力存在持怀疑态度,且1973号决议的执行结果并未消除巴西的疑虑",而且"第三支柱不是政权更迭或插手别国内政的借口"。南非代表称政权更迭并不是保护的责任的首要目标。委内瑞拉代表在2012年的发言中谴责以保护的责任的名义使用武力发动政权更迭,认为这不符合《联合国宪章》。叙利亚问题进一步体现了保护的责任两个阵营的裂痕。英美等国多次指责叙利亚阿萨德政府对国内平民犯下战争罪和危害人类罪等暴行,呼吁国际社会采取果断措施阻止该政府的暴行。英国代表在2012年称"针对叙利亚局势的集体行动由于安理会无法达成共识而受到阻碍"。但发展中国家认为不应将过错只归咎于一方,叙利亚危机冲突各方都应对平民伤亡负责,并主张通过和平方式寻求政治解决的办法。利比亚的先例是这些国家反对武力和强制手段的重要原因。

除了反对政权更迭外,问责机制是利比亚之后的另一个焦点。许多发展中国家指出以保护的责任为名的军事行动应当受到严格的监督和限制。巴西政府在2011年提出了"保护中的责任",强调不受约束的武力使用会造成许多负面影响,国际社会应先尝试其他手段解决危机。军事行动前需要全面分析可能产生的后果。"保护中的责任"得到了印度和南非等发展中国家的响应和支持,但西方发达国家普遍对这一概念表示反对,认为会限制和阻碍国际社会对暴行的果断反应。

3. 良政与发展

预防暴行是实施保护的责任的根本,而解决根源和结构性问题又是预防成功的关键。各国对于预防的重要性已达成共识,但关于如何消除暴行的根源还存在不同意见。西方国家强调民主、法制及人权,认为实施保护的责任的重要环节包括将行凶者绳之以法。严惩凶手能起到震慑作用。发展中国家更强调发展与安全之间的联系,巴西、南非和印度代表在历年的发言中多次提到不发达和歧视是暴行发生的根源,国际社会应帮助存在四种暴行风险的国家加强经济社会发展。委内瑞拉代表在2014年的发言中称:"以自上而下的方式将自由主义的国家结果强加于当事国将无助于真正实现保护的责任的目标。"巴西在 2014 年的发言中指出："目前联合国在和平与安全议题上的预算远远超出发展与人权,投入的失衡不利于从根本上解决暴行的问题。"发展与良治并非互相排斥,而应互为补充。发展是实现生存等人权的基础,而良治则是对发展的重要监督和促进。

三、中国与国家保护的责任

中国作为安理会常任理事国之一,对于保护的责任的实施有着重要的影响。鉴于目前围绕保护的责任仍存在争议和分歧,本节重点分析中国在主要相关问题上的立场与主张。由于保护的责任与国际和区域安全密切相关,安理会是联合国系统内讨论保护的责任的另一重要场合。在安理会的议题中,平民保护和维持和平行动与保护的责任最为相关。安理会在关于平民保护的 1674(2006)号决议中重申关于保护的责任的内容。平民保护与保护的责任是两个不同的概念,前者适用范围更广,认为武装冲突各方都有责任保护和尊重平民的各项基本权利;保护的责任针对的不光是战争和武装冲突,还包括在和平环境下发生的四种暴行。二者的相通之处在于都基于以人为本的理念,而且在很多情况下相互重合。此外,联合国维和部队是联合国领导的防止暴行措施的主要执行者之一,任务范围可包括预防性部署、维持和平与战后重建等。因此,本节在回顾联合国大会发言之外,还将加入 2005—2014 年中国代表在安理会与保护的责任相关的会议和决议的发言。

1. 由质疑到谨慎支持(2001—2013)

尊重主权和不干涉别国内政是中国外交政策的基石。基于这一原则,中国对于保护的责任持非常谨慎的态度。在 2001 年北京举行的关于保护的责任的圆桌会议上,中国学者表达了对人道主义干涉的一贯反对,认为军事干预一国内政是对国际法和国际关系的严重威胁。在 2005 年世界首脑峰会前,中国代表团表示对保护的责任持保留意见,并坚持关于使用武力的指导标准不得纳入成果文件①。胡锦涛主席在峰会发言中谈到保护的责任时表示"反对任何侵犯别国主权、干涉内政的行为,反对使用或威胁使用武力"。中国一直强调保护的责任是个复杂的概念,国际社会对此仍存在争议未达成共识,需要继续讨论,不应急于将其上升为国际关系规范。如中国代表在 2009 年辩论中表示"各国对于保护的责任的含义及其应用仍存在争议";在 2014 年的发言中称"目前各成员国尚未就保护的责任达成共识,联合国应继续进行讨论"。在 2005 年后安理会通过的决议中,有 26 个援引了保护的责任,但中国代表在这些决议的辩论发言中均未提及这一概念。此外,在安理会关于平民保护和维和行动的主题辩论中,中国代表只在平民保护的议题中提到过保护的责任。在 2007 年 6 月举行的平民保护辩论中,中方认为"由于成员国之间对保护的责任的理解和诠释存在明显差异,安理会应尽量避免援引保护的责任,各国应在联合国大会进行进一步讨论"。

尽管如此,中国原则上支持保护的责任,并未阻挠相关决议的通过。基于对主权和领土完整的强调,中国代表团在每年的发言中都会重申当事国家的政府承担着实施保护的责任的首要角色,对保护的责任的反应不应违反主权和不干涉原则,要符合《联合国宪章》。换言之,中国积极支持保护的责任实施框架的第一支柱,强调责任源于主权,履行保护的责任不仅不会破坏或侵犯一国的主权,反而能使主权得到加强和巩固。此外,中国也是预防性措施及和平手段的支持者。中国代表团反复强调应当通过和平手段解决冲突,如斡旋、和谈等,在 2014 年的发言中指出:"国际社会应该加大对早期预防和斡旋的投入。"如果当事国政府能切实履行保护的责任,或各项预防措施能有效化解紧张局势,从而避免争议最大的第三支柱,中国也就不必面对是否支持国际社会采取强制性手段的难题。

中国对于第二支柱的大部分内容也表示支持,认为国际社会最主要的作用是提供援助,帮助当事国政府进行能力建设以便更好地实施保护的责任,但坚持国际社会必须尊重该国主权、严格遵守《联合国宪章》、保

---

① Alex J. Bellamy and Sara E. Davies, "The Responsibility to Protect in the Asia-Pacific Region", *Security Dialogue*, 2009, Vol. 40, No. 6, p. 556.

持中立。中国特别强调联合国的领导地位,对暴行的反应应当是联合国框架内的集体行动。作为安理会常任理事国,中国对安理会授权的行动具有决定性的影响力,可以一定程度上避免中方认为不必要的强制性行动。此外,中国非常重视区域组织的作用和立场。在2011年安理会就利比亚局势举行的两次投票表决时(1970号决议和1973号决议),中国代表均表示"中方立场充分考虑到了阿拉伯和非洲地区国家和组织的意见"。其中1973号决议决定在利比亚设立禁飞区,中方代表在投票时称"该决议未能解决中国及其他一些成员国的问题,中国对决议的部分内容有严重困难。但考虑到非盟及相关区域国家的立场,中方并未否决该决议"。

对于争议最大的第三支柱,中国的立场与其他发展中国家相近,一贯反对在国际关系中使用武力,认为应该优先尝试各种和平与政治手段解决争端,军事行动只会产生反效果,只有在一切和平手段无效时方可考虑使用武力。即便如此,最终决定仍需要进行谨慎的磋商、根据具体情况逐案分析。中国代表在2013年的发言中称,国际社会针对四种暴行做出的反应需要根据当事国的具体情况和需求来制定,并没有统一的标准可言。参照中国在2005年峰会前的磋商中反对设定使用武力的统一标准,在这一问题上立场保持一致。在2012年的辩论中,中国对巴西提出的"保护中的责任"表示赞同。中国代表称"这一概念有助于监督和促进安理会决议更好地执行,应当得到进一步考虑"。在中国对安理会1973号(2011)决议投弃权票后,一些学者一度认为这表明中方在使用武力的问题上立场软化,区域组织的意见是促成这一变化的重要因素。但中国在随后叙利亚危机上的立场,又让这些学者否定了之前的假设①。

对于良政和发展,中国与其他发展中国家一样,认为贫穷是社会矛盾的根源,发展是解决问题的关键。虽然中国代表在关于保护的责任的专题发言中并未专门提及发展与良政的问题,但在相关议题的讨论中,如维和及平民保护等,中国一贯强调发展的重要性。在1999年关于平民保护

---

① 笔者于2014年4月7日在纽约对纽约城市大学著名教授Thomas G. Weiss的采访中,他曾提到这样的观点。

的辩论中,中国代表指出"消除贫困、经济发展、民族和解及维护国家稳定是解决冲突的根本办法"。中国代表在 2007 年的安理会辩论中谈到苏丹问题时,称在解决达尔富尔危机时经济发展与安全、政治进程及人道主义援助一样重要。

2. 主权原则的影响

中国关于保护主义的主张都源于尊重主权、反对干涉的原则,如强调当事国政府的首要作用、国际援助的中立性及反对使用武力和强制措施等。相对于近来出现的西方国家对主权的重新诠释,中国的主权观相对传统,坚持主权神圣不可侵犯,他国不得干涉别国内政,被西方学者归为威斯特伐利亚主权的坚定支持者。主权与领土完整涉及国家核心利益,中国一贯坚持主权平等,互相尊重主权,互不干涉内政。因此,中国政府对于支持军事干预和其他带有干涉性质的措施都十分谨慎,即使是在得到联合国的授权的情况下。中国如此强调主权和不干涉原则的原因之一是国内仍面临分裂主义的威胁。在过去五年,藏族聚居区连续发生僧侣自焚事件;新疆暴力恐怖案件的数量和暴力程度不断升级,恐怖分子的袭击范围由新疆境内的警察局和地方政府机扩大到其他省份人群密集的公共场所。2014 年 3 月 1 日云南省昆明市火车站发生暴力恐怖案件,造成数十人死亡,上百人受伤。此外,台湾问题也是中国在主权问题上态度谨慎的重要原因,承认"一个中国"的原则是中国与其他国家交流的重要条件之一。中国强调通过发展解决冲突根源也是源于对主权和不干涉原则的坚持。人权问题一直是西方攻击中国政府的理由之一,也是中国与美国及欧盟国家出现摩擦的重要原因。欧盟对中国实施武器禁运长达二十余年,且尚未解禁。① 鉴于这些问题的复杂性和历史根源以及惯性思维的影响,中国对于主权的理解和诠释在短期内不会出现明显变化。这意味着中国在保护的责任的问题上继续以主权和不干涉原则为先。

---

① Richard Weitz, "EU Should Keep China Arms Embargo", *The Diplomat*, April 18 2012. http://thediplomat.com/2012/04/eu-should-keep-china-arms-embargo/? allpages = yes.

3. 中国未来的角色

目前国际社会对于保护的责任这一概念已经普遍接受,下一步的任务是如何有效实施这一责任。中国作为新兴大国,也承担着相应的国际义务。结合保护的责任未来面临的挑战以及中国的相关主张,中国可从以下几个方面对保护的责任的实施做出贡献:进一步扩大对联合国维持和平行动与建设和平行动的支持,参与斡旋与调解民族、种族冲突,协助相关国家与区域组织进行能力建设。

联合国维和行动是国际社会阻止暴行扩大升级的最重要手段之一。目前,中国是安理会常任理事国中向联合国维和行动派遣部队最多的国家,现阶段共有2000名左右中国维和人员参与联合国的维和行动。其中,中国政府将于2014年底向南苏丹派遣一支700人的维和步兵营执行任务。这是继2013年中国向马里派驻300人的安全部队后,再次派出作战部队,表明中国加大了对联合国维和行动的支持和参与。在马里维和行动之前,中国派出的维和人员都是非作战部队,即工兵营、医疗团队以及维和警察。中国工程人员为驻地国家打井排雷、修桥补路以及进行其他的基础设施建设,执行通过发展解决深层次矛盾的理念,医疗团队则为当地人民的卫生安全作出了重要贡献。中方维和人员为驻地国家的战后重建和稳定打下基础,也得到了国际社会的高度肯定。联合国前副秘书长易卜拉欣·甘巴里指出水源之争是达尔富尔危机产生的原因之一,中国维和工兵为该地区修建的水井对缓解水资源短缺有重要的贡献[①]。中国工兵对当地基础设施建设作出的贡献也是在实践中国关于和平与安全问题的相关理念,即其通过发展解决冲突根源。排雷对当地人民的生命以及生产活动都有着重要影响。桥梁道路则是战后恢复重建的重要基础。

在维和行动之外,预防性外交以及斡旋促谈是中国发挥作用的又一个领域。中国政府对于别国内部矛盾的一贯立场是不干涉。随着自身海外利益的扩大,中国与其他地区的和平与稳定关系越来越密切。2004年

---

① 2012年7月笔者在新加坡对甘巴里教授的采访。

3月,苏丹的反政府武装绑架了2名中国工人;2009年8月,缅甸政府军与少数民族武装果敢军发生武装冲突,导致大量难民涌入邻近的中国云南省;利比亚2011年的国内冲突导致中国撤出在当地学习和工作的数万名中国公民;南苏丹自2013年爆发的紧张局势也让当地的中国企业开始转移本国员工。这些事件一致表明其他国家动荡的局势对中国的国家和人民财产安全造成威胁。

随着中国国际影响力的显著提高,斡旋的能力相应提高,国际社会对其成为和平缔造者的期待越来越多。中国逐渐加强在外交斡旋方面的参与程度。在甘巴里2007—2009年期间担任联合国秘书长缅甸特使期间,中国政府多次协助他与缅甸政府之间的沟通;在中国政府的斡旋下,缅甸政府与克钦独立组织自2011年起在靠近缅甸的中国城市瑞丽举行了多次和谈,并于2013年5月达成初步协议。在这些和平努力中,中国保持低调,更多的是在幕后以间接的方式促进双方的交流。近年来随着影响力进一步提高,中国在外交斡旋上采取了更为积极主动的姿态。中国与苏丹政府保持的友好外交关系使其在苏丹及后来的南苏丹危机中都发挥了重要的桥梁作用。在向达尔富尔派驻联合国—非盟混合维和部队的问题陷入僵局之际,中国积极地展开穿梭外交努力说服苏丹政府接受维和部队。2007年2月胡锦涛主席访问苏丹并提出解决达尔富尔危机的四点原则。此后,翟俊和刘贵今等特使进一步跟进,并最终说服苏丹政府与国际社会的和平行动合作。在南苏丹独立的进程中,中国政府在南北双方的谈判中也起到了积极促进的作用。2012年,中国政府以其对拉姆—朱巴输油管道的支持为条件促成苏丹与南苏丹达成石油收益分享协议。① 自2013年南苏丹国内发生冲突以来,中国政府派遣非洲事务特别代表钟建华大使参与调停。其中,外交部长王毅于2014年1月亲自前往斡旋,会见冲突双方代表,呼吁停止暴力活动开启和谈。这是中国外交的一次突破,此前中国一贯强调当事国政府在和平安全等事务中的首要作用,尽量避免与反对派接触。②

---

① Chun Zhang, "China's Relations with Two Sudans: From 'One Country, Two Systems' to 'Two Country, One System'", 2012, *Global Review*, winter issue, pp. 3—6.
② 2014年笔者在华盛顿对美国前驻非洲外交官的个人访谈。

上文已阐述过区域组织在防止暴行方面有着至关重要的作用,从早期预警、斡旋促谈到维和建和,但一些区域组织由于经费、机制等问题无法有效地发挥自身优势和作用。① 非盟以及非洲的次区域组织在应对暴行方面的成绩得到了国际社会的认可,但这些组织普遍面临经费、后勤及人员及装备等方面的不足。非盟经常面临资金和资源缺口及推迟部署等问题的挑战。② 中国已与非盟在和平安全领域展开合作,向对方的维和行动提供经济、技术援助,并帮助培训当地的安全与维和方面的人员。③ 2010年12月中国与非盟签署协定,向非盟在索马里的维和行动提供物资援助援助。因此,支持区域组织能力建设是中国发挥作用的又一领域。

四、结　　语

保护民众不受四种暴行的威胁和伤害是每个国家道义和法律上的责任,国际法以及国际人道主义法是其依据。保护的责任虽然不具法律效力,但从政治层面呼吁各国及国际社会实施各自的责任。在过去十余年,围绕保护的责任的焦点已经从是否接受这一概念转向如何有效实施。国际社会对具体实施的措施和方式仍存在分歧。推崇普世价值观的西方发达国家认为人权、法治和良政能从根本上消除暴行产生的根源,而一旦暴行发生,国际社会则应采取包括军事行动在内的一切必要手段阻止暴行;发展中国家则普遍反对外来干涉,认为消除贫困和不平等是根除暴行的办法。这一分歧源自两大阵营对主权的不同解读,在未来很长一段时期内将继续存在。尽管如此,保护的责任自提出以来已经取得一定进展,如确定实施的框架、重点、难题和挑战。

---

① Alex J. Bellamy, *Global Politics and the Responsibility to Protect: From Words to Deeds*, Abingdon: Routledge, 2011, p.153.
② *Support to African Union Peacekeeping Operations Authorized by the United Nations*, Report of the Secretary-General, Security Council S/2009/470, September 19, 2009.
③ 如中国政府在2010年12月24日与非盟签署协定,向非盟在索马里的维和行动提供物资援助。《中国向非盟在索马里维和行动提供物资援助》,http://news.xinhuanet.com/world/2010-12/25/c_13664115.htm。

中国的立场与其他发展中国家一致,坚持尊重主权,反对军事干预和干涉别国内政。中国已经在维和、能力建设、经贸交流等方面与其他国家和区域组织展开合作。通过积极地参与保护的责任的讨论与实施,中国能充分地阐述本国对保护的责任的理解,并通过自己在安理会中的影响力,确保保护的责任的应用合法合理。

参 考 文 献

中文文献：

1. 保罗·埃文斯：《诠释与落实"保护的责任"：通往共同点的途径》，张卫族译，《国际政治研究》2014年第3期。
2. 毕晨：《对保护的责任在实例运作中适用的〈联合国宪章〉相关条款解读》，华东政法大学2013年硕士学位论文。
3. 蔡从燕：《联合国履行R2P的责任性质：从政治责任迈向法律义务》，《法学家》2011年第4期。
4. 曹阳：《国家保护的责任理论论析》，《甘肃政法学院学报》2007年第4期。
5. 曹阳：《国家保护的责任三题》，《河北法学》2007年第4期。
6. 陈小鼎、王亚琪：《从"干涉的权利"到"保护的责任"——话语权视角下的西方人道主义干涉》，《当代亚太》2014年第3期。
7. 陈拯：《金砖国家与"保护的责任"》，《外交评论》2015年第1期。
8. 陈拯：《框定竞争与"保护的责任"的演进》《世界经济与政治》2014年第2期。
9. 陈拯：《"建设性介入"与"负责任的保护"——中国参与国际人道主义干预规范构建的新迹象》，《复旦国际关系评论》第12辑。
10. 高凛：《论保护的责任对国家主权的影响》，《江南大学学报（人文社会科学版）》2011年第2期。
11. 高智华：《人权国际保护语境下"不干涉内政原则"的困境与维护》，《警察法学》2013年第1期。
12. 顾炜：《"保护的责任"：俄罗斯的立场》，《国际政治研究》2014年第3期。
13. 郭冉：《"保护的责任"的新发展及中国的对策》，《太原理工大学学报（社会科学版）》2012年第5期。
14. 贺璐：《"保护的责任"法制化问题研究》，《法制与社会》2014年第11期。

15. 何志鹏:《保护的责任:法治黎明还是暴政重现?》,《当代法学》2013 年第 1 期。

16. 海泽龙:《"保护的责任":法治良心与严峻现实——以利比亚冲突为案例》,《国际政治研究》2014 年第 3 期。

17. 后萍:《论"保护的责任"理论视角下的主权与人权关系》,山东大学 2010 年硕士学位论文。

18. 黄超:《框定战略与"保护的责任"规范扩散的动力》,《世界经济与政治》2012 年第 9 期。

19. 黄瑶:《从使用武力法看保护的责任理论》,《法学研究》2012 年第 3 期。

20. 蒋琳:《保护的责任:利比亚问题的国际法实践研究》,《黑龙江省政法管理干部学院学报》2011 年第 5 期。

21. 李英、陈子楠:《从"保护的责任"到"负责任的保护"——以现代国际法发展为视角》,《山西师大学报(社会科学版)》2013 年第 2 期。

22. 李斌:《〈保护的责任〉对"不干涉内政原则"的影响》,《法律科学(西北政法学院学报)》2007 年第 3 期。

23. 李斌:《评析保护的责任》,《政治与法律》2006 年第 3 期。

24. 李杰豪:《保护的责任对现代国际法规则的影响》,《求索》2007 年第 1 期。

25. 李杰豪、龚新连:《"保护的责任"法理基础析论》,《湖南科技大学学报(社会科学版)》2007 年第 5 期。

26. 李晋维:《"保护的责任"与现代国际法律秩序》,暨南大学 2009 年硕士学位论文。

27. 李钦若:《试论人道主义干涉——以"保护的责任"为视角》,中国政法大学 2008 年硕士学位论文。

28. 李寿平:《"保护的责任"与现代国际法律秩序》,《政法论坛》2006 年第 3 期。

29. 刘毅:《"保护的责任"可能产生的道德风险及其规制》,《国际问题研究》2013 年第 6 期。

30. 刘恋:《论"保护的责任"》,华中师范大学 2013 年硕士学位论文。

31. 刘遥乐:《"保护的责任"适用问题研究——以利比亚情势为例》,外交学院 2013 年硕士学位论文。

32. 刘蓓蓓:《论"保护的责任"的新发展》,《法制博览》2014 年第 12 期。

33. 刘盛宇:《利己主义——保护的责任机制启动困难的根源》,《经营管理者》2011 年第 12 期。

34. 罗艳华:《"保护的责任"的发展历程与中国的立场》,《国际政治研究》2014年第3期。

35. 罗国强:《"人道主义干涉"的国际法理论及其新发展》,《法学》2006年第11期。

36. 欧阳茫:《论国际法上保护的责任》,南昌大学2010年硕士学位论文。

37. 曲星:《"保护的责任"与现代国际法律秩序》,《国际问题研究》2012年第2期。

38. 邱美荣、周清:《"保护的责任":冷战后西方人道主义介入的理论研究》,《欧洲研究》2012年第2期。

39. 任慕:《"保护的责任"的运用及扩散——以规范的发展过程为中心》,《太平洋学报》2014年第2期。

40. 阮宗泽:《负责任的保护:建立更安全的世界》,《国际问题研究》2012年第3期。

41. 舒梦:《价值的偏离与回归——对利比亚战争后"保护的责任"的若干思考》,《国际关系研究》2014年第4期。

42. 宋杰:《"保护的责任":国际法院相关司法实践研究》,《法律科学(西北政法大学学报)》2009年第5期。

43. 孙淑慧:《"保护的责任"的新发展及中国的对策》,《法制博览(中旬刊)》2014年第5期。

44. 许蓓蕾:《从"失败国家"到"保护的责任":国际干预对主权规范的挑战》,复旦大学2009年硕士学位论文。

45. 徐雨晗:《论主权的最新发展及其与人权的关系》,《法制与社会》2014年第1期。

46. 王鹏:《实践中的保护的责任——以利比亚战争为研究样本》,西南政法大学2013年硕士学位论文。

47. 汪舒明:《"保护的责任"和中国的选择》,《国际论坛》2014年第6期。

48. 汪舒明:《"保护的责任"与美国对外干预的新变化——以利比亚危机为个案》,《国际展望》2012年第6期。

49. 韦宗友:《西方正义战争理论与人道主义干预》,《世界经济与政治》2012年第10期。

50. 吴思:《论"保护的责任"之构建与实施》,西南政法大学2013年硕士学位论文。

51. 颜海燕:《保护的责任解析》,《西部法学评论》2010年第1期。

52. 杨永红:《从利比亚到叙利亚——保护的责任走到尽头了?》,《世界经济与政治论坛》2012年第3期。

53. 杨永红:《论保护的责任对利比亚之适用》,《法学评论》2012年第2期。

54. 杨泽伟:《国际社会的民主和法治价值与保护性干预——不干涉内政原则面临的挑战与应对》,《法律科学(西北政法大学学报)》2012年第5期。

55. 姚仲凯:《"保护的责任"法制化问题研究》,辽宁大学2014年硕士学位论文。

56. 袁娟娟:《从干涉的权利到保护的责任——对国家主权的重新诠释和定位》,《河北法学》2012年第8期。

57. 袁武:《试论中国在非洲内部冲突处理中的作用——从"保护的责任"理论谈起》,《西亚非洲》2008年第10期。

58. 曾向红、霍杰:《西方国家对"保护的责任"的选择性适用:影响因素与案例分析》,《欧洲研究》2014年第5期。

59. 张磊:《解析国际法上"保护的责任"理论的发展态势》,《苏州大学学报(哲学社会科学版)》2012年第6期。

60. 张磊:《论冷战后西方人道主义干涉的模式演进——从科索沃战争到利比亚战争的启示》,《暨南学报(哲学社会科学版)》2012年第12期。

61. 张旗:《道德的迷思与人道主义干预的异化》,《国际政治研究》2014年第3期。

62. 张维娟:《试论人道主义干涉与禁止使用武力原则》,中国政法大学2008年硕士学位论文。

63. 张晓晔:《人道主义干涉与保护的责任》,复旦大学2010年硕士学位论文。

64. 张霄:《探析国际法上的保护的责任》,华东政法大学2013年硕士学位论文。

65. 赵楠:《主权视域下"保护的责任"研究》,内蒙古大学2012年硕士学位论文。

66. 赵洲:《在国内武装冲突中履行"保护的责任"的规范依据及其适用》,《法律科学(西北政法大学学报)》2012年第4期。

67. 赵洲:《国际保护的责任机制的建构与实施——苏丹达尔富尔问题的实证分析》,《法商研究》2008年第3期。

68. 赵洲:《履行保护的责任:规范实施与观念塑造》,《重庆大学学报(社会科学版)》2011年第4期。

69. 赵洲:《论国际社会提供保护的责任的协助与补充属性》,《安徽大学学报(哲学社会科学版)》2008年第3期。

70. 赵洲:《公共卫生全球治理的法理基础与争端解决》,《浙江师范大学学报(社会科学版)》2011年第6期。

71. 赵洲:《强迫失踪与国家的人权保护的责任》,《中南大学学报(社会科学版)》2012年第2期。

72. 周祯尧:《正义战争论视角下的保护的责任》,南京大学2012年硕士学位论文。

73. 朱世宏:《"保护的责任"国内研究述评》,《西安政治学院学报》2013年第6期。

74. 朱奕锋:《浅谈"保护的责任"与国际法若干基本原则的关系》,《中山大学研究生学刊(社会科学版)》2012年第3期。

75. Theo Ramonono:《保护的责任:国际关系中主权和人权范式的转变》,吉林大学2013年硕士学位论文。

英文文献:

1. Abdel Salam Sidahmed, et al., *The Responsibility to Protect in Darfur: The Role of Mass Media*, Lexington Books, 2014.

2. Aidan Hehir, *The Responsibility to Protect: Rhetoric, Reality and the Future of Humanitarian Intervention*, Palgrave Macmillan Press, 2012.

3. Aidan Hehir and Robert Murray, eds., *Libya, the Responsibility to Protect and the Future of Humanitarian Intervention*, Palgrave Macmillan Press, 2013.

4. Albana Hykaj, *Responsibility To Protect: A Questionable Norm: Should great powers intervene in humanitarian crises, or should they follow their own interest?*, LAP LAMBERT Academic Publishing, 2014.

5. Alex J. Bellamy, *Responsibility to Protect*, Cambridge: Polity Press, 2009.

6. Alex J. Bellamy, *Global Politics and the Responsibility to Protect: From Words to Deeds*, New York: Routledge, 2011.

7. Alex J. Bellamy, *The Responsibility to Protect: A Defense*, Oxford: Oxford University Press, 2014.

8. Alex Stark, ed., *The Responsibility to Protect: Challenges & Opportunities in Light of the Libyan Intervention*, e-International Relations, November 2011, http://www.e-ir.info/wp-content/uploads/R2P.pdf.

9. Annie Herro, *UN Emergency Peace Service and the Responsibility to Protect*, Rout-

ledge, 2014.

10. Anne Orford, *International Authority and the Responsibility to Protect*, Cambridge: Cambridge University Press, 2011.

11. Cathinka Vik, *Moral Responsibility, Statecraft and Humanitarian Intervention: The US Response to Rwanda, Darfur, and Libya*, New York: Routledge, 2015.

12. Charles Sampford, et al., *Responsibility to Protect and Sovereignty*, London: Ashgate Publishing Limited, 2014.

13. Christopher Schwarzkopf, *The Responsibility to Protect? Die humanitäre Intervention im völkerrechtlichen Kontext*, Munich: GRIN Verlag GmbH Publishing, 2008.

14. Cristina Gabriela Badescu, *Humanitarian Intervention and the Responsibility to Protect: Security and Human Rights*, New York: Routledge, 2010.

15. David Whetham and Bradley Jay Strawser, *Responsibilities to Protect: Perspectives in Theory and Practice*, Brill-Nijhoff, 2015.

16. Damien Kingsbury, *Sri Lanka and the Responsibility to Protect: Politics, Ethnicity and Genocide*, New York: Routledge, 2012.

17. Daniel Silander and Don Wallace, eds., *International Organizations and the Implementation of the Responsibility to Protect: The Humanitarian Crisis in Syria*, New York: Routledge, 2015.

18. Daniel Fiott and Joachim Koops, eds., *The Responsibility to Protect and the Third Pillar: Legitimacy and Operationalization*, Palgrave Macmillan Press, 2014.

19. Francis Angus, et al., eds., *Norms of Protection Responsibility To Protect Protection Of Civilians And Their Interaction Norms Of Protection*, Washington D. C.: Brookings Institution Press, 2012.

20. Gareth Evans, *The Responsibility to Protect: Ending Mass Atrocity Crimes Once and for All*, Washington, DC: Brookings Institution Press, 2009.

21. George Peter Ngogolo, *Affirming Peace, Protecting the Vulnerable: Theological and Ethical Reflections on the Concept of "Responsibility to Protect"*, Bossey: Institut Oecumenique, 2010.

22. Hannes Peltonen, *International Responsibility and Grave Humanitarian Crises: Collective Provision for Human Security*, New York: Routledge, 2013.

23. Heather M. Roff, Global Justice, *Kant and the Responsibility to Protect: A Provisional Duty*, New York: Routledge, 2013.

24. James Pattison, *Humanitarian Intervention and the Responsibility To Protect: Who Should Intervene?* Oxford: Oxford University Press, 2012.

25. Jared Genser and Irwin Cotler, *The Responsibility to Protect: The Promise of Stopping Mass Atrocities in Our Time*, Oxford: Oxford University Press, 2011.

26. Jeremy Moses, *Sovereignty and Responsibility: Power, Norms and Intervention in International Relations*, Palgrave Macmillan Press, 2014.

27. Julia Hoffmann and Andre Nolkaemper, *Responsibility to Protect: From Principle to Practice*, Amsterdam: Amsterdam University Press, 2012.

28. Karen Dakmee Lu, "Radicalizing 'the Responsibility to Protect': the Problem of An Unmediated Moralization of Politics in a Post-9/11/world", M. A. Thesis, Carleton University, 2005.

29. Kurt Mills and David Jason Karp, eds., *Human Rights Protection in Global Politics: Responsibilities of States and Non-State Actors*, Palgrave Macmillan Press, 2015.

30. Luke Glanville, *Sovereignty and the Responsibility to Protect: A New History*, Chicago: University of Chicago Press, 2013.

31. Melissa Labonte, *Human Rights and Humanitarian Norms, Strategic Framing, and Intervention: Lessons for the Responsibility to Protect*, New York: Routledge, 2013.

32. Michael W. Doyle, *The Question of Intervention: John Stuart Mill and the Responsibility to Protect*, New Haven, CT: Yale University Press, 2015.

33. Monica Serrano and Claudio Fuentes, eds., *The Responsibility to Protect in Latin America: A New Map*, New York: Routledge, 2015.

34. Nathalie Tocci, *On Power and Norms: Libya, Syria, and the Responsibility to Protect*, German Marshall Fund of the United States, 2014.

35. Noam Chomsky, *A New Generation Draws the Line: Kosovo, East Timor, and the Responsibility to Protect Today, Updated and Expanded Edition*, Paradigm Publishers, 2011.

36. Peter Hilpold, ed., *The Responsibility to Protect (R2P): A New Paradigm of International Law?* Martinus Nijhoff Publishers, 2014.

37. Philip Cunliffe, ed., *Critical Perspectives on the Responsibility to Protect: Interrogating Theory and Practice*, New York: Routledge, 2012.

38. Oliver Bräuner, *Chinas Changing Approach to International Intervention: In the Post-Cold War Era*, Munich: GRIN Verlag GmbH Publishing, 2010.

39. Rama Mani and Thomas G. Weiss, eds., *Responsibility to Protect: Cultural Perspectives in the Global South*, New York: Routledge, 2013.

40. Ramesh Thakur and William Maley, eds., *Theorising the Responsibility to Protect*, Cambridge: Cambridge University Press, 2015.

41. Ramesh Thakur, *The United Nations, Peace and Security: From Collective Security to the Responsibility to Protect*, Cambridge: Cambridge University Press, 2006.

42. Ramesh Thakur, *The Responsibility to Protect: Norms, Laws and the Use of Force in International Politics*, New York: Routledge, 2011.

43. Richard H. Cooper and Juliette Voinov Kohler, eds., *Responsibility to Protect: The Global Moral Compact for the 21st Century*, Palgrave Macmillan Press, 2009.

44. Sara E. Davies, *Responsibility to Protect and Women, Peace and Security: Aligning the Protection Agendas*, Martinus Nijhoff, 2013.

45. Stephen Matthew Wisniew, et al., *Early Warning Signs and Indicators to Genocide and Mass Atrocity*, Penny Hill Press Inc., 2012.

46. Saul Takahashi, ed., *Human Rights, Human Security, and State Security: The Intersection*, Praeger Security International, 2014.

47. Taylor Seybolt, *Preventing Genocide and Mass Killing: A criminological Approach*, New York: Routledge, 2014.

48. Theresa Reinold, ed., *Sovereignty and the Responsibility to Protect: the Power of Norms and the Norms of the Powerful*, New York: Routledge, 2014.

49. Thomas G. Weiss and Don Hubert, *The Responsibility to Protect*, IDRC Books, 2002.

50. Thomas G. Weiss, *Military-Civilian Interactions: Humanitarian Crises and the Responsibility to Protect*, Rowman & Littlefield Publishers, 1998.

51. Verena Schaupp, *"Responsibility to Protect": Schutzpflicht vs. Interventionserlaubnis*, AV Akademikerverlag, 2015.

52. Victoria K. Holt and Tobias C. Berkman, *The Impossible Mandate? Military Preparedness, the Responsibility to Protect and Modern Peace Operations*, Washington D.C.: The Henry L. Stimson Center, 2006.

53. W. Andy Knight and Frazer Egerton, eds., *The Routledge Handbook of the Responsibility to Protect*, New York: Routledge, 2012.

54. Yang Razali Kassim, *The Geopolitics of Intervention: Asia and the Responsibility to

Protect, Springer Press, 2014.

英文文章:

1. Abdullahi Boru Halakhe, "'R2P in Practice': Ethnic Violence, Elections and Atrocity Prevention in Kenya", *Global Centre for the Responsibility to Protect Occasional Paper Series*, No. 4, December 2013.

2. Alex de Waal, "Darfur and the Failure of the Responsibility to Protect", *International Affairs*, Vol. 83, No. 6, 2007.

3. Alex J. Bellamy, "Conflict Prevention and the Responsibility to Protect", *Global Governance*, Vol. 14, No. 2, 2008.

4. Alex J. Bellamy, "The Responsibility to Protect and the Problem of Military Intervention", *International Affairs*, Vol. 84, No. 4, 2008.

5. Alex J. Bellamy and Paul D. Williams, "The New Politics of Protection? Cote d'Ivoire, Libya and the Responsibility to Protect", *International Affairs*, Vol. 87, No. 4, 2011.

6. Alicia L. Bannon, "The Responsibility to Protect: The UN World Summit and the Question of Unilateralism", *The Yale Law Journal*, Vol. 115, No. 5, 2006.

7. Alison McCormick, "From Sovereignty to Responsibility: An Emerging International Norm and Its Call to Action in Burma", *Indiana Journal of Global Legal Studies*, Vol. 18, No. 1, 2011.

8. Amitav Acharya, "Redefining the dilemmas of humanitarian intervention", *Australian Journal of International Affairs*, Vol. 56, No. 3, 2002.

9. Anne Orford, "Rethinking the Significance of the Responsibility to Protect Concept", *Proceedings of the Annual Meeting (American Society of International Law)*, Vol. 106, 2012.

10. Carsten Stahn, "Responsibility to Protect: Political Rhetoric or Emerging Legal Norm?", *The American Journal of International Law*, Vol. 101, No. 1, 2007.

11. Edward C. Luck, "Environmental Emergencies and the Responsibility to Protect: A Bridge Too Far?", *Proceedings of the Annual Meeting (American Society of International Law)*, Vol. 103, 2009.

12. Esther D. Reed, "Responsibility to Protect and Militarized Humanitarian Intervention: When and Why the Churches Failed to Discern Moral Hazard", *The Journal of*

Religious Ethics, Vol. 40, No. 2, 2012.

13. Gareth Evans, "The Responsibility to Protect in Environmental Emergencies", *Proceedings of the Annual Meeting (American Society of International Law)*, Vol. 103, 2009.

14. Gareth Evans, "The Responsibility to Protect: Rethinking Humanitarian Intervention", *Proceedings of the Annual Meeting (American Society of International Law)*, Vol. 98, 2004.

15. Gareth Evans, "Crimes against Humanity: Overcoming Global Indifference", oration delieved for B'nai B'rith Anti-Defamation Commission, April 30, 2006.

16. Gareth Evans and Mohanmed Sahnoun, "The Responsibility to Protect", *Foreign Affairs*, Vol. 81, No. 6, 2002.

17. Garwood-Gowers AD, "China's 'Responsible protection' concept: Reinterpreting the Responsibility to Protect (R2P) and military intervention for humanitarian purposes", *Asian Journal of International Law*, 2015.

18. Garwood-Gowers AD, "China and the 'responsibility to protect': The implications of the Libyan intervention, *Asian Journal of International Law*, 2012.

19. Gregory Mthembu-Salter et al., "Prioritizing Protection from Mass Atrocities: Lessons from Burundi", Global Centre for the Responsibility to Protect Occasional Paper Series, 2011.

20. Graham Day and Christopher Freeman, "Operationalizing the Responsibility to Protect—the Policekeeping Approach", *Global Governance*, Vol. 11, No. 2, 2005.

21. Grey Puley, "The Responsibility to Protect: East, West, and Southern African Perspectives on Preventing and Responding to Humanitarian Crises", Ploughshares Working Paper 05-5 (Sep., 2005).

22. James Traub, "Unwilling and Unable: The Failed Response to the Atrocities in Darfur", Global Centre for the Responsibility to Protect Occasional Paper Series, 2010

23. Jennifer Welsh, et al., "The Responsibility to Protect: Assessing the Report of the International Commission on Intervention and State Sovereignty", *International Journal*, Vol. 57, No. 4, 2002

24. Jeremy I. Levitt, "The Responsibility to Protect: A Beaver Without A Dam", *Michigan Journal of International and Comparative Law*, Vol. 25, 2003.

25. Jeremy Moses, "Sovereignty as Irresponsibility? A Realist Critique of the Respon-

sibility to Protect", *Review of International Studies*, Vol. 39, No. 1, 2013.

26. Jeremy Sarkin, "The Role of the United Nations, the African Union and Africa's Sub-Regional Organizations in Dealing with Africa's Human Rights Problems: Connecting Humanitarian Intervention and the Reasonability to Protect", *Journal of African Law*, Vol. 53, No. 1, 2009.

27. Jonathan Graubart, "R2P and Pragmatic Liberal Interventionism: Values in the Service of Interests", *Human Rights Quarterly*, Vol. 35, No. 1, 2013.

28. Louise Arbour, "The Responsibility to Protect as a Duty of Care in International Law and Practice", *Review of International Studies*, Vol. 34, No. 3, 2008.

29. Luke Glanville, "Ellery Stowell and the Enduring Dilemmas of Humanitarian Intervention", *International Studies Review*, Vol. 13, No. 2, 2011.

30. Michael W. Doyle, "International Ethics and the Responsibility to Protect", *International Studies Review*, Vol. 13, No. 1, 2011.

31. Marie-Joëlle Zahar, "Intervention, Prevention, and the 'Responsibility to Protect': Considerations for Canadian Foreign Policy", *International Journal*, Vol. 60, No. 3, 2005.

32. Noel M. Morada, "R2P Roadmap in Southeast Asia: Challenges and Prospects", Unisci Discussion Papers, No. 11, 2006.

33. Rebecca J. Hamilton, "The Responsibility to Protect: From Document to Doctrine—But What of Implementation?", *Harvard Human Rights Journal*, Vol. 19, 2011.

34. Robert O. Matthews, "Sudan's Humanitarian Disaster: Will Canada Live up to Its Responsibility to Protect?", *International Journal*, Vol. 60, No. 4, 2005.

35. Roberta Cohen, "Strengthening Protection of IDPs: The UN's Role", *Georgetown Journal of International Affairs*, Winter/Spring, 2006.

36. Sara Davies, Kimberly Nackers and Sarah Teitt, "Women, peace and security as an ASEAN priority". *Australian Journal of International Affairs*, 68 3, 2014.

37. Sarah Teitt, The responsibility to protect and China's peacekeeping policy. *International Peacekeeping*, 18 3, 2011.

38. Sarah Teitt, Assessing Polemics, Principles and Practices: China and the Responsibility to Protect. *Global Responsibility to Protect*, 1 2, 2009.

39. Saira Mohamed, "Syrian, the United Nations, and the Responsibility to Protect", *Proceedings of the Annual Meeting (American Society of International Law)*, Vol.

106, 2012

40. Simon Adams, "Failure to Protect: Syria and the UN Security Council", *Global Centre for the Responsibility to Protect Occasional Paper Series*, No. 5, March 2015.

41. Simon Adams, "Lybia and the Responsibility to Protect", Global Centre for the Responsibility to Protect Occasional Paper Series, No. 3, October 2012

42. Tiewa Liu, "China and Responsibility to Protect: Maintenance and Change of Its Policy for Intervention", *The Pacific Review*, Vol. 25 No. 1 March 2012.

43. Tiewa Liu, Haibin Zhang, "Debates in China about the Responsibility to Protect as a developing international norm: A General Assessment", *Conflict, Security and Development*, Volume 14, Issue 4, 2014.

44. William R. Pace and Nicole Deller, "Preventing Future Genocides: An International Responsibility to Protect", *World Order*, Vol. 36, No. 4, 2005.

相关报告：

1. *2005 World Summit Outcome*, General Assembly Document A/59/HLPM/CRP.1/Rev.2, September 15, 2005.

2. *The Responsibility to Protect*, Report of International Commission on Intervention and State Sovereignty, December 2001.

3. *The Responsibility to Protect: A Strategy for Engaging America*, Conference Whitepaper of International Crisis Group, May 2007.

4. *Global Consultative Roundtables on the Responsibility to Protect: Civil Society Perspectives and Recommendations for Action (February 2008-August 2008)*, Interim report of R2PCS Project, January 2008.

5. *Early Warning, Assessment and the Responsibility to Protect*, UN Secretary-General Report, July 14, 2010.

6. *Implementing the Responsibility to Protect*, UN Secretary-General Report, January 12, 2009.

7. *In Larger Freedom: towards Development, Security and Human Rights for All*, UN Secretary-General Report, March 21, 2005.

8. *Responsible Sovereignty: International Cooperation for a Changed World*, UN Secretary-General Report, July 15, 2008.

9. *The Role of Regional and Sub-regional Arrangements in Implementing the Responsi-

bility to Protect, UN Secretary-General Report, June 27, 2011.

10. *A More Secure World: Our Shared Responsibility*, Report of the Secretary-General's High-level Panel on Threats, Challenges and Change, 2004.

主题网站:

1. Global Center for the Responsibility to Protect, http://globalr2p.org/.
2. International Coalition for the Responsibility to Protect, http://www.responsibilitytoprotect.org/.
3. International Crisis Group, http://www.crisisgroup.org/.
4. R2P Coalition, http://r2pcoalition.org/.
5. The United Nations, http://www.un.org/en/preventgenocide/adviser/responsibility.shtml.
6. Asia-Pacific Center for R2P, http://www.r2pasiapacific.org/.
7. E-International Relations Students, http://www.e-ir.info/.
8. Global Norm Evolution & The Responsibility to Protect, http://www.globalnorms.net/home/.

附录1 "保护的责任"工具包

第一部分:理解保护的责任[①]

保护的责任的定义

保护的责任(简称 RtoP 或 R2P)是旨在预防并终止灭绝种族、战争罪、族裔清洗与反人类罪的新规范。保护的责任并非法律规范,而是用于指导国家与区域安排、次区域安排及国际组织保护人民免遭此类罪行之害的政治承诺。

> **保护的责任规定:**
> 1. 国家承担保护其人民免遭灭绝种族、战争罪、族裔清洗和危害人类罪之害的首要责任。这一责任意味着预防此类罪行的发生,包括预防煽动这类犯罪。
> 2. 国际社会有责任鼓励并帮助各国履行这一责任。
> 3. 国际社会也有责任采取适当的外交、人道主义和其他和平手段,帮助保护人民免遭种族灭绝、战争罪、族裔清洗和危害人类罪之害。若有关国家当局无法保护人民免遭种族灭绝、战争罪、族裔清洗和危害人类罪之害,或事实上正是这类犯罪的实施者,国际社会也应随时准备根据《联合国宪章》,逐案处理,并与相关区域组织合作,及时、果断地采取集体行动。这类行动可能必须采取强制手段,包括在必要时通过联合国安理会集体使用武力。

[①] 本工具包由保护的责任国际联盟制订,工具包中的表述为"保护的责任",为保留原貌,不改为"保护的责任"。——编者

保护的责任的必要性

犹太人大屠杀、柬埔寨大屠杀和卢旺达种族大屠杀,以及发生在前南斯拉夫、东帝汶和达尔富尔地区的反人类罪行都体现了国际社会在预防此类暴行时的惨重失败。这些惨绝人寰的案件和千百万无辜生命的逝去促使人们高呼:"绝不让悲剧重演"!

图片说明:1999 年,科索沃难民逃离家园。
图片来源:联合国与联合国难民署图片;摄影/R LeMoyne。

纵观 20 世纪 90 年代,针对是该支持用于保护人民的干预权(例如人道主义干涉)还是应坚持认为《联合国宪章》所承认的国家主权禁止对任何内部事务进行干预,这两种观点的支持者展开了长期争论。在卢旺达惨案中,国际社会未能采取措施保护卢旺达人民免受暴虐罪行之害;而在科索沃战争中,北约却在未得到安理会授权的情况下发动军事行动终止人道主义灾害。国际社会的不同反应与平民利益密切相关,也使人们认识到,国际社会亟须就何时以及如何采取行动预防和终止大规模暴行达成共识,引领人们改变观点,认识到不仅仅是国家安全,社会和个人的安全也必须成为国家政策和国际政策的重要考虑。有鉴于此,当时的联合国秘书长科菲·安南在 1999 年和 2000 年的联大讲话中,要求各成员国协调国家主权原则和国际社会保护人民免受大规模人权侵犯的责任之间的关系。

附录1 "保护的责任"工具包

联合国总部"大屠杀期间的儿童"展览

图片来源:联合国图片;摄影/JC Mclwaine。

非洲联盟从"不干涉"走向"不漠视"

2000年,非洲国家组成非洲联盟(简称AU),并立即在非盟的奠基性文件《非洲联盟宪章》中记录了与"保护的责任"相呼应的原则。宪章中规定的原则体现了非盟在政策上的重大转变,从作为非洲统一组织时一直奉行的对他国事务"不干涉"政策转向了"不漠视"政策。

非盟强调,应使保护人民成为一种集体责任,这一点可以从《非洲联盟宪章》的以下条款得以体现:

- 第3(b)条表明,非盟的核心宗旨之一在于"维护成员国的主权、领土的完整与独立"。
- 第4(h)条规定,"在危急情况下,包括出现灭绝种族、战争罪和反人类罪等罪行时,非洲联盟有权根据非盟首脑会议的决定干涉成员国事务"。
- 第4(J)条指出,成员国有权要求非洲联盟进行干预来恢复成员国的和平与安全。

而且,非盟并未规定在干预人民遭遇危险的情况时必须得到成员国的同意。与此相反,非洲统一组织的行动是建立在达成共识的基础上。重要的是,非盟认为,未得到当事国同意的军事干预必须是所有和平手段都无法解决问题时才能采取的最后手段。这点更是与保护的责任的原则相一致。

171

冈比亚的非盟峰会

图片来源:联合国图片;摄影/Mark Garten

干预和国家主权国际委员会报告首创保护的责任这一术语

2001年,加拿大政府力图回应科菲·安南的呼吁,成立了国际专家小组即干预和国家主权国际委员会(ICISS)。在与各国政府、非政府组织、政府间组织、大学和智库进行多次磋商之后,委员会于2001年12月提交了名为《保护的责任》的报告。

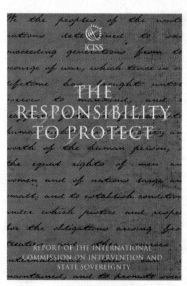

ICISS报告封面

图片来源:保护的责任国际联盟。

基于弗朗西斯·登博士及其在布鲁金斯学会的同事关于"主权的责任"这一概念的论著,委员会提出了一个问题,即国家主权——这一国际法的根本原则——在什么时候必须让步于对抗严重破坏人道主义法与国际法的罪行,包括灭绝种族、战争罪、族裔清洗和反人类罪。

通过将"国家干预的权利"转变为"国家保护人民的责任",报告优先考虑了对受到暴行威胁的人民的保护。报告主张,主权国家必须履行其国内责任,主要指保护人民的责任。报告倡导把主权界定为对责任的承担而不是控制的机制。

报告还指出,如果国家不愿意或者没有能力保护本国国民,那么国际社会就应该承担起保护这些人民的责任。国际社会不仅要竭尽全力制止正在进行中的暴行,还应该致力于预防此类罪行在任何地区的发生。鉴于此,委员会呼吁采取一系列措施实施保护的责任,从预防到反应再到重建。委员会提出许多实施保护的责任的措施,并认为武力干涉只能作为最后的手段。

干预和国家主权国际委员会报告首创保护的责任这一术语

重要的是,为了防止其他国家以保护人权之名行维护自身政治利益之实,干预和国家主权国际委员会报告就国际社会何时能够及何时应该采取行动进行了限制。报告特别指出,在授权军事行动保护人民之前应考虑的几条预防性原则,包括:

- 正当的目的
- 最后的手段
- 适度的措施
- 合理的成功预期

报告还探讨了"正当的权威",承认联合国安理会是授权使用武力的最适当的机构,但同时鼓励安理会成员应该更加有效地预防保护的责任范畴内的罪行(例如:通过针对危机情况迅速发表声明,而对五个常任理事国来说,则应在这类事件中避免使用否决权)。报告也指出,如果安理会未能在"合理的时间"内处理此类情况,联合国大会、区域安排和次区域安排及其他相关国家应发挥作用。报告还讨论了"正当的理由",认为只有在危及"大量的生命损失或族裔清洗"时,才可以考虑使用武力。

不幸的是,这份报告的发布时机对于其首次面世而言却是灾难性的,部分应归咎于 2003 年美国对伊拉克的入侵。美国的单边军事行动是以人道主义干预为部分前提的,这使人们担心保护的责任可能被强国利用,成为侵蚀他国主权的借口。不过,虽然最初国际社会对保护的责任的支持是有限的,但不断发生的人道主义灾难,包括达尔富尔人道主义救援的失败,提醒国际社会应该对危害人民的大规模暴行做出更多的集体回应。

ICISS 联合主席穆罕默德（左）与加雷斯·埃文斯

图片来源：联合国图片；摄影/Evan Schneider。

保护的责任的发展过程：
从干预和国家主权国际委员会到 2005 年世界首脑会议

联合国秘书长在联合国改革议程中包含了对保护的责任的支持，具体内容如下：

2004 年：威胁、挑战和改革问题高级别小组报告《一个更安全的世界：我们共同的责任》

在准备第 60 届联大的过程中，秘书长科菲·安南任命了一个名人小组，要求他们评估当时全球面临的最为迫切的安全威胁，并为如何最好地规避风险提出建议。这份报告涵括了 101 条关于全球必须如何集体、全面地应对安全挑战的建议，其中包括认可并履行保护的责任。

2005 年：秘书长报告《大自由：实现人人共享的发展、安全与人权》

联合国秘书长科菲·安南发表报告，针对各国首脑和政府领导应该在 2005 年及之后的"世界首脑会议"上讨论的议题提出建议。在题为"有尊严生活的自由"那一节中，秘书长讨论了联合国的人权支柱领域，建议各国应接受新出现的保护的责任规范。

2005 年：非洲国家的"埃祖尔韦尼共识"

非洲各国政府在"埃祖尔韦尼共识"中认同保护的责任，承认联合国安理会是在遭遇灭绝种族、反人类罪、战争罪和族裔清洗的情况下授权使用武力的权威机构,并坚持在此类情况下,靠近冲突地区的区域性组织应该被授权采取行动。

秘书长发表威胁、挑战和改革问题高级别小组报告

图片来源:联合国图片;摄影/Eskinder Debebe。

2005年世界首脑会议成果文件历史性地认同保护的责任

2005年9月,各国首脑一致认同保护的责任,并通过联合国大会高级别全体会议决议即"世界首脑会议"成果文件的第138条至140条。这是一个历史性的时刻,代表着全球各地的政府和民间组织都支持国际社会的保护的责任。这一成果在一定程度上得益于包括阿根廷、智利、墨西哥、卢旺达与南非在内的南方国家的领导,他们都是该理念的坚定倡导者。

> 138. 每个国家均有责任保护其人民免遭灭绝种族、战争罪、族裔清洗和危害人类罪之害。这一责任意味通过适当、必要的手段,预防这类罪行的发生,包括预防煽动这类犯罪。我们接受这一责任,并将据此采取行动。国际社会应酌情鼓励并帮助各国履行这一责任,支持联合国建立预警能力。
>
> 139. 国际社会通过联合国也有责任根据《联合国宪章》第六章和第八章,使用适当的外交、人道主义和其他和平手段,帮助保护人民免遭种族灭绝、战争罪、族裔清洗和危害人类罪之害。在这方面,如果和平手段不足以解决问题,而且有关国家当局显然无法保护其人民免遭种族灭绝、战争罪、族裔清洗和危害人类罪

> 之害,我们随时准备根据《宪章》,包括第七章,通过安全理事会逐案处理,并酌情与相关区域组织合作,即时、果断地采取集体行动。我们强调,大会需要继续审议保护人民免遭种族灭绝、战争罪、族裔清洗和危害人类罪之害的责任问题,要考虑到《宪章》和国际法的相关原则。我们还打算视需要酌情做出承诺,帮助各国建设保护人民免遭种族灭绝、战争罪、族裔清洗和危害人类罪之害的能力,并在危机和冲突爆发前协助处于紧张状态的国家。
>
> 140. 我们全力支持秘书长防止种族灭绝问题特别顾问的任务。

区别:2001年干预和国家主权国际委员会报告与2005年世界首脑会议成果文件

虽然干预和国家主权国际委员会报告第一次提出了保护的责任,但各国并没有在世界首脑会议成果文件中签字认同报告的所有要素。今天,当我们探讨保护的责任时,我们特指的是在世界首脑会议成果文件第139、139和140条中界定的保护的责任,因为这才是各成员国都认可的定义。

干预和国家主权国际委员会报告与世界首脑会议成果文件对这一规范在表述上有所不同,体现在以下几点:

- 虽然干预和国家主权国际委员会报告中提出授权使用武力之前应该考虑"预防性原则"(见第11页),这一点却并未在2005年的世界首脑会议成果文件中通过。

- 世界首脑会议成果文件的签署国同意将保护的责任的适用范畴限制在四种罪行范围内,即灭绝种族、反人类罪、战争罪和族裔清洗。与此不同的是,干预和国家主权国际委员会的报告中提出了更加广泛的适用范畴,包括"当遭遇难以避免的自然或环境灾害时,国家不愿意或没有能力应对或寻求援助",以及"国家崩溃致使人民遭遇大规模的饥荒或内战"的情况。

- 干预和国家主权国际委员会的报告将"重建的责任"作为保护的责任之延续,但是世界首脑会议成果文件并未将此列入其中。其中部分原因在于,虽然重建是防止暴行再度发生、保护人民的一个重要组成部分,但重建的措施应该通过设立建设和平委员会进行解决。

附录 1 "保护的责任"工具包

2005 年 9 月 14 日,世界首脑会议召开。

图片来源:联合国图片;摄影/Mark Garten。

保护的责任之规范性基础与法律基础

保护的责任的指导原则是对主权的新理解,即认为主权不仅是种权利也是种责任。联合国会员就是作为国际社会成员的各国自愿承担义务和限制自身行为的重要例子。

联合国发展署《1994 年人类发展报告》中第一次提出"人的安全",这一概念也与保护的责任有关,因为保护的责任为把安全的重点从领土转移到人的身上发挥了重要作用。

人权和人权保护宣言、公约及相关协议,国际人道主义和难民法,以及制定行为标准与执行手段的各国法律所规定的国际法律义务也是保护的责任的基础。与保护的责任关系特别密切的相关法规包括《世界人权宣言》《日内瓦(四)公约》和两项附加议定书、《禁止酷刑公约》《防止及惩治灭绝种族罪公约》、有关公民、政治、社会、经济和文化权利的公约以及《国际刑事法院罗马规约》。

保护的责任范畴下的四种罪行是什么?

保护的责任的范畴十分有限,仅适用于四种特定罪行,分别为:灭绝种族、反人类罪、战争罪和族裔清洗。正因如此,该准则并不适用于对人类安全的其他威胁,例如健康危机、自然灾害、贫困或腐败等。我们通常用"大规模暴行"来指代这四种罪行。

灭绝种族

在经历过犹太人大屠杀的恐怖之后,联合国大会各成员国于1948年12月9日通过了《防止及惩治灭绝种族罪公约》。公约第二条对"灭绝种族"的定义如下:

蓄意全部或局部消灭某一民族、人种、种族或宗教团体的行为,包括:

1. 杀害该团体的成员;
2. 致使该团体的成员在身体上或精神上遭受严重伤害;
3. 故意使该团体处于某种生活状况下,以毁灭其全部或局部的生命;
4. 强制施行办法,意图防止该团体内的生育;
5. 强迫转移该团体的儿童至另一团体。

(注:灭绝种族可能发生在武装冲突中也可能发生在武装冲突之外。)

反人类罪

2002年7月1日通过的《国际刑事法院罗马规约》规定设立国际法院为常设国际仲裁机构,负责调查和起诉灭绝种族案件、反人类罪及战争罪案件。虽然并非所有国家都签署了罗马规约,但规约的第七条将反人类罪(与灭绝种族罪不同,反人类罪没有特定意图)定义为:

在广泛或有系统地针对任何平民进行的攻击中,在明知这一攻击的情况下,作为攻击的一部分而实施的行为,包括:

1. 谋杀;
2. 灭绝;
3. 奴役;
4. 驱逐出境或强行迁移人口;
5. 违反国际法基本规则,监禁或以其他方式严重剥夺人身自由;
6. 酷刑;
7. 强奸、性奴役、强迫卖淫、强迫怀孕、强迫绝育或严重程度相当的任何其他形式的性暴力;
8. 基于政治、种族、民族、族裔、文化、宗教、第三款所界定的性别,或根据公认为国际法不容的其他理由,对任何可以识别的团体或集体进行迫害,而且与任何一种本款提及的行为或任何一种本法院管辖权内的犯罪结合发生;
9. 强迫人员失踪;
10. 种族隔离罪;

11. 故意造成重大痛苦,或对人体或身心健康造成严重伤害的其他性质相同的不人道行为。

战争罪

1949 年 8 月 12 日,国际社会通过了四项《日内瓦公约》。这些公约与 1977 年通过的两项附加议定书规定应该对武装冲突中未参与敌对行动的平民给予保护。公约和附加议定书明确规定国际人道主义法对这些平民的待遇标准,并将战争罪定义为武装冲突期间违反国际人道主义法或人权法规定的行为。构成战争罪的违规行为范围较广,其中包括杀害或虐待不再参与敌对行动的个人,包括平民、战俘、病患或伤患、医疗与宗教人员以及救援行动的工作人员等。

(注:保护的责任范畴内的战争罪仅限于针对平民的大范围、系统性的犯罪。)

族裔清洗

国际法并未正式将族裔清洗单独定义为一种犯罪,但族裔清洗是指某个族裔或宗教集团特地制定的政策,通过暴力和恐怖手段将另一个族裔或宗教集团的平民从某个地理区域中驱逐出去。由于反人类罪中包括对人口的强制性转移或驱逐,因此,族裔清洗包含在反人类罪范畴中。

2005 年以来在联合国框架下的发展

秘书处

2004 年,联合国秘书长设立防止灭绝种族罪行问题特别顾问办公室(现改为防止灭绝种族罪行问题和保护的责任特别顾问办公室),担任防止灭绝种族罪行问题的历任特别顾问分别为:胡安·门德斯先生(2004~2007),弗兰西斯·登博士(2007—2012)和阿达玛·迪恩先生(2012 至今)。联合国秘书长也任命了保护的责任特别顾问:爱德华·勒克博士(2008—2012)。珍妮弗·威尔士博士担任 2013 年的联合国秘书长保护的责任问题特别顾问。

秘书长向联合国大会介绍 2009 年保护的责任报告。
图片来源：联合国图片；摄影/Jenny Rockett。

联合国大会

2009 年以来，联合国秘书长每年都会发布关于保护的责任问题的报告。在各成员国、联合国官员和公民社会组织的互动对话中，联合国大会仔细考虑了这些报告。第一份保护的责任报告发布于 2009 年，题为《履行保护的责任》。这份报告使得联合国大会通过了 A/RES/63/308 号决议，表示支持继续讨论这一准则。接下来的几年里，保护的责任报告及其相关讨论主要关注以下几个议题：

- 《早期预警、评估和保护的责任》(2010)
- 《区域和次区域安排对履行保护的责任时的作用》(2011)
- 《保护的责任：及时果断的反应》(2012)
- 《保护的责任：国家责任与预防》(2013)

防止灭绝种族罪行问题和保护的责任特别顾问办公室

防止灭绝种族罪行问题和保护的责任特别顾问办公室充当"监察员"，通过公开声明和非公开汇报的方式警告联合国各行为体、民间组织和普通公众警惕人民遭受大规模暴行威胁的情形，增强联合国预防保护的责任范畴内罪行的能力。特别顾问办公室也在世界各地执行任务、开展培训，增强地方、国家和区域性行为主体保护人民的能力。就此而言，特别顾问办公室已经与大湖区问题国际会议、东南亚国家政府官员及区域性组织官员、拉丁美洲国家级防止灭绝种族罪行问题专家等进行合作。

安全理事会

安全理事会在许多决议中也援引了保护的责任:

- 关于武装冲突中保护平民的 1674 号决议(2006 年)和 1894 号决议(2009 年)。
- 关于大湖区的和平、安全与发展的 1653 号决议(2006 年)
- 关于达尔富尔局势的 1706 号决议(2007 年)
- 关于利比亚局势的 1970 号决议(2011 年)、1973 号决议(2011 年)、2016 号决议(2011 年)、2040 号决议(2012 年)和 2095 号决议(2013 年)
- 关于科特迪瓦局势的 1975 号决议(2011 年)
- 关于南苏丹局势的 1996 号决议(2011 年)
- 关于也门局势的 2014 号决议(2011 年)
- 关于马里局势的 2085 号决议(2012 年)和 2100 号决议(2013 年)
- 关于索马里局势的 2093 号决议(2013 年)
- 关于苏丹/南苏丹局势的 2109 号决议(2013 年)
- 关于小武器和轻武器的 2117 号决议(2013 年)
- 关于中非共和国局势的 2121 号决议(2013 年)、2127 号决议(2013 年)、2134 号决议(2014 年)和 2149 号决议(2014 年)
- 关于叙利亚局势的 2139 号决议(2014)
- 关于预防和对抗灭绝种族罪的 2150 号决议(2014 年)

联合国大会

2011 年以来,联合国大会援引保护的责任,通过决议谴责发生在叙利亚的对人权的系统性侵犯行为。

- 1198 号决议(2011 年 12 月:133 张赞成票,11 张反对票,43 张弃权票)
- 11207 号决议(2012 年 2 月:137 张赞成票,12 张反对票,17 张弃权票)
- 11266 号决议(2012 年 8 月:133 张赞成票,12 张反对票,31 张弃权票)
- 11372 号决议(2013 年 5 月:107 张赞成票,12 张反对票,59 张弃权票)
- 11475 号决议(2013 年 12 月:127 张赞成票,13 张反对票,47 张弃权票)

人权理事会和人权事务高级专员办事处

2012 年 6 月,澳大利亚常驻联合国代表团、匈牙利常驻联合国代表团、尼日利亚常驻联合国代表团、泰国常驻联合国代表团和乌拉圭常驻联合国代表团共同举办了一次活动。在这次活动中,人权理事会认真考虑了保护的责任问题。此次活动之前,人权理事会发布了两份声明:第一份声明发表于 2011 年 3 月,代表 55 个成员国;而第二份声明发表于 2012 年 3 月,代表组织这次活动的上述五国政府。这次活动是人权理事会成员国第一次被邀请在日内瓦讨论保护的责任问题的活动,象征着人权理事会为促进各成员国接受保护的责任并加强履行保护的责任迈出了重要的一步。

联合国人权事务高级专员纳瓦尼特姆·皮莱也表达了她对保护的责任的一贯支持,并且自 2009 年起,她也在不同的国家案例背景下(包括利比亚危机和叙利亚危机)争取各成员国对保护的责任的承诺。2014 年,朝鲜人权调查委员会向联合国人权理事会提交了一份关于朝鲜国内系统性侵犯人权问题的报告,其中也记载了反人类罪的证据。

保护的责任的要素:三大支柱

联合国秘书长潘基文在其 2009 年题为《履行保护的责任》的报告中明确指出了三大支柱的方案:

第一支柱:国家的保护的责任

第一支柱是指国家均应承担保护国民免遭灭绝种族、战争罪、反人类罪和族裔清洗罪行之害的首要责任。

第二支柱:国际社会的援助和能力建设

第二支柱是指国际社会有责任援助并鼓励主权国家履行其保护的责任。

第三支柱:及时、果断的应对

第三支柱是指如果主权国家无法保护国民免受这些罪行的侵犯或事实上正是这些罪行的实施者,国际社会必须及时果断地应对,采取适当的外交、经济、人道主义和其他和平手段保护人民。如果和平手段不足以解决问题,国际社会必须随时准备采取更加强硬的行动,包括根据《联合国宪章》第七章采取集体强制措施。

预防和终止大规模暴行的措施有哪些？

保护的责任的首要目标在于防止灭绝种族、战争罪、族裔清洗和反人类罪等罪行。这些暴行既可能发生在和平时期，也可能发生在任何类型的政府或任何发展阶段的国家的国内或国外冲突之中。因此，地区、国家、区域和国际行为主体都必须能够认识到可以预示保护的责任范畴下罪行的因素。为了辨别这些因素，国际社会已经竭力开展了重要的研究，其中一个重要的例子就是联合国防止灭绝种族罪行问题和保护的责任特别顾问办公室（当时还是联合国防止灭绝种族罪行问题特别顾问办公室）提出的分析框架。这一框架明确指出8种可用于判断某个国家是否存在种族灭绝罪行危险的因素，包括对少数族群的歧视或煽动以及非法武装的存在等。

当人民已经遭受到实际威胁时，所有行为主体的责任则应超越预防犯罪的范围，延伸到追究罪行施行者的责任、建立重建和调解机制、预防灾害再度发生的范畴。为了保护人民免受灭绝种族、战争罪、族裔清洗和反人类罪之害，就要求增强预防能力，动员主权国家、区域组织和联合国的政治意愿，以便当此类犯罪出现之时可以及早进行应对。

上游预防是指政府可以在国内采取的相关措施，包括建立机制，制定政策，强化部门力量以减少大规模暴行发生的风险。

下游预防是指应对即将发生的大规模暴行威胁。这些措施可以是经济上的、政治上的、人道主义或是军事上的。措施的实施者可以是国际社会的行为主体，包括民间组织、单一政府、区域和次区域安排以及联合国有关部门等。

保护的责任框架下可行的预防性措施有哪些？

上游预防措施

经济

- 减少剥削，缓解贫困
- 减少不平等现象，特别是同一阶层的不平等现象
- 促进经济发展
- 支持结构改革
- 提供技术援助

- 改善贸易条件,增强贸易开放度
- 支持社区开发和地区所有权

治理

- 建设制度力量,保证社会服务的提供
- 增强并支持民主
- 支持权力的分散或共享
- 增强司法独立
- 消除腐败
- 增强解决地区冲突的能力

人权

- 保障基本人权,建设国家能力,特别保护少数群体、妇女和儿童的权利
- 支持国际刑事法院的工作

安全

- 加强法治
- 终结/阻止有罪不罚现象
- 改革安全部门
- 鼓励裁军和有效的武器控制或管理,特别是对小型武器的控制与管理

社会

- 建立群体间的信任感,包括宗教对话
- 增强民间力量,支持民间组织
- 建立新闻自由
- 防止并惩处煽动性言论和仇恨性言论
- 多元化教育和宽容教育

外交

- 查明事实
- 在区域成员或联合国成员中建立"朋友圈"
- 派遣名人或使节进行调解

- 运用联合国秘书长或区域组织领导的斡旋能力
- 力求仲裁
- 支持当地的冲突解决路径

法制

- 将争议提交国际刑事法院解决
- 通过国际法院或其他法律机制寻求公正

早期预警

- 建立区域性及联合国早期预警和评估能力

军事

- 动员预防性部署
- 发展并（或）威慑快速部署能力
- 干扰措施及其他防止煽动行为的措施

激励机制

- 提高经济或贸易动力
- 提供政治诱因

制裁

- 禁止旅游
- 贸易制裁和武器禁运
- 冻结资产
- 实施外交制裁

（整理自 Alex Bellamy, "Mass Atrocities and Armed Conflict: Distinctions, and Implications for the Responsibility to Protect", The Stanley Foundation, February 2011。）

保护的责任如何看待武力的使用？

当国家无法防止国境内的大规模暴行，并且如果外交、人道主义和其他和平手段不足以解决问题时，安理会可以授权集体使用武力来保护平民免受大规模暴行的伤害。

为了防止出现未经授权的单边或多边军事干涉（通常被称为"人道主义干预"），保护的责任力图强调《联合国宪章》对国际社会干预行动在时间与方式上的现有限制。

然而，关于增加额外标准来指导以武力应对保护的责任范畴内的罪行是否更有意义这个问题，国际社会并未达成一致共识。国际社会担心，这种指导方针可能会导致面对暴行时的无所作为，甚至使这种无为合法化。

干预和国家主权国际委员会在其2001年的报告中曾提出使用武力的标准，包括在授权使用武力之前考虑四点"预防性原则"；然而，这些标准既没有被联合国安理会或联合国各成员国通过，也未被予以认真考虑。

> 干预和国家主权国际委员会报告中提出的"预防性原则"：
>
> ● 正当的目的："干预的首要目标必须是终止或避免人民的苦难。"
>
> ● 最后的手段："（必须）尝试了每一种非军事的预防手段或和平的危机解决手段，并有足够理由相信其他手段不可能成功。"
>
> ● 适度的方式："军事干预计划的规模、持续时间和强度应该是实现相关人道主义目标所需的最低必要程度。"
>
> ● 合理的预期："军事干预必须有着能够终止或避免苦难的合理成功预期，以证实干预的合法性。军事干预的结果不能比不作为的结果更糟。"
>
> 干预和国家主权国际委员会的报告中还讨论了其他的标准，包括"正当的权威"，即联合国安理会必须是授权使用武力的权威机构；以及"正当的理由"，即只有在"大规模的生命伤亡或族裔清洗"正在进行或即将发生时才可以考虑使用武力。

危机情境下的保护的责任

下列案例展示了保护的责任如何应用于或未被应用于近年来某些国家的国民遭受大规模暴行威胁的情境之中。这些案例只是展示了国家和国际社会在应对威胁时的一系列可行措施，但并非全部。

刚果民主共和国 虽然刚果民主共和国的内战在2003年就已经结束并成立了过渡政府，但当时国内针对平民的反人类罪和战争罪——包括谋杀、强奸和性奴役、招募儿童兵及强制迁徙等——却仍然持续不断。国际社会已经采取措施履行其应对进行中的暴行与重建的责任;但是,国际社会在刚果民主共和国缓解人道主义危机与实现和平发展的进程只取得了缓慢的进展。

苏丹:达尔富尔 2003年,苏丹政府应对达尔富尔地区的叛乱,开始了一场针对平民的恐怖活动,造成30多万平民死亡,迫使300多万达尔富尔群众逃离家园。随着这场危机持续到第10年,苏丹政府及其代理民兵仍然在继续攻击,平民仍处于空袭和地面攻击的威胁之中。由于当地的非盟和联合国联勤人员缺乏保护平民的资源,平民们还遭到日益增多的抢劫和因叛乱带来的性暴力。

加沙 2008年12月,以色列与哈马斯集团撕毁停战协议,爆发军事打击行动,致使加沙危机的爆发。在这场危机中,以色列与哈马斯集团都被指控违反人权法和国际人道主义法。据称在这次危机造成1300多人死亡,5400多人受伤,其中平民占据绝大多数。虽然在2013年初,局势已经复归稳定,但是以色列封锁了加沙地带,只允许食物和药物等满足基本需求的物资进入加沙,阻碍了长期恢复和发展工作。在这个案例中,仍有一些疑问尚需解答,包括所犯罪行到什么程度才称得上大规模和系统性,以及援引保护的责任是否能够带来期望的改变从而保护这个高度政治化地区的平民。高度的紧张状态继续演变为以色列军队和哈姆斯集团驻加沙地区军队之间的暴力冲突。最近的一次冲突发生在2012年年底,当事双方都被控侵犯人权。

危机情境下的保护的责任

肯尼亚(2007—2008) 2007年12月,肯尼亚因总统选举备受争议而引发了一场骚乱。国际社会迅速协调应对此次骚乱,达成一项政治决议,派遣由非洲联盟任命的"非洲名人小组"前往肯尼亚调解危机,促成权力分享协议的签订。这次危机的处理被许多公民社会组织称赞为"保护的责任框架下外交行动的典范"。而在2013年的总统选举中,鉴于肯尼亚因选举产生暴乱的历史以及两位总统候选人都因其在2007年暴乱中的行为而面临国际刑事法院的指控,非洲联盟和世界各地的民间组织都采取措施监督此次选举,并保证人民在此次选举中的安全问题。

斯里兰卡(2008—2009) 在斯里兰卡内战的最后阶段,暴力冲突急剧升级,致使成千上万的平民无法获取基本的必需品或人道主义援助。虽然斯里兰卡政府声称自己的行为只是为了消灭恐怖活动,但从根本上来说,其行为仍然导致了大量的平民伤亡,斯里兰卡政府未能履行保护的责任所界定的责任。当时,不少公民社会组织批评联合国没有尽全力追究斯里兰卡政府可能犯下战争罪和反人类罪的责任。后来,联合国在一份报告中承认这个案例标志着"联合国未能及时、充分应对早期预警和恶化形势的巨大失败"。

几内亚（2009） 2009年9月28日，几内亚民众在首都科纳克里的某体育场进行和平抗议行动。政府军破坏此次游行，并对群众开火，导致150多名平民死亡，至少1400名平民受伤。据报道，此次冲突还涉及了大量的性暴力和强奸行为。据称，当天的暴力行为已经到达反人类罪行的程度，而且在攻击发生之前，已经有人担心军政府中的个人会按部族聚集私人军队。西非国家经济共同体和非洲联盟迅速展开调解行动，并对几内亚进行经济制裁；这些措施促使统一政府的迅速成立。在这些区域组织的帮助下，本可能升级为长期、致命冲突的危机得到了快速的政治解决，相关区域组织也因此广受赞誉。

危机情境下的保护的责任

科特迪瓦 2010年科特迪瓦的总统竞选之后爆发了一次暴乱，导致大量平民伤亡，迫使群众逃离家园。国际社会迅速对科特迪瓦采取经济制裁，呼吁政治改革。随着冲突升级为大规模暴行，联合国安理会一致赞成通过巩固联合国地面力量来增强其保护平民的能力。虽然终止了对平民的初步暴力威胁，然而由于"有罪不罚"文化的普遍存在，科特迪瓦政府仍未调查此次大规模暴行的责任问题。

南苏丹 南苏丹于2011年7月取得独立，但就在其独立后的几个月，南苏丹琼莱州洛乌努埃尔部落和穆尔勒部落之间发生了暴力冲突。双方攻击牛圈，进行报复袭击，造成一千多人死亡，迫使更多人逃离家园。虽然南苏丹政府发起裁军行动，派遣军队前往解决冲突并协调双方进行谈判，但由于两部落之间的紧张关系，人民仍然面临威胁。作为一个独立的主权国家，南苏丹政府承担起了保护其国民免受保护的责任范畴内大规模暴行之害的责任。但是，根据联合国安理会派遣前往南苏丹为其政府履行保护的责任提供"建议和帮助"的联合国维和部队报告，南苏丹政府军在裁军行动过程中犯下了庭外滥杀、酷刑、强奸等罪行。

苏丹：南科尔多凡省和青尼罗河 自2011年年中以来，苏丹武装部队就与苏丹人民解放运动北方局开始交战，发动随意空袭和地面攻击，很有可能升级为危害南科尔多凡省和青尼罗河地区平民的反人类罪行。据称，苏丹人民解放运动北方局犯下了大规模暴行，虽然在程度上小于苏丹武装部队。虽然阿拉伯国家联盟、非洲联盟和联合国在2012年促使双方达成了一项协议来帮助苏丹人民获取人道主义救援，但这项协议并未得到确切的执行。苏丹武装部队和苏丹人民解放运动北方局必须终止正在进行的大规模暴行,国际社会也应该追究双方未能履行协议以使人民获取人道主义救援的责任。

也门 2011年,也门亲政府安全部队在镇压1月起就开始的反政府抗议活动时,造成了几百人的伤亡。随着亲政府武装和反政府武装之间的冲突日渐升级到内战边缘,抗议者多次受到攻击。为了终止这一暴行,海湾阿拉伯国家合作委员会提出以也门总统移交权力来换取总统免受指控的和平协议。由于忽略了对也门总统的问责,同时允许赦免大规模暴力罪行,该协议饱受批评。但联合国安理会和国际社会在2011年10月通过了这一协议。

利比亚 针对利比亚前领导人穆阿迈尔·卡扎菲对利比亚平民发出的威胁(这些威胁令人回想起1994年卢旺达大屠杀期间煽动暴力行为之流所用的语言),国际社会和区域组织采取了一系列经济、政治、法律措施,之后还在联合国安理会的授权下采取了军事措施,阻止卡扎菲犯下更多侵害人民的罪行。关于此次军事行动的战术使用,以及参与干预的国家是为了保护利比亚国民还是为了影响利比亚国内政权更迭的问题,国际社会存在争议。然而,国际社会通过迅速采取行动,运用各种措施保护利比亚平民来履行其保护的责任的努力还是得到了多数赞誉。这一冲突告诉我们,在履行保护的责任时未能信守保护人民免受四种罪行之害的承诺,是存在问题的。而解决这个问题十分重要。武装冲突结束之后,随着利比亚努力进行重建,促进互信,建立制度保护平民,国际社会和区域组织帮助进行重建的责任也在继续。

叙利亚 2011年3月,叙利亚安全部队对示威的平民使用武力,造成大规模的人权侵犯行为。根据联合国人权理事会叙利亚人权调查小组的调查称,叙利亚国内发生了系统性的残暴行为,包括酷刑和任意逮捕等,这些行为说明叙利亚军队和民选政府所采取的政策已经达到反人类罪的程度。暴力冲突不断恶化,并升级为内战,叙利亚安全部队和反对派都犯下了战争罪。由于报复性攻击行为加深了不同部族之间的分歧,这场冲突在本质上日趋成为宗派斗争。随着暴行的继续,国际社会已经采取了经济、外交和政治等手段应对。然而,联合国安理会未能一致同意采取更加强硬的手段,某些成员国还多次使用否决权的行为引来各国、联合国官员和民间组织的批评。

中非共和国 2013年3月,塞雷卡武装团体发动了一场军事政变,中非共和国爆发危机。塞雷卡(主要由穆斯林构成)大规模袭击村庄,并造成大量的平民伤亡。塞雷卡的暴力袭击导致主要由基督教徒和反对塞雷卡军事集团统治的万物有灵论派组成的"反巴拉卡"军事组织的形成。反巴拉卡军事组织对穆斯林群体进行了恐怖袭击。中非共和国的宗教种族矛盾造成大量的人员伤亡,并有较高的族裔清洗和灭绝种族威胁。国际社会谴责中非共和国国内充满仇恨内容的宣传,授权一支临时的法国干预部队和联合国多维维和部队前往中非共和国执行保护平民的任务。中非共和国的局势仍然十分严峻,资金的不足已经成为人道主义救援的重大阻碍,并延缓了以保护平民为目的的强力维和部队的授权与派遣。

危机情境下的保护的责任

保护的责任的错误运用

格鲁吉亚(2008) 2008年8月,俄罗斯以保护俄罗斯公民免受格鲁吉亚南奥塞梯的种族灭绝之害为名在格鲁吉亚展开单边军事行动。当时,俄罗斯以自己正在履行保护国民的责任为由替自己的行为辩护。这一说法饱受争议,因为当时俄罗斯公民所面临的威胁是否已经达到大规模暴行的程度还未明确,同时军事行动是否恰当的应对方式也不明确。此外,根据2005年世界首脑会议成果文件通过的保护的责任内容来看,为保护国民免受国土范围外的大规模暴行而采取的军事行动必须是根据《联合国宪章》进行的集体军事行动。

缅甸(2008) 2008年,热带风暴纳尔吉斯侵袭缅甸,造成1500万人"严重受害"(据联合国相关机构估计)。鉴于自然灾害并不属于保护的责任的保护范畴,因此,此次风暴引发的饥荒并未被认为是"保护的责任范畴的危机情境"。当时,有人质疑缅甸政府不断阻碍帮助缅甸灾区恢复的人道主义救援的行为是否构成了反人类罪。但是,针对这些阻碍行为是否是系统性的、是否是缅甸政府更广范围内恶劣计划的一部分的问题存在大量怀疑。这使国际社会达成共识,认为如果在此次危机中运用保护的责任,则很可能成为对保护的责任的错误运用。

讨论问题

当您讨论上述国家案例时,可思考以下问题以加深对保护的责任的运用的理解:

1. 在这个国家案例中,国家、地区和国际层面的不同行为主体如何履行保护的责任框架下所明确规定的责任?

2. 从这个案例可以看出,保护的责任的履行过程中存在哪些挑战?

3. 国际社会对此次危机的处理可以给未来可能发生的人民遭遇大规模暴行威胁的情境带来什么启发?

履行保护的责任的挑战

自诞生之日起,保护的责任就引起了国际社会的高度重视,并期望它能成为促进全球和平的潜在的有力工具。保护的责任对国际社会处理在一些国家案例中保护平民的问题上起了重要的影响作用。然而,保证及时、合理地履行保护的责任仍然是个严峻的挑战。其中,一个新概念的提出为探讨保护的责任的实施创造了机会。巴西常驻联合国代表团于2011年11月向安理会上提交了题为《保护过程中的责任:制定和推广一个概念的各项要素》的文件,旨在解决用军事手段履行保护人民免受四大罪行之害的责任时存在的问题。概括而言,针对保护的责任持续、无选择性的实施存在以下几个问题:

- 不论是在联合国体系内还是在区域与次区域安排中,动员各行为主体防止和应对保护的责任范畴内罪行的政治意愿存在困难;
- 国际社会、区域组织和各国防止保护的责任范畴内罪行的能力不足;
- 在国际社会、区域组织、主权国家以及民间组织的工作中,需要将防止大规模暴行作为主要目标;
- 相关行为主体在参与早期预警系统、长期信息共享和共同合作应对暴行的努力中(例如调查真相、发布逮捕令或授权制裁),在交流和合作方面存在系统空缺;
- 虽然越来越多的成员国呼吁安理会常任理事国在对待灭绝种族、战争罪、反人类罪时限制使用否决权,安理会成员在涉及大规模暴行的危机下仍选择使用否决权;以及
- 在使用武力保护人民时缺乏指导方针,这点多国政府已经提出倡议,但由于担心这类标准可能阻碍对危机中人群的迅速援助,许多国家也提出了警告。

对保护的责任的常见误解

保护的责任等同于人道主义干预?

不同;保护的责任并不是指国家干涉的权利,而是指国家保护人民免受该理念框架下罪行之害的责任。国际社会应该帮助主权国家保护其国民,或者在主权国家不能或不愿应对保护的责任范畴内罪行或其他威胁时迅速采取行动。人道主义干预——指未经当事国同意和联合国安理会授权而进行的军事行动——不

受主权国家认可,也不被保护的责任第三支柱所允许。保护的责任的准则提倡负责任的主权,肯定《联合国宪章》对他国在何时可以以及应该如何保护人民的限制。军事行动只能由联合国安理会授权并且只有当所有的和平手段被证明无效时才可以使用。

武力是保护的责任第三支柱中的唯一手段?

不是。保护的责任的第三支柱将国际社会的责任定义为及时、果断地应对大规模暴行的威胁,并根据《联合国宪章》逐案处理危机。根据第三支柱,国际社会可以采取各种和平与强制手段应对危机,包括预防性外交、派遣调查团、实施经济制裁和禁运以及采取军事行动,例如设立禁飞区、派遣观察团和民防部队等。

保护的责任可以作为促进政权更迭的工具?

不能。政权更迭并非保护的责任框架内的措施。保护的责任仅仅强调预防并终止四种罪行,并未要求设立任何特定形式的政府。保护的责任案例中的应对战略总是旨在使政府改变其应对危机的方式,这在某些情况下可能会导致政权的更迭。然而,这种更迭并非隐藏在保护的责任框架之下,特别是当某个政权通过改变其政策保护国民时。

保护的责任与其他国际议程的关系

武装冲突中保护平民

保护的责任与防止武装冲突这个更广泛的议程有着密切联系,虽然该框架下的四种罪行不一定在武装冲突中发生。详细说来,虽然保护的责任与武装冲突中保护平民这一议程有所区别,却也不乏联系。武装冲突中保护平民是联合国为保护武装冲突中的平民而采取外交、法律、人道主义及人权行动的框架。武装冲突中保护平民解决的是在特定武装冲突案件中更广义的保护问题,而保护的责任只能运用于当人民遭受灭绝种族、反人类罪、战争罪和族裔清洗罪行威胁的情况下,无论这一情况是否被定义为武装冲突。

妇女、和平与安全

保护的责任为现有的关于妇女人权与安全问题的一系列国际承诺做出了重要补充。这些承诺包括《北京行动纲领》和安理会 1325 号决议、1888 号决议、1889 号决议和 1960 号关于妇女、和平与安全问题的决议。"促成保护的责任"的运行措施有利于在防止和终止大规模暴行、保证男女在冲突的预防、解决以及重建工作中的平等权利等方面发挥并体现妇女的领导作用。

除了认识到妇女在预防和保护过程中的作用,人们也日益体会到,当代的冲突情况与冲突后的情况会对男女产生不同的影响。联合国秘书长潘基文重申强奸及其他形式的性暴力都可能升级为大规模暴行,且性暴力是这些罪行的早期预警因素。然而,性暴力却仍然大量存在,而人们却未能掌握足够的信息和资料找出原因。这一情况必须得到改变,从而保证在遇到保护的责任范畴内罪行的威胁时能够进行更加有效的保护。

保护的责任与其他国际议程的关系

国际正义与国际刑事法院

作为防止或终止灭绝种族、战争罪和反人类罪的一项倡议,保护的责任与力图在国际正义范围内终止对这些罪行有罪不罚现象的各种努力紧密相关。国际刑事法院于 2002 年开始正式运作,是第一个负责调查此类严重犯罪和审判此类罪犯的常设国际仲裁机构。国际刑事法院追究个人罪犯的责任,不对国家首脑进行赦免。而且,根据管辖权补充性原则,当国家和区域的司法力量不足时,国际刑事法院有权调查可能发生的大规模暴行。在保护的责任的框架下,将案件提交国际刑事法院不仅是种预防性措施,还是一种应对措施,因为此举可以阻止大规模暴行的威胁,有助于实现问责制和预防有罪不罚的现象。

小型武器和其他武器的扩散与贸易

随意流通弹药武器和非法扩散小型武器都会直接影响到对大规模暴行的预防,并可能阻碍政府保护平民的能力。这点部分是由于小型武器和弹药易于流通、盗窃或转移的特点使之成为武装冲突中经常的武器选择。非法武装也可能引发本可以通过外交努力解决的争端,存在使冲突升级为大规模暴行的风险,并可能被用于破坏各国安全部门和旨在稳定潜在危机的区域或国际能力建设机制。2001年,联合国成员国承诺通过《联合国小武器和轻武器行动纲领》来消除小武器的非法贸易。各国也还在《武器贸易协定》的定案谈判阶段。该协定致力于管理传统武器的流通,并规定应该防止那些极可能被用于大规模暴行的武器的流通。

第二部分:发展保护的责任:国家与区域行为主体的作用

公民社会组织的作用:
公民社会组织已经为预防和终止大规模暴行做了哪些?

对保护的责任的倡导与许多方面相互重合,包括人权、防止冲突、法治管理、和平与安全、国际正义、建设和平、人道主义援助、妇女权益与信仰等。公民社会组织已经通过各种不同的措施和倡议为保护人民做出贡献:

1. 监控暴行并提供文件证明

• 实地监控潜在危机或通过实况调查行动、社会和传统媒体进行监督,特别搜索大规模暴行的指标,包括煽动行为、对少数群体的攻击和性暴力等。

2. 共享早期预警和评估信息

• 在诸如政治转型与选举的脆弱时期,通过与国家、区域和国际层面的早期预警机制共享预警信息和评估信息,提醒其他行为主体警惕潜在的冲突和早期冲突。

3. 调解、谈判和解决争议

• 鼓励争议双方进行协商并和平底解决危机。

• 支持、参与或领导调解行动或解决冲突。

4. 培训平民保护人员

• 帮助训练参与保护平民任务的军事和非军事人员,包括就认识大规模暴行的指标、最小化平民伤亡、防止武装冲突中的性暴力和对儿童的威胁等问题提供指导。

• 评估保护的责任的指标并分析过去的危机案例,吸取经验教训,增强预防性措施。

公民社会组织的作用：
公民社会组织已经为预防和终止大规模暴行做了哪些？

5. 创伤后的恢复工作
- 独立评估或与其他民间组织、政府和政府间国际组织共同合作评估当事国各团体的需求，从而制定重建与和解策略。
- 协助并促进危机后和平发展的进程，重点在于保证少数群体、妇女和其他脆弱群体在重建的过程中得到平等的权利。

6. 支持并增强国内和区域性司法系统
- 监督司法机构的工作并为之提供法律支持。

7. 倡导更强有力的机制来预防并应对保护的责任范畴下的罪行，呼吁：
- 政治家在报告声明中涉及预防和保护人民免受大规模暴行之害；
- 立法保证少数民族、妇女和脆弱群体的平等权利；
- 国家和区域组织制定或强化国内和区域性政策与结构来预防大规模暴行；
- 政府签订国际人权条约与协议或成立保护的责任的国家协调中心。

8. 支持地区群体进行预防和保护的努力
- 帮助地区行为主体建设辨别与预防保护的责任范畴下暴行威胁的能力，在可能的情况下，对这些努力进行宣传或复制。

利比里亚的国际妇女节

图片来源：联合国图片；摄影/Eric Kanalstein。

公民社会组织的作用：
公民社会组织如何推动保护的责任的发展？

公民社会组织可以利用保护的责任来强化他们目前正在进行的防止大规模暴行的工作。当各国政府在世界首脑会议成果文件中通过保护的责任时，在这一关键的历史时刻，他们承认自己在保护全球人民免受人类所知最恶劣罪行之害的责任。因此，公民社会组织能够以此作为难以反驳的理由，要求各国政府对自己的承诺负责。除了将保护的责任这一准则融入各个公民社会组织的工作之中，并以此倡导有效的预防和保护，公民社会组织还可以通过开展各种不同的活动提高公众对保护的责任的认知，并建立对保护的责任的支持。

1. 在民众、政府、议会、媒体、私企和学术界中建立对保护的责任的理解

- 针对保护的责任、相关国家案例及其他相关主题开展公开的活动或非公开的研讨会。
- 使用当地的语言制定、翻译并传播相关的教学资料。
- 在出版文章、评论和关于国家案例及相关主题的政策报告时引用保护的责任。
- 在保护的责任范畴内的罪行即将发生时，呼吁各层面的行为主体采取行动，并要求当事国政府对人民遭受的伤害负责。这包括在保护的责任被误用或滥用的情况下畅所欲言，以及在必须履行保护的责任的情况下阐明一切。
- 在讨论相关议程时，包括国际与区域司法正义、妇女、和平与安全、军控和武装冲突中保护平民等方面，把保护的责任和预防大规模暴行作为一种探讨的视角。

2. 为保护的责任建立选民支持，增加公民社会组织在保护的责任方面的工作

- 与其他公民社会组织一起开展或支持常规性对话，探讨保护的责任的最新发展、保护的责任在危机情境中的运用、政府和区域性组织对规范性发展的回应等，并为促进保护的责任的发展制定策略。
- 通过社会媒体分享新闻、分析、出版物和活动信息来与其他公民社会组织、学术机构和普通大众建立联系。
- 加入保护的责任国际联盟。

公民社会组织的作用：
公民社会组织如何推动保护的责任的发展？

3. 主张增加对保护的责任的规范支撑

● 呼吁政治家在声明中援引保护的责任,呼吁主权国家和区域组织将保护的责任融入到国家安全战略、区域性安全战略和白皮书等当中。

4. 开展研究,制定政策

● 出版关于保护的责任及与之相关主题的研究简报和政策简报,增强对保护的责任的认识,并为保护的责任的论述作出贡献。

供公民社会组织讨论的问题

在您的关系网和社群中,请就如何实践保护的责任,考虑以下问题:

● 您所在的公民社会组织与社群对保护的责任的主要问题或顾虑是什么?

● 公民社会组织应该要求联合国、各国政府和区域组织采取什么样的非强制性措施?如果这些措施不足以保护,您所在的公民社会组织是否会考虑呼吁通过联合国或区域组织采取强制手段?如果非强制性措施或强制性措施不可用,这些行为主体应该怎样发展自己的能力来保护人民免受保护的责任范畴下大规模暴行的伤害呢?

在与区域组织的官员或政府官员接洽时,可以考虑提出以下问题:

● 官员是否知道 2005 年世界首脑会议上政府对保护的责任的承诺?

● 政府官员或国会议员是否对保护的责任学说持保留意见?

● 您所在的政府或区域性组织有什么防止大规模暴行的合理战略与机制?这些机构是否正在努力建设预防和保护的能力?

● 您所在的政府是否正在采取措施将保护的责任融合到国家政策中?

● 您所在的政府或区域组织有没有与民间组织建立起互动机制探讨这些问题?

您能接触到哪类团体?

公民社会组织可以在更广泛的领域里推动保护的责任的发展。您或您所在的组织可以与政策研究机构、服务机构、宗教团体和学术机构成为合作伙伴,推动保护的责任的发展,防止并应对大规模暴行。

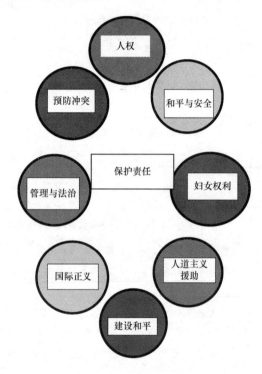

学术界如何推动保护的责任的发展?

学者(包括研究者和教师)在推动保护的责任的发展中发挥着至关重要的作用。他们不仅可以接触到民间社会的不同部门,还可以接触到国家和区域组织层面的外交人员,并与他们一起探讨保护的责任的许多方面。正如上文提及的,关于如何有效地预测、预防与应对保护的责任范畴内的犯罪存在许多重要的问题。学者不仅可以对这些问题进行研究,还可以开发课程,编纂教学材料,组织研讨会,教授课程,检验保护的责任以及它是如何运用到具体的国家案例和相关课题中。专家学者还可以在学术界内外帮助澄清关于保护的责任的一些常见误解。

1. 相关研究和著作可以关注：
- 大规模暴行的危机评估与早期预警
- 冲突的分析与研究
- 冲突的原因、升级过程与缓和
- 研究过去发生的、即将发生的以及正在发生的国家危机案例，研究需要进行调整的专门用于预防和应对保护的责任范畴下罪行的措施。
- 阐明保护的责任在概念和实践方面的挑战

2. 保护的责任的教育可以融合在以下领域的研究之中：
- 和平与冲突
- 种族灭绝研究
- 预防
- 国际关系
- 国际法
- 转型正义
- 维持和平与建设和平

媒体的作用：媒体代表如何保护人民？

记者和其他媒体从业人员通常见证了平民遭受大规模暴行或其他严重侵犯人权行为威胁的情形。他们利用媒体（新闻、杂志、期刊、广播、网络和电视）作为对外传播渠道，为世界提供信息并促进预防性行动的发生。社会媒体的迅速发展，包括Twitter、Facebook和Youtube的出现，使得全世界可以立即浏览到个人分享的内容。但媒体的作用也有双面性：虽然媒体可以帮助传播信息，并促成预防性行动，它也可能被操纵用于支持争议方或高压政府煽动大规模暴行。

媒体如何在大规模暴行中负责任地报道？

记者及其他媒体从业人员应当：
- 保证对危机事件和危急情形进行全面公正的报道；
- 采用新媒体技术将报道传播给更广泛、更多元化的受众；
- 为能够长期跟踪报道局势的外国同行提供支持；
- 在媒体从业人员中保证足够的专业培训和高水平的新闻工作实践；
- 支持独立多元的媒体来源，这样才能为公众提供不同的视角；

- 吸引公众关注大规模人权侵犯行为和导致大规模暴行的条件。

媒体的作用：如何利用媒体保护人民？

其他行为主体如何监督媒体并与之共同有效地预防大规模暴行？
民间组织和国家、地区及国际外交人员应该：
- 查证、分析并传播从目击者那里获取的大量信息；
- 将关于大规模暴行的信息翻译成其他语言，保证所有人都能很好地理解这些信息；
- 允许媒体进入受到这类罪行威胁或正在发生这类罪行的国家，并允许媒体在这些国家内自由行动，帮助其获取并报道事实；
- 保证在冲突发生国工作的新闻报道者和记者的安全；
- 报道并反驳煽动战争的案例，例如散播鼓励多样化和主张适度克制的信息等；
- 允许或倡导各国公民使用并参与独立、多样、公正的媒体。

您的政府及各国政府如何推动并履行保护的责任？

主权国家承担保护国民免遭灭绝种族、战争罪、反人类罪和族裔清洗之害的首要责任。各国政府也应该谨记他们有责任帮助其他国家履行其保护的责任，并且当某个国家无法防止国境内的大规模暴行时，其他各国应该为集体应对这一暴行做出贡献。各国政府可以采取各种措施推动保护的责任的发展，并进行国家能力建设，预防和应对保护的责任范畴下的罪行。

1. 保护的责任的规范性和制度性支撑
- 参与国际社会和区域组织针对保护的责任的讨论，并在官方声明和决议中认同这一准则。
- 成立保护的责任的常务委员会或议会团体。
- 成立国家协调中心或高级官员集团来倡导在国内履行保护的责任。

2. 减少保护的责任范畴下罪行威胁的风险
- 反思现有的支持多样性、促进经济发展、维持公正的安全部门的政策，考虑如何将预防大规模暴行的视角融合到这些机制之中。

- 在国家安全战略、国防白皮书等政策文件中将防止大规模暴行作为优先考虑。
- 立法反对保护的责任范畴下的罪行,立法支持保护少数群体、妇女、难民及其他脆弱群体的权利。
- 批准并履行国际社会的相关人权规范、国际人道主义法、难民法和《国际刑事法院罗马规约》中规定的职责。
- 保证并(或)帮助国际组织和区域组织的工作,包括为维和行动做贡献和支持为增强当地各行为主体能力所做的努力。这些行为主体包括警察、士兵、法院、立法者和其他帮助监督人权和实施人道主义标准的行为主体。

您的政府及各国政府如何推动并履行保护的责任?

3. 通过及早发现、解决冲突与和解等方式防止冲突升级

- 成立诸如人权委员会之类的独立国家机构来监督与保护人权。该人权委员会的成员应该多元化,包括少数民族成员、少数派宗教成员和妇女等。
- 审查预防大规模暴行的早期预警机制,提高对相关指标(例如性暴力和仇恨言论或为对少数族群不断升级的攻击等)的认知,保证从当地收集早期预警信息,加以分析,并与相关行为者共同分享。
- 加强政府官员在应对可能发生的或正在发生的保护的责任危机情境时的合作。
- 增强国家和地区调节冲突、解决冲突和实地调查的能力。
- 培训安保与维和人员,为保护行动做好准备,最大程度地保障平民安全。这类培训包括为如何最小化平民伤亡、如何预防并应对武装冲突中的性暴力和对儿童的威胁等提供指导。
- 保证司法机制到位,这样政府可以起诉并调查大规模暴力的犯罪者;或支持国际刑事法院或区域法庭对同类案件的调查。
- 通过国家和平与调解委员会鼓励说明真相与调解危机。

议员如何支持保护的责任?

议员可以运用其对政府的影响力加大政府对保护的责任的支持,并增强国家能力来预防和应对该规范框架下的相关罪行。

2013年3月27日,国际议会联盟在厄瓜多尔的首都基多举行了第128次大会,并在会上通过题为《实施保护的责任:议会对保护平民生命的作用》的决议。

下面列出国际议会联盟决议中提及议会可以采用的部分措施:

- 在防止灭绝种族、战争罪、反人类罪和族裔清洗罪方面,加强对公众的教育,增强公众意识;
- 利用社会媒体公开谴责针对妇女和儿童的暴力行为,打击有罪不罚现象;
- 通过相关法律和政策来保护妇女和儿童,防止性暴力并将这类行为判定为犯罪,在和平与冲突时期为受害者提供救济赔偿,包括执行联合国安理会1325号决议;
- 保证主权国家签订的国际协议,特别是与人权和保护平民相关的国际协议,在国内法规上得以体现;
- 采取措施,尊重被困于武装冲突中的平民的权利;
- 采取必要措施,使国家的刑事法和军事法与国际上关于保护武装冲突中平民的法律相一致;
- 利用议员的国际关系网促使所有国家批准《罗马规约》;
- 鼓励各自的政府支持建立并有效运转早期预警系统,在国家、区域和国际层面应对危机;
- 将保护人民免受暴行并保障人民安全的所需资金纳入国家财政预算中;以及
- 承担保护难民权利及难民受到国际保护的权利的责任,包括履行国家保护难民与寻求政治庇护人士的责任。

议员能够如何促进这一准则的发展并鼓励防止大规模暴行?

- 提出支持保护的责任的决议,可能包括:

——回顾主权国家保护国民免受大规模暴行之害的首要责任,并且当主权国家无法履行保护的责任时,国际社会就应当承担起这一责任;

——肯定灭绝种族、战争罪、反人类罪和族裔清洗这四种特定罪行属于保护的责任的范畴;

——认识到保护的责任首先指的是使用非军事措施预防此类犯罪,武力的使用只是最后手段,而且只有在主权国家不愿意或无法履行保护的责任,国际社会为了终止大规模暴行,在所有和平手段都无法解决危机,并获得了联合国安理会授权的情况下才可以使用武力。

- 拨款保护受害者。
- 成立防止大规模暴行的主题议会小组,并与其他国家的同类议会小组接触,共同防止大规模暴行。

议员如何增强政府对保护的责任的参与和履行？

- 呼吁将保护人民免受保护的责任范畴下四大罪行之害融合到国家安全战略中。
- 举办听证会和辩论来评价政府预防大规模暴行的能力，包括通过审查情报和早期预警能力；评估进行预防、应对和重建的可用资源；检验国家采取措施防止保护的责任范畴下四大罪行与惩处犯罪者的相关制度、政策和总体能力。
- 发布报告，并根据听证会和辩论中对国家能力进行探讨的结果，为政府提出建议。

区域和次区域安排如何保护人民免受保护的责任范畴内罪行之害？

为了能够及时果断地应对大规模暴行，保护人民免受其害，区域和次区域安排正在不断地发展自身能力。通常情况下，这些组织是最早知晓危机情况的，因此他们可以利用对该地区特有的理解和影响力采取预防性措施，迅速地应对即将发生或正在进行的危机，并警告其他行为主体情况的紧迫性：

1. 预防保护的责任范畴下的四种罪行
- 制定并实施与人权侵犯和大规模暴行相关的会员门槛。
- 建立早期预警机制或使用现有的早期预警机制，吸引人们关注平民受到威胁的情况。
- 与成员国及其他区域和国际组织共同分享关于可能发生的或正在进行的危机的信息。
- 通过监督当地媒体、地区媒体和政府部门的煽动性言论来预防煽动行为。

2. 及时果断地应对大规模暴行的威胁或发生
- 通过发表声明表示担忧和（或）召回使节等手段，施加外交压力。
- 成立实况调查组和调查委员会，调查并报告所谓的"人民受到的威胁"。
- 协助进行预防性外交，可以包括派遣名人和任命使节发起对话或帮助和解。
- 采取有针对性的外交制裁、旅游禁令、资产冻结、贸易禁令、武器禁运和中断援助等手段。
- 派遣军人、警察和民兵，按照《联合国宪章》的要求，参与维和、监控和保护平民的任务。
- 与区域性司法机构进行合作或要求将案件转交给国际刑事法院办理。

2011年4月,阿拉伯联盟在开罗就利比亚问题召开会议。
图片来源:联合国图片;摄影/Paulo Filgueiras。

第三部分:关于保护的责任的其他资料

了解更多关于保护的责任的信息

核心文件

- 非洲联盟宪章(2000年)
- 干预和国家主权国际委员会报告(2001年)
- 威胁、挑战和改革问题高级别小组报告:《一个更安全的世界:我们共同的责任》(2004年)
- 秘书长报告:《大自由:实现人人共享的发展、安全与人权》(2005年)
- 2005年世界首脑会议成果文件(见第138—140段)
- 联合国秘书长潘基文的报告:《履行保护的责任》(2009年);《早期预警、评估和保护的责任》(2010年);《区域和次区域安排对履行保护的责任时的作用》(2011年);《保护的责任:及时果断的反应》(2012年);《保护的责任:国家责任与预防》(2013年)
- 国际议会联盟:《实施保护的责任:议会对保护平民生命的作用》(2013年)

> **重要资源**
>
> 保护的责任国际联盟的官方网站收录了关于这一规范的完整资源。请访问www.responsibilitytoprotect.org 了解更多信息。其他重要的网站资源包括:
> - 亚太保护的责任中心,www.r2pasiapacific.org
> - 经济与社会研究区域协调中心(西班牙语),www.cries.org
> - 种族灭绝警报(德语),www.schutzverantwortung.de
> - 全球保护的责任中心,www.globalr2p.org
> - 斯坦利基金会,http://www.stanleyfoundation.org/programs.cfm?id=27
> - 联合国防止灭绝种族罪行和保护的责任特别顾问办公室,www.un.org/en/preventgenocide/adviser
> - 联合国协会世界联合会,www.wfuna.org/r2p-activities

保护的责任国际联盟

保护的责任国际联盟,简称ICRtoP,是一个公民社会组织的全球网络,致力于在国际、区域、次区域和国家层面推动保护的责任的发展。保护的责任国际联盟成立于2009年1月,成员来自世界各地,遍布各个工作领域,包括妇女权利、冲突预防、人权、国际正义和区域正义及提供人道主义服务等。

保护的责任国际联合会的成员力求:

1. 提高政府、公民社会组织和公众的保护的责任意识;

2. 推动国际社会、区域组织、次区域组织和主权国家对保护的责任的认同与支持;

3. 鼓励政府、区域和次区域组织、联合国进行能力建设以预防和终止灭绝种族、战争罪、反人类罪和族裔清洗罪;

4. 帮助建立并加强对保护的责任的全球性支持;

5. 动员公民社会组织在发生四大罪行的特定国家环境中促使各界采取行动拯救生命。

保护的责任国际联盟成员致力于增强对保护的责任相关原则的理解与支持,呼吁——并在可能的情况下直接——增强防止灭绝种族、战争罪、反人类罪和族裔清洗罪的必要能力,从而推动保护的责任的发展。保护的责任国际联盟成员出版期刊,制作工具包,编纂教学材料,并为各国外交人员、联合国和区域组织官员、议员、学者、媒体及其他公民社会组织开展研讨会,举办会议。保护的责任国际联合会的秘书处设在纽约,由世界联邦主义运动全球政策研究所主办。秘书处负责维护各种信息渠道和社会媒体渠道,并利用这些渠道迅速更新会员和其他国家的合作伙伴,帮助进行研究,促进交流与合作。

这份文件的翻译工作是由亚太保护的责任中心组织进行的,由北京大学国际关系学院博士生俞凤翻译完成。亚太保护的责任中心是亚太地区唯一致力于推动保护的责任原则,建设预防和应对大规模暴行的能力的区域中心。该组织由澳大利亚外交贸易部和澳大利亚昆士兰大学联合倡议。

加入我们!

成为会员:www.responsibilitytoprotect.org/join-the-coalition

- 订阅我们的邮件服务:www.responsibilitytoprotect.org/subscribe
- 在 Facebook 上发现我们:www.facebook.com/icrtop
- 关注我们的 Twitter:www.twitter.com/icrtop
- 阅读我们的博客:www.icrtopblog.org
- 支持我们的工作:www.responsibilitytoprotect.org/donate

想要了解保护的责任国际联盟的其他信息,请访问我们的官方网站:www.responsibilitytoprotect.org

如需查询更多信息,请联系:
保护的责任国际联盟
纽约州纽约市第三大道 708 号 1715 单元,邮编:10017
电话:+1-646-465-8523　　传真:+1-212-599-1332
邮箱:info@responsibilitytoprotect.org
网站:www.responsibilitytoprotect.org

致谢

保护的责任国际联盟对下列组织和个人在这份工具包的制定过程中所提供的支持与指导表示感谢:西非公民社会研究院的娜娜·阿法德奇努(Nana Afadzinu)和她的同事;亚历克斯·贝拉米(Alex Bellamy)教授;提比·加利斯(Tibi Galis);瑞秋·嘉宝(Rachel Gerber);乌干达人权网;诺埃尔·莫拉达(Noel Morada)博士;威廉·佩斯(William Pace);本杰明·卡多佐法学院的雪莉·罗森堡(Sheri Rosenberg)博士和她

的同事;莫妮卡·塞拉诺(Monica Serrano)博士;劳拉·斯帕诺(Laura Spano);斯坦利基金会;莎拉·泰特(Sarah Teitt);世界联邦主义运动全球政策研究所;罗伯特·祖贝尔(Robert Zuber)博士和亚历克斯·祖克尔(Alex Zucker)。

全球合作伙伴

保护的责任国际联盟衷心感谢全球各地的合作伙伴和捐赠方对联合会的大力支持。联盟的主要资金来自奥瑟罗家庭基金会、赫尔莫德·兰农思基金会、约翰和凯瑟琳·麦克阿瑟基金会及橡树基金会,以及澳大利亚政府、荷兰政府、瑞典政府与一些个人捐赠者的资金支持。

如需详细了解如何支持联盟的工作,请参考我们的官方网站 www.responsibilitytoprotect.org/donate 或拨打电话 +1.646.465.8527 或发送邮件至 development@responsibilitytoprotect.org 联系我们。

在澳大利亚外贸贸易部和荷兰外交部的大力支持下,这份工具包才得以完成。工具包的内容不代表任何合作伙伴或捐赠者的观点,由保护的责任国际联盟承担全部责任。

封面图片:联合国维和人员在乍得与女难民谈话。
来源:联合国图片;摄影/Olivia Grey Pritchard。

保护的责任国际联盟

纽约州纽约市第三大道 708 号 1715 单元,邮编:10017
电话:+1-646-465-8523 传真:+1-212-599-1332
info@responsibilitytoprotect.org
www.responsibilitytoprotect.org

附录 2　保护的责任相关研究机构简介

The Global Centre for the Responsibility to Protect①

The Global Centre for the Responsibility to Protect was established in February 2008 to promote universal acceptance and effective operational implementation of the norm of the "Responsibility to Protect" populations from genocide, war crimes, ethnic cleansing and crimes against humanity. Through its programs, events and publications, the Global Centre serves as a resource and a forum for governments, international institutions and non-governmental organizations working to protect populations from mass atrocities.

The Global Centre for the Responsibility to Protect seeks to transform the principle of the Responsibility to Protect into a practical guide for action in the face of mass atrocities. The Global Centre was founded by a number of supportive governments, leading figures from the human rights community, as well as by International Crisis Group, Human Rights Watch, Oxfam International, Refugees International, and WFM-Institute for Global Policy.

The Global Centre engages in advocacy around specific crises, conducts research designed to further understanding of R2P, recommends strategies help states build capacity, and works closely with NGOs, governments and regional bodies which are seeking to operationalize the Responsibility to Protect.

The Asia Pacific Centre for the Responsibility to Protect (AP R2P)②

The Asia Pacific Centre for the Responsibility to Protect (AP R2P) is the only regional centre of its kind specifically dedicated to advancing the responsibility to protect principle

---

① http://globalr2p.org/
② http://www.r2pasiapacific.org/

through research and policy dialogue. The Centre was officially launched in February 2008 by Former Foreign Minister of Canada, Lloyd Axworthy and former Special Advisor to the Secretary General on R2P, Dr Edward Luck. The Centre's capacity to develop, expand and sustain its research and outreach work was made possible by a three-year grant from the Australian Agency for International Development (AusAID) in June 2009. In July 2012, the Centre received a second three-year grant, now funded by the Australian Government, Department of Foreign Affairs and Trade, to work in partnership with colleagues at Griffith University's Griffith Asia Institute to expand and deepen our research, training and policy engagement on R2P.

The Centre is an associate of the Global Centre for the Responsibility to Protect (GCR2P) and a member of the International Coalition for the Responsibility to Protect (ICRtoP)-which are both based in New York and a member of the Consortium on Non-Traditional Security in Asia (NTS-Asia) based in Nanyang Technological University in Singapore.

In 2009 the Centre administered the Australian R2P Fund, which funded fourteen two-year projects to advance understanding of the R2P doctrine and support states to build capacity in the region to prevent genocide and mass atrocities. The Centre looks to these partnerships, as well as the contributions of our Centre Research Fellows and advice of our International Advisory Board, to enhance our ability to promote a shared consensus on the value of R2P and generate creative policy recommendations to make a material difference in the lives of at-risk civilian populations.

International Coalition for the Responsibility to Protect[①]

The International Coalition for the Responsibility to Protect (ICRtoP) was founded on 28 January 2009 by representatives of eight regional and international non-governmental organizations (NGOs).

The Coalition brings together NGOs from all regions of the world to strengthen normative consensus for RtoP, further the understanding of the norm, push for strengthened capacities to prevent and halt genocide, war crimes, ethnic cleansing and crimes against humanity and mobilize NGOs to push for action to save lives in RtoP country-specific situations.

---

① http://www.responsibilitytoprotect.org/

The Global Public Policy Institute (GPPi) [1]

The Global Public Policy Institute (GPPi) is an independent non-profit think tank based in Berlin. Our mission is to improve global governance through research, policy advice and debate.

Reflect. At GPPi we conduct research as a means to engage with the world around us to better understand and explain it. We analyze global affairs with aspirations of policy relevance and academic excellence. To this end, we partner with leading universities and research institutions, while basing our research questions on the analytical and normative issues that practitioners in global politics face. Building bridges between academia and practice also needs effective communication. We therefore seek to present our research results in a clear, accessible manner.

Advise. GPPi offers policy advice for clients from the public sector, including the United Nations, the European Commission and national governments. We translate the findings generated in our research into practical input to inform organizational change and learning. In this work, we tap into our clients' deep understanding of the day-to-day practice of diplomacy, development cooperation or humanitarian action.

Engage. We use the insights of our research and policy advice to foster public debate on key issues in global politics, as well as feed the questions raised in global debates back into our research and advisory work. In addition, GPPi brings people together to exchange ideas and develop common initiatives. Through debate and dialogue we aim to support and assemble social and political entrepreneurs, build strategic communities and nurture global leadership. Effective and accountable governance requires individuals who are creative, thoughtful and unafraid to work across boundaries. These social and political entrepreneurs are committed to the global common good. They are open to developing institutions that are effective, inclusive and willing to learn and innovate.

Consortium on Non-Traditional Security Studies in Asia (NTS-Asia) [2]

The founding of this Consortium comes at a critical time when challenges from non-traditional security (NTS) issues have become more severe. With the wide array of NTS

---

[1] http://www.gppi.net/home
[2] http://www.rsis-ntsasia.org/

issues confronting the region-be it from threats of infectious diseases, environmental degradation and climate change, problems of irregular migration, poverty, transnational crimes or terrorism-national solutions have proven to be no longer adequate to respond to these challenges. The huge task of addressing any one of these NTS issues has been well illustrated particularly in cases of natural disasters. As we see the tragic images of hurricanes, earthquakes and tsunamis ravaging villages and communities across Asia, we realise that the aftermath of these disasters also brings about other NTS challenges such as the threats of infectious diseases, massive dislocation of populations, and higher incidence of poverty. As many developing states in Asia find their resources being stretched to the limits in meeting these transnational challenges, multilateral and regional cooperation has become even more critical than ever.

Given the daunting challenges posed by a host of NTS issues, it has become increasingly clear that Asia needs to do more to protect its people from these dangers. As governments in the region face up to the task of addressing NTS threats more effectively, they would need help in exploring concrete ways and means to protect their peoples and societies from these dangers. In this regard, the work of the Consortium is most relevant. The need to respond to NTS challenges has opened avenues for the network members of NTS-Asia to go beyond their world of research and get more involved in crafting regional policies and viable mechanisms to address these new types of security challenges. Through their work on poverty, health security, natural disasters, climate change, among others-they would be able to help policy makers examine how and why these problems emerge and recommend policies, while highlighting gaps and identifying best practices among state and non-state actors in responding to these challenges.